国家出版基金项目
NATIONAL PUBLICATION FOUNDATION

中宣部2022年主题出版重点出版物

“十四五”国家重点图书出版规划项目

纪录小康工程

全面建成小康社会

陕西全景录

SHAANXI QUANJINGLU

本书编写组

陕西新华出版传媒集团
陕 西 人 民 出 版 社

责任编辑：程家文　马　昕　王晓飞　党静媛　文　博　南先锋　王亚嘉
封面设计：石笑梦　赵文君
版式设计：周方亚　赵文君

图书在版编目（CIP）数据

全面建成小康社会陕西全景录 / 本书编写组 编著 .— 西安：陕西人民出版社，2022.10
（“纪录小康工程”地方丛书）
ISBN 978－7－224－14581－6

I. ①全…　II. ①本…　III. ①小康建设－成就－陕西　IV. ① F127.41

中国版本图书馆 CIP 数据核字（2022）第 094130 号

全面建成小康社会陕西全景录
QUANMIAN JIANCHENG XIAOKANG SHEHUI SHAANXI QUANJINGLU

本书编写组

陕西人民出版社 出版发行
（710003　西安市北大街 147 号）

中煤地西安地图制印有限公司印刷　新华书店经销

2022 年 10 月第 1 版　2022 年 10 月第 1 次印刷
开本：710 毫米 ×1000 毫米 1/16　印张：23.75
字数：276 千字

ISBN 978－7－224－14581－6　定价：83.00 元

邮购地址 710003　西安市北大街 147 号
陕西人民出版社销售中心　电话：（029）87205094

总　序

为民族复兴修史　为伟大时代立传

小康，是中华民族孜孜以求的梦想和夙愿。千百年来，中国人民一直对小康怀有割舍不断的情愫，祖祖辈辈为过上幸福美好生活劳苦奋斗。“民亦劳止，汔可小康”“久困于穷，冀以小康”“安得广厦千万间，大庇天下寒士俱欢颜”……都寄托着中国人民对小康社会的恒久期盼。然而，这些朴素而美好的愿望在历史上却从来没有变成现实。中国共产党自成立那天起，就把为中国人民谋幸福、为中华民族谋复兴作为初心使命，团结带领亿万中国人民拼搏奋斗，为过上幸福生活胼手胝足、砥砺前行。夺取新民主主义革命伟大胜利，完成社会主义革命和推进社会主义建设，进行改革开放和社会主义现代化建设，开创中国特色社会主义新时代，经过百年不懈奋斗，无数中国人摆脱贫困，过上衣食无忧的好日子。

特别是党的十八大以来，以习近平同志为核心的党中央统揽中华民族伟大复兴战略全局和世界百年未有之大变局，团结带领全党全国各族人民统筹推进“五位一体”总体布局、协调推进“四个全面”战略布局，万众一心战贫困、促改革、抗疫情、谋发展，党和国家事业取得历史性成就、发生历史性变革。在庆祝中国共产党成立100周年大会上，习近平总书记庄严宣告：“经过全党全国各族人民持续奋斗，我们实现了第一个百年奋斗目标，在中华大地上全面建成了小康社会，历史性地解决了绝对贫困问题，正在意气风发向着全面建成社会主义现代化强国的第二个百年奋斗目标迈进。”

这是中华民族、中国人民、中国共产党的伟大光荣！这是百姓的福祉、国家的进步、民族的骄傲！

全面小康，让梦想的阳光照进现实、照亮生活。从推翻“三座大山”到“人民当家作主”，从“小康之家”到“小康社会”，从“总体小康”到“全面小康”，从“全面建设”到“全面建成”，中国人民牢牢把命运掌握在自己手上，人民群众的生活越来越红火。“人民对美好生活的向往，就是我们的奋斗目标。”在习近平总书记坚强领导、亲自指挥下，我国脱贫攻坚取得重大历史性成就，现行标准下9899万农村贫困人口全部脱贫，建成世界上规模最大的社会保障体系，居民人均预期寿命提高到78.2岁，人民精神文化生活极大丰富，生态环境得到明显改善，公平正义的阳光普照大地。今天的中国人民，生活殷实、安居乐业，获得感、幸福感、安全感显著增强，道路自信、理论自信、制度自信、文化自信更加坚定，对创造更加美好的生活充满信心。

全面小康，让社会主义中国焕发出蓬勃生机活力。经过长期努力特别是党的十八大以来伟大实践，我国经济实力、科技实力、国防实力、综合国力跃上新的大台阶，成为世界第二大经济体、第一大工业国、第一大货物贸易国、第一大外汇储备国，国内生产总值从 1952 年的 679 亿元跃升至 2021 年的 114 万亿元，人均国内生产总值从 1952 年的几十美元跃升至 2021 年的超过 1.2 万美元。把握新发展阶段、贯彻新发展理念、构建新发展格局、推动高质量发展，全面建设社会主义现代化国家，我们的物质基础、制度基础更加坚实、更加牢靠。全面建成小康社会的伟大成就充分说明，在中华大地上生气勃勃的创造性的社会主义实践造福了人民、改变了中国、影响了时代，世界范围内社会主义和资本主义两种社会制度的历史演进及其较量发生了有利于社会主义的重大转变，社会主义制度优势得到极大彰显，中国特色社会主义道路越走越宽广。

全面小康，让中华民族自信自强屹立于世界民族之林。中华民族有五千多年的文明历史，创造了灿烂的中华文明，为人类文明进步作出了卓越贡献。近代以来，中华民族遭受的苦难之重、付出的牺牲之大，世所罕见。中国共产党带领中国人民从沉沦中觉醒、从灾难中奋起，前赴后继、百折不挠，战胜各种艰难险阻，取得一个个伟大胜利，创造一个个发展奇迹，用鲜血和汗水书写了中华民族几千年历史上最恢宏的史诗。全面建成小康社会，见证了中华民族强大的创造力、坚韧力、爆发力，见证了中华民族自信自强、守正创新精神气质的锻造与激扬，实现中华民族伟大复兴有了更为主动的精神力量，进入不可逆转的历史进程。今天，我们比历史上任何时期都更接近、更有信心和能力实现中华民族伟大复兴的目标，中国人民的志气、骨气、底气极大增强，奋进新征程、建功新时代有着前所未有的历史主动精神、历史创造精神。

全面小康，在人类社会发展史上写就了不可磨灭的光辉篇章。中华民族素有和合共生、兼济天下的价值追求，中国共产党立志于为人类谋进步、为世界谋大同。中国的发展，使世界五分之一的人口整体摆脱贫困，提前十年实现联合国 2030 年可持续发展议程确定的目标，谱写了彪炳世界发展史的减贫奇迹，创造了中国式现代化道路与人类文明新形态。这份光荣的胜利，属于中国，也属于世界。事实雄辩地证明，人类通往美好生活的道路不止一条，各国实现现代化的道路不止一条。全面建成小康社会的中国，始终站在历史正确的一边，站在人类进步的一边，国际影响力、感召力、塑造力显著提升，负责任大国形象充分彰显，以更加开放包容的姿态拥抱世界，必将为推动构建人类命运共同体、弘扬全人类共同价值、建设更加美好的世界作出新的更大贡献。

回望全面建成小康社会的历史，伟大历程何其艰苦卓绝，伟大胜利何其光辉炳耀，伟大精神何其气壮山河！

这是中华民族发展史上矗立起的又一座历史丰碑、精神丰碑！这座丰碑，凝结着中国共产党人矢志不渝的坚持坚守、博大深沉的情怀胸襟，辉映着科学理论的思想穿透力、时代引领力、实践推动力，镌刻着中国人民的奋发奋斗、牺牲奉献，彰显着中国特色社会主义制度的强大生命力、显著优越性。

因为感动，所以纪录；因为壮丽，所以丰厚。恢宏的历史伟业，必将留下深沉的历史印记，竖起闪耀的历史地标。

中央宣传部牵头，中央有关部门和宣传文化单位，省、市、县各级宣传部门共同参与组织实施“纪录小康工程”，以为民族复兴修史、为伟大时代立传为宗旨，以“存史资政、教化育人”为目的，形成了数据库、大事记、系列丛书和主题纪录片4方面主要成果。目前已建成内容全面、分类有序的4级数据库，编纂完成各级各类全面小康、脱贫攻坚大事记，出版“纪录小康工程”丛书，摄制完成纪录片《纪录小康》。

“纪录小康工程”丛书包括中央系列和地方系列。中央系列分为“擘画领航”“经天纬地”“航海梯山”“踔厉奋发”“彪炳史册”5个主题，由中央有关部门精选内容组织编撰；地方系列分为“全景录”“大事记”“变迁志”“奋斗者”“影像记”5个板块，由各省（区、市）和新疆生产建设兵团结合各地实际情况推出主题图书。丛书忠实纪录习近平总书记的小康情怀、扶贫足迹，反映党中央关于全面建成小康社会重大决策、重大部署的历史过程，展现通过不懈奋斗取得全面建成小康社会伟大胜利的光辉历程，讲述在决战脱贫攻坚、决胜全面小康进程中涌现的先进个人、先进集体和典型事迹，揭示辉煌成就和历史巨变背后的制度优势和经验启示。这是对全面建成小康社会伟大成就的历史巡礼，是对中国共产党和中国人民奋斗精神的深情礼赞。

历史昭示未来，明天更加美好。全面建成小康社会，带给中国人民的是温暖、是力量、是坚定、是信心。让我们时时回望小康历程，深入学习贯彻习近平新时代中国特色社会主义思想，深刻理解中国共产党为什么能、马克思主义为什么行、中国特色社会主义为什么好，深刻把握“两个确立”的决定性意义，增强“四个意识”、坚定“四个自信”、做到“两个维护”，以坚如磐石的定力、敢打必胜的信念，集中精力办好自己的事情，向着实现第二个百年奋斗目标、创造中国人民更加幸福美好生活勇毅前行。

目 录

一、接续奋斗　小康梦想

小康是千百年来中国人民向往的生活状态。《诗经·大雅·民劳》中的“民亦劳止，汔可小康”中的“小康”，是西周中后期对将人民从繁重劳役中解放出来，得以休息的祈盼。《礼记·礼运》系统描述了“大同”“小康”的治理图景，从社会、经济、政治、文化等诸多方面勾勒出春秋战国时期知识分子对社会演变的认知。随着历史变迁，“小康”成为太平治理形态和安定富足生活的代名词，体现了中国传统国家治理文化中的民本思想，反映了人民对丰衣足食的追求和历代先贤的理想社会情愫。

中国共产党成立后，团结带领人民，取得新民主主义革命胜利，建立中华人民共和国，完成社会主义革命，确立社会主义基本制度，推进社会主义建设，实现中国历史上最深刻、最伟大的社会变革，为小康社会建设、实现中华民族伟大复兴奠定了根本政治前提和制度基础，积累了重要物质基础。陕西省贯彻党中央决策部署，建立和巩固各级人民民主政权，完成城市接管和社会改造；紧紧围绕恢复和发展国民经济中心任务，恢复工农业生产；完成三大改造，确立社会主义基本经济制度；不断加强基础建设，大力发展文化教育卫生事业，改善人民生产和生活条件；国防科技取得显著成就，民用科技有所突破。勤劳质朴的陕西人民继承发扬伟大的延安精神，发愤图强、锐意进取，取得一个又一个胜利，实现了三秦大地最为广泛而深刻的社会变革。

改革开放新时期，党团结带领人民持续推进小康社会建设，实现了人民生活从温饱不足到总体小康、奔向全面小康的历史性跨越。改革开放之初，邓小平同志首先用“小康”一词诠释中国式现代化。1982 年 9 月，党的十二大提出了“翻两番”奋斗目标，将 20 世纪末实现“小康”作为奋斗目标。2002 年 11 月，党的十六大从经济、政治、文化等方面，勾画了全面建设小康社会的宏伟蓝图，要求在 21 世纪头 20 年，全面建设惠及十几亿人口的更高水平的小康社会。在党中央的坚强领导下，陕西省委、省政府坚定不移地以经济建设为中心，解放思想，锐意改革，团结带领全省人民披荆斩棘、乘风破浪，昂首阔步迈上了全面建设小康社会的伟大征程。1995 年提前实现国民生产总值比 1980 年翻两番，1997 年又比预期目标提前三年实现了人均国民生产总值比 1980 年翻两番，人民生活总体上达到小康水平，2012 年国内生产总值达 14142.41 亿元。这一时期，从农村到城市，从试点到推广，从经济体制改革到科学发展，从对外开放起步到韩国三星电子项目落户，陕西人民在改革开放的道路上奋力前行，在全面建设小康社会的征程中不懈奋斗，全省各项事业均实现了跨越式发展。经济社会发展取得了全面进步，城乡面貌发生了翻天覆地的变化，人民幸福生活的美好图景徐徐展开。

中国特色社会主义进入新时代，以习近平同志为核心的党中央，团结带领全党全国各族人民，锚定全面建成小康社会这个宏伟目标，统筹推进“五位一体”总体布局，协调推进“四个全面”

战略布局，攻坚克难，奋发有为，向着全面建成小康社会进军。2012年，党的十八大提出，在中国共产党成立100周年时全面建成小康社会，并确定了全面建成小康社会目标。党的十八大提出的目标要求，与党的十六大提出的全面建设小康社会奋斗目标和党的十七大提出的实现全面建设小康社会奋斗目标新要求相衔接，也与中国特色社会主义事业总体布局相一致。2017年，党的十九大作出决胜全面建成小康社会、开启全面建设社会主义现代化国家新征程战略部署，吹响了夺取全面建成小康社会伟大胜利的号角。党的十九大进一步明确了全面建成小康社会的各方面要求。中国的全面小康是“五位一体”全面进步的小康，是惠及全体人民的小康，是城乡区域共同的小康。党中央把全面建成小康社会放在治国理政突出位置，作出一系列重大决策重大部署。陕西省贯彻落实党中央决策部署，深入学习贯彻习近平总书记来陕考察重要讲话重要指示，坚持稳中求进工作总基调，坚持新发展理念，以推动高质量发展为主题，贯通落实“五个扎实”“五项要求”，扎实做好“六稳”工作、全面落实“六保”任务，全力打好三大攻坚战，奋力谱写陕西高质量发展新篇章，三秦大地一派欣欣向荣，焕发出勃勃生机。

2021年7月1日，习近平总书记在庆祝中国共产党成立100周年大会上庄严宣告：“经过全党全国各族人民持续奋斗，我们实现了第一个百年奋斗目标，在中华大地上全面建成了小康社会，历史性地解决了绝对贫困问题，正在意气风发向着全面建成社会主义现代化强国的第二个百年奋斗目标迈进。”全面建成小康社会的理论和实践，深化了对社会主义本质的认识和理解，开拓了社会主义发展新境界，使科学社会主义在21世纪的中国焕发出强大的生机与活力。

实现小康是千百年来三秦儿女的向往。在中国共产党的领导下，经过百年不懈奋斗，到2021年建党百年之际，陕西人民终于将梦想变为现实，在三秦大地上全面建成小康社会。

（一）制度确立　人民当家奠基础

1. 向社会主义过渡

中华人民共和国成立开辟了中国历史新纪元，标志着中国人民从此站立起来，真正成为国家的主人。中华人民共和国成立后，在党的领导下陕西省完成了社会主义革命，建立起了社会主义基本制度，开展了大规模建设。

1949年10月2日，延安群众万余人集会庆祝中央人民政府成立，大会向毛泽东和中央人民政府发出贺电，表示中央人民政府的成立标志着中国历史的新纪元，也标志着中华民族从此走向独立、民主、和平、统一、富强的康庄大道，这是中国有史以来真正的人民政府，延安各界人民誓在中央人民政府领导下，为建设陕北而奋斗。10月26日，毛泽东复电延安和陕甘宁边区人民："接到你们的贺函，使我十分愉快和感谢。延安和陕甘宁边区，从一九三六年到一九四八年，曾经是中共中央的所在地，曾经是中国人民解放斗争的总后方。延安和陕甘宁边区的人民对于全国人民是有伟大贡献的。我庆祝延安和陕甘宁边区的人民继续团结一致，迅速恢复战争的创伤，发展经济建设和文化建设。我并且希望，全国一切革命工作人员永远保持过去十余年间在延安和陕甘宁边区的工作人员中所具有的艰苦奋斗的作风。”1950 年 1 月，中共陕西省委、陕西省人民政府成立后，要求全省认真学习“复电”，继续发扬艰苦奋斗精神。

1949 年 5 月 20 日，西安解放。西安解放当天，西北局宣布成立中国共产党西安市委员会。5 月底至 6 月初，西北局机关由延安陆续迁至西安，着手组建陕西省委。1950 年 1 月 6 日，中共中央批准中国共产党陕西省委员会成立。省委成立后，陕西省人民政府 1 月 10 日宣告成立。随着省委、省政府的成立，陕西社会秩序开始逐步稳定，人民生活逐步安定。

群眾日報

延安和陝甘寧邊區的人民
對全國人民有偉大貢獻
毛主席昨回謝延安各界人民

【新華社北平二十六日電】延安黨政軍民各界在本月二日寫信給毛主席和中央人民政府，熱烈慶賀中華人民共和國中央人民政府的成立。毛主席接到這封信以後，今日打電報回答他們，電報原文如下：

延安的同志們和陝甘寧邊區的同胞們：

接到你們的賀函使我十分愉快和感謝。延安和陝甘寧邊區從一九三六年到一九四八年曾經是中共中央的所在地，曾經是中國人民解放鬥爭的總後方，延安和陝甘寧邊區的人民對於全國人民是有偉大貢獻的。我慶祝延安和陝甘寧邊區的人民繼續團結一致，迅速恢復戰爭的創傷，發展經濟建設和文化建設；我並且希望全國一切革命工作人員永遠保持過去十幾年間在延安和陝甘寧邊區的工作人員中所具有的艱苦奮鬥的作風。

毛澤東 一九四九年十月二十六日

1949 年 10 月 27 日，《群众日报》刊登毛泽东给延安和陕甘宁边区人民的“复电”

1950 年 7 月 20 日至 31 日，中国共产党陕西省第一次代表会议在西安召开。西北局第二书记习仲勋在会上传达党的七届三中全会精神，省委书记马明方作《关于陕西省土地改革和目前一般工作任务的报告》。会议为陕西民主建政工作奠定了良好基础。

新中国成立的时候，陕北等老解放区已经建立了人民政权。关中、陕南等新解放区，按照中央和西北局的部署，在省委、省政府领导下，有序接管城市，建立各级人民政权，摧毁了旧的政权体系，建立了新的社会秩序。1949 年 5 月 25 日，西安市人民政府成立，与 1950 年 1 月成立的陕西省人民政府均为省级行政机构，均属西北军政委员会（后改为西北行政委员会）直接领导。

新中国成立初期，由于实行普选的条件尚不成熟，召开各界人民代表会议，让各界人民代表参政议政，选举建立新的人民政权，便成为新中国成立初期民主政治建设的主要形式和基本任务。

1950 年 8 月 13 日至 23 日，陕西省第一届各界人民代表会议在西安召开。会议听取了省政府主席马明方所作的《陕西省人民政府六个月施政工作暨今后土地改革和一般工作任务的报告》。这次会议代行陕西省人民代表大会职权，选举产生陕西省人民政府组成人员。会议还选举产生了陕西省第一届各界人民代表会议协商委员

1949 年 5 月 20 日，西安解放。5 月 21 日，第一野战军第六军举行解放西安入城仪式，受到西安人民的热烈欢迎（王凌供图）

会。由于会议团结了全省各族人民、各民主党派、各人民团体及各阶层民主人士，充分体现了人民民主专政的广泛性、代表性和统一战线的凝聚力，开启了陕西人民当家作主的新征程。从 1950 年到 1953 年，陕西省、专区（市）、县、乡普遍经历了各界人民代表会议代行人民代表大会职权的历史时期，陕西省各界人民代表会议发挥了独特的重要作用，为实现新民主主义向社会主义过渡，建立普选的人民代表大会制度奠定了坚实的政治基础。

工会、青年团、妇联、农协等群团组织是中国共产党和人民政府密切联系群众的重要桥梁，建立与发展新型的群团组织是中国共产党领导下开展民主建政工作的一个重要内容。为适应新形势新任务需要、更广泛地团结和组织群众投入新中国的建设事业中来，在党的领导下，陕西省工会、青年团、妇联、农协等纷纷建立和发展起来。

新中国成立之初，陕西同全国其他省市一样，面临着巩固新生人民政权的历史使命。国民党蒋介石集团败退台湾前，胡宗南残余部队及大量宪兵、警察溃散在陕西为匪，形成势力强大的土匪武装。这些土匪勾结地方反动团队、反动会道门等组织，散布谣言，破坏交通，抢劫人民财产，杀害干部群众，策划反革命暴动等，与新建立的人民政府对抗。与此同时，留在大陆的大批国民党特务、反动党团骨干分子同人民政府对抗；旧社会遗留的“一贯道”等反动会道门也大肆造谣惑众，扰乱社会秩序，妄图颠覆新生的人民政权。这些严重危害人民的生命财产安全，严重影响抗美援朝、土地改革和国民经济恢复工作。

早在西安解放不久，西北局就印发了《关于加强保卫工作的决定》。1949 年 6 月至 8 月，公安部队在全省新解放区内展开大规模搜捕敌特行动。1950 年 12 月起，在省委领导下，全省开展大规模的镇压反革命运动，重点打击土匪、特务、恶霸、反动党团骨干分子和反动会道门头子五个方面的反革命分子。

至 1953 年底，全省共剿灭土匪 3 万余人，关押反革命分子 14608 名，管制 19372 名，并对关押罪犯进行劳动改造。通过剿匪斗争和镇压反革命，沉重打击了土匪、反革命分子的破坏活动，消灭了土匪武装，基本肃清残留的反革命分子，巩固了人民民主政权。同时，提高了广大人民群众的政治觉悟，安定了社会秩序，有力配合了土地改革和抗美援朝运动，为全面大规模的经济建设提供了良好的社会环境。

随着陕西各地的解放，人民政权通过没收官僚资本企业，将国民经济中关系国家经济命脉和国计民生的行业掌握到手中，并对这些企业进行民主改革和生产改革，将其组建为新民主主义性质的国营经济。这为恢复国民经济、巩固新生人民政权奠定了物质基础。由于正确贯彻全心全意依靠工人阶级的方针，人民政权对官僚资本企业的接收有条不紊，并使其很快恢复了正常生产。新中国成立后，工人阶级成为国家的领导阶级，在企业中发挥着当家作主的作用，大大提高了政治地位和社会地位。

新中国成立前后，全国各地货币市场极度混乱，国民党统治时期恶性通货膨胀的影响仍在延续，不法投机商趁机兴风作浪，导致物价飞涨、经济秩序混乱。在中央政府的统一领导下，陕西大力打击不法投机资本，稳定了金融秩序和市场物价，统一财经工作取得明显成效，建立了新民主主义经济秩序。

1950 年春，陕西多地发生水旱虫灾等自然灾害。陕西省委提出全省要“以生产救灾为中心”，发动组织群众进行生产救灾。关中等地的 34 个县贷出粮食 553966 石，黄龙安置难民 2282 户 9175 人。经过生产救灾，提高了群众生产积极性，全省人民基本度过了灾荒。在5个月的生产救灾中，全省开垦荒地110多万亩，仅渭南、咸阳 20 个县就扩大棉田 31.5 万亩。开展生产救灾，展示了新生人民政权的动员组织能力，也展现了人民政权为人民的宗旨，使人民群众在切身实践中感受到新制度的优越性。

1950 年，朝鲜战争爆发。中共中央作出“抗美援朝，保家卫国”的战略性决策后，陕西各界积极开展抗美援朝、保家卫国运动，成立抗美援朝分会，订立爱国公约，在全省范围掀起捐献和参军参战热潮，开展拥军优属工作和增产节约运动。随着朝鲜停战协定正式签订，1953 年 8 月，抗美援朝运动在陕西基本结束。在抗美援朝运动中，全省人民受到了一场生动的爱国主义和国际主义教育，政治觉悟明显提高，民族自尊心和自信心进一步增强，精神面貌发生了深刻变化，人民群众由此激发出的爱国主义热情成为恢复和发展国民经济、推动各项社会改革的巨大动力。

新中国成立之初，在巩固新生人民政权的同时，土地改革、民主改革和社会改造在三秦大地取得胜利。

1950 年 6 月，中央人民政府公布施行《中华人民共和国土地改革法》。8 月，陕西省委、省政府制定《关中地区土地改革实施办法》等相关政策。1950 年 10 月至 1952 年 6 月，陕西先后批准宝鸡、咸阳、渭南等地成立土地改革委员会，在关中和陕南新解放区分批开展了土地改革。

经过土地改革，全省 780 万无地少地贫困农民分得了 1080 万亩土地，其中雇农、贫农人均拥有耕地约 4 亩。土地改革有力解放了农村社会生产力，为恢复农业发展奠定了坚实基础。

为进一步扩大土地改革成果，发展农村经济，陕西省还开展了查田定产和土地改革复查工作。结合查田定产工作，各地开展民主建政，普遍建立乡级人民政权，整顿健全了农村的农会、共青团、妇联、民兵等组织。土地改革顺利完成后，农村土地关系发生了根本变化，农民实现了“耕者有其田”“居者有其屋”的愿望，标志着中国共产党一成立就确定的反封建历史任务的完成。陕西进行的土地改革，进一步巩固了工农联盟，为全省恢复和发展国民经济，开展社会主义改造和大规模经济建设提供了良好的前提条件。

伴随着土地改革，陕西推动了一项重要的社会改革——工矿企业的民主改革。改革了企业的领导机构，建立了工厂管理委员会，肃清了封建残余势力，进一步消灭了剥削关系，消除了职工队伍内部的对立现象。通过实行民主化管理，从根本上保证了企业的社会主义性质和劳动者在企业中的主人翁地位。

婚姻制度是整个社会制度的重要组成部分，改革婚姻制度是民主改革和社会改造的重要方面。20 世纪 50 年代初，陕西省大力宣传贯彻中央人民政府颁布施行的《中华人民共和国婚姻法》（1950 年 5 月 1 日）。通过广泛深入的宣传贯彻活动，陕西逐步建立了新的婚姻制度和新型婚姻家庭关系，基本实现了婚姻自主，基本消灭了童养媳现象，普遍减少了虐待现象，全省妇女特别是农村妇女的社会地位得到很大提高。

新中国成立之初，陕西大力发展妇女组织，选拔培养妇女干部，组织妇女参加民主选举，增加女职工比例，大力改善妇女受教育状况。1950 年 10 月，陕西省三分之二的县（市）、五分之一的乡建立了妇女组织，专职妇女干部有 1051 名。陕西省第二届妇女代表大会召开时，全省 100 个县（市、中心区）中有 92 个成立了妇联，5 个成立了筹委会，87% 的乡（全部 6967 个乡）建立妇联组织，区以上妇女干部达到 1598 名。陕西省妇女积极参加民主选举。1954 年基层普选中，陕西省女选民达到 388.28 万，参选妇女占到女选民总数的 92.2%。女职工数量显著增加。1949 年，陕西省女职工有 30 多万人。至 1955 年底，全省参加工业建设的女职工超过职工总数的 20%。一批批妇女干部参加了全国妇联妇女干部学校、西北局党校、省委党校等学校的学习培训。陕西省妇女受教育状况大为改善。1951 年全省参加冬学的妇女人数由 1950 年的 30 多万人增加至 71 万人。

1952 年，陕西省各级人民法院在西北局和省委领导下开展了反对旧法观点、旧司法作风，整顿法院组织的司法改革。经过司法改革，司法人员普遍改变了陈旧观念和官僚衙门作风，初步明确了走群众路线的审判方向，逐步树立起人民司法公平、公正的形象，巩固提高了党和政府在人民群众中的威信。

吸毒贩毒、卖淫嫖娼、设庄赌博等封建制度下的社会痼疾摧残人民健康，腐蚀人民灵魂，毒化社会环境。新中国成立后，党和人民政府把铲除社会毒瘤、净化社会环境、树立健康进步文明的社会风尚作为民主改革的重要任务。1950 年，政务院发布《关于严禁鸦片烟毒的通令》，陕西省制定系列禁烟政策，成立禁烟禁毒委员会，结合剿匪工作广泛开展宣传和禁烟禁毒工作。经过全省人民的努力，到 1952 年底，全省禁烟禁毒工作取得全面胜利，旧社会肆虐的种植、制造、贩卖、吸食烟毒的恶行基本禁绝，社会环境得到净化，受到群众广泛称赞。

新中国成立后，取缔妓院、荡涤旧社会遗留下来的污泥浊水是人民群众的迫切愿望。按照计划，陕西各地迅速行动，封闭妓院。

各地妓院相继封闭后，妓女被解救到教养院，她们百分之百染有性病，重症者达 90% 以上。人民政府积极组织有经验的医生，用当时昂贵稀少的特效药盘尼西林等为其治疗，帮助大部分人员身体痊愈。在治疗的同时，人民政府开展教育和改造工作，提高她们的思想觉悟，让其成为自食其力的劳动者。至 20 世纪 50 年代中期，大部分妓女重归社会、自食其力，逐步融入正常社会生产生活。

在禁毒禁娼的同时，省政府还在全省明令禁止一切形式的赌博，动员人民群众开展严禁赌博活动。1953 年，省政府发出全面禁止赌博的布告。各级政府坚决取缔各种赌博场所，封闭赌场，没收赌资、赌具，运用宣传教育、群众运动等形式，打击赌头、惯赌分子，并帮助嗜赌者戒赌，有力地扫除了这一社会丑恶现象。

新中国成立后，人民获得解放，成为国家的主人。在省委、省政府的领导下，陕西人民在一穷二白、满目疮痍的基础上，以高昂的姿态投入经济和社会各项事业建设，陕西的国民经济迅速恢复并取得初步发展。

农业方面，加大农业投资，兴修农田水利，推动科学种田，开展互助合作，恢复和发展农业生产。这期间，陕西成立了中国第一个农具研究机构——西北农具研究所，成立了陕西农业机械厂、农具厂，扩建了西北农业机械厂、安康农具厂等，初步建立了陕西农机工业。农田水利方面，修复了洛惠渠一期工程、涝惠渠工程、陕北织女渠与定惠渠工程等一系列水利工程。科学种田方面，1952 年 6 月，省政府发出《陕西省小麦良种普及工作指示》，部署小麦良种推广计划。陕西试点种植了西北农学院培育的小麦新品种“碧蚂 1 号”，示范推广了一批玉米良种、棉花良种和优良稻种。到 1952 年底，全省共新修整修了 1.16 万余条小型灌溉渠道，打水井 17.5 万眼。1952 年水浇地达到 525.3 万亩，较 1949 年增加了 48.8%。至 1952 年，全省农业总产值达到 10.75 亿元，粮食总产量达到 397.5 万吨，棉花总产量 7.34 万吨，油料总产量 6.93 万吨，生猪存栏 178.5 万头，羊 164.4 万只，分别比 1949 年增加了 34.5%、20.1%、68%、23.3%、139.9% 和 77.2%，其他农作物主要生产指标也都超过了 1949 年水平。

工业方面，新中国成立初期，陕西的工业企业数量少、基础差，陕西省没收了一批官僚资本企业，组建国营企业。按照全国统一布局，全省有重点地开展了工业基本建设，其中投资 1.81 亿元用于全民所有制的基本建设。除了改建扩建大华纺织厂、申新纱厂、榆林毛纺厂等企业外，建成了咸阳国营西北第一、第二棉纺织厂和国营陕西第三印染厂等企业。至 1952 年，陕西省拥有棉纺织工厂 7 家，拥有的纱锭和织布机分别为 18.61 万枚、2925 台，较 1949 年分别增长了 81.28%、92.05%。1952 年，生产的纱和布分别达到 1.87 万吨、8145 万米，较 1949 年分别增长了 156.16%、136.57%。1952 年，全省纺织工业总值（12168 万元）占全省工业总值的 25.4%。至 1952 年底，全省工业总产值达到 4.95 亿元，比 1949 年的 2.86 亿元增长了 73.1%，其中公私合营和国营工业增长速度较快，年增速分别达到 73.5% 和 66.7%。

交通领域，新中国成立后没收西安铁路局、陕西公路局及所属企业等官僚资本企业，接管了 451 公里铁路、3998 公里公路和 977 辆公路运输车辆，还接管了西安机场、咸阳机场、汉中机场、榆林机场和安康机场等交通设施。1950 年修建了宝鸡至天水铁路。截至 1952 年，全省铁路货物年周转量（467 百万吨 / 公里）比 1950 年增长 64.4%；铁路旅客年周转量（397 百万人 / 公里）比 1950 年增长170%；公路货物年周转量（3612万吨/公里）比1950年增长121%。1950年7月，西安民航站成立，国家开辟了北京—太原—西安—兰州航线，这是新中国成立后途经陕西的第一条国内航线。7月11日，中苏民用航空股份有限公司开辟北京—阿拉木图国际航线，途经西安，这是新中国成立后第一条途经陕西的国际航线。

金融方面，全省没收了中央银行、中国银行、交通银行和中国农民银行的西安分行等10余家金融机构及其在22个县设立的分支机构。1949年5月成立了中国人民银行西安市分行，同时中国人民解放军西安市军事管制委员会（以下简称西安市军管会）发布公告确定以中国人民银行发行的人民币为本币。为稳定金融秩序，陕甘宁边区政府和西安市军管会颁布了《管理私营银钱业暂行办法》《金银管理暂行办法》《管理银洋暂行办法》等一系列金融法规。陕西省政府成立后，进一步采取了取缔金融黑市、加强缉私等举措，使得人民币信誉不断提高。同时，人民政府采取有效手段解决货币与物资供应矛盾，稳定市场，控制物价。

商业方面，大力发展了国营商业和供销合作组织，到1950年底，全省的国营专业批发公司及分支机构达到了248个，农村供销合作社发展至462家。与此同时，陕西认真贯彻国家关于私营工商业政策，帮助其恢复生产，私营工商户也有一定规模，到1951年7月，66个县（市）登记的私营工商户就达到了6.33万家，资金2784万元，从业人数为16.75万人。新型社会主义商业体系初步建立。1952年全省国营贸易机构总数达到417个，职工总数6606人，分别较1950年增长了110%和86.24%。国营商业零售额占全省商业零售额的比例上升到31.5%（1950年为12.6%）。供销、消费、手工业生产合作社遍布全省市县乡镇，大的村庄设有供销合作社经营服务机构和网点。全省初步形成以国营商业为领导，合作社为辅，包括国家资本主义商业、私人资本主义商业和个体商业等五种经济成分并存的社会商业结构。

从1949年10月到1952年底，陕西在恢复和发展经济的同时，开展了“三反”“五反”运动。1951年12月至1952年5月，陕西省、西安市在县以上机关、学校、团体、国营和公私合营厂矿内部开展了反对贪污、反对浪费和反对官僚主义的“三反”运动。从1952年2月至7月，向违法资本家开展了一场反对行贿、偷税漏税、盗骗国家财产、偷工减料和盗窃国家经济情报的“五反”斗争。通过“三反”运动，堵塞贪污浪费漏洞，健全组织机构，严格工作制度，清理了干部中的贪污腐败分子；通过“五反”运动，巩固了工人阶级和国营经济的领导地位，为开展大规模经济建设和社会主义改造提供了有利条件。

文艺是时代前进的号角，最能代表一个时代的风貌，最能引领一个时代的风气。新中国的成立，为文化艺术创作提供了新的时代命题，为文艺工作者开拓了新的道路，艺术领域产生了一批影响全国的精品力作。新中国成立之初，陕西成立了专管文化艺术的政府机构和一系列文化艺术协会。全省以延安时期文艺工作者为骨干，吸收大批原国民党统治区进步文艺工作者及民间艺人，组成了一支庞大而全新的文艺队伍。在省委、省政府推动下，全省文化队伍不断壮大，文化网基本形成。

1950年9月西北文学艺术工作者代表大会召开，柯仲平被选举为西北文学艺术界联合会主席。20世纪50年代，柳青、杜鹏程等陕西作家创作了一批精品力作。其中，柳青为了创作从北京来到长安县皇甫村落户，撰写出了堪称里程碑式的作品——长篇小说

柳青

杜鹏程（罗文科 摄）

《创业史》（第一部）。这一时期，杜鹏程创作了长篇小说《保卫延安》，王汶石创作了小说《风雪之夜》等，李若冰创作了《在勘探的道路上》等。

这一时期，陕西的美术、电影、曲艺、杂技、木偶、皮影、音乐、舞蹈等艺术事业继承延安时期的光荣传统，紧跟时代步伐，得到了迅速发展。以赵望云、石鲁为代表的“长安画派”，在国内外产生了广泛影响。西安电影制片厂成为西北地区成立最早、规模最大的电影制片基地。

对于古老的秦腔艺术，陕西进行了改革，将著名的西安易俗社改为公营。1953 年成立陕西省戏曲修审委员会。从 1950 年到 1952 年，挖掘整理了 38 种地方剧种、8300 多个剧目，编辑出版了《陕西传统剧目汇编》86 辑，丰富了剧团演出内容。这一时期，秦腔《游龟山》《一家人》、豫剧《花木兰》分别获第一届全国戏剧会演二、三等奖。

新闻媒体是党和人民的耳目喉舌。1950 年 7 月开始发行陕西省委机关报《陕西日报》。1952 年 12 月《群众日报》与《陕西日报》

等四报合并，以《群众日报》名义发行，作为西北局兼陕西省委机关报。1950 年 4 月，《延安报》创刊，其后《安康日报》《西北工人报》《新青年报》《西安日报》《陕西农民报》《陕西建筑报》等相继创刊。至 1952 年，全省报纸发行量达 9.8 万多份，读报组增加到 7.5 万个。1949 年 5 月，陕甘宁边区新华书店和西北印刷厂人员进入西安，接管了陕西省银行印刷厂等印刷企业，组建了西北新华书店和西北新华印刷厂。1950 年 3 月，成立西北军政委员会出版局。1951 年 1 月，成立西北人民出版社（后改名为陕西人民出版社）。1949 年 5 月，进入西安的西北新华广播电台先遣人员接收国民党西安电台，并于 6 月 1 日在西安播音。后西北新华广播电台先后改名为西安新华广播电台、西安人民广播电台。1950 年 9 月，改名为西北人民广播电台。同月，西安人民广播电台成立。1953 年 2 月，陕西人民广播电台成立。与此同时，宝鸡、铜川、汉中、安康、咸阳等广播电台相继建成。

新中国成立后，陕西教育、医疗卫生、公共文化服务等与民生相关的领域得到较快发展，开展了大规模的扫盲运动，并积极保护城墙等文物，开展防沙治沙。

教育方面，至 1952 年底，普通中学和小学分别达到 131 所和 19301 所，比 1949 年增长 8.94%、34.9%；普通中学在校学生 64342 人，小学在校学生 148.07 万人，分别比 1949 年增长 66.8% 和 103.34%。中等师范学校 20 所，在校学生 8790 人，学生人数比 1949 年增长 207.67%。高等教育方面，1952 年底全省高等院校包括西北大学、西北工学院、西北农学院和西安医学院，在校生 4711 人，比 1949 年增长 107.35%。

医疗卫生方面，陕西采取各种措施发展了医疗卫生事业。全省医疗机构数量增加，医疗卫生队伍不断壮大。到1952年，全省医疗卫生机构比1949年增长了3.8倍，达到715个；病床比1949年增长了2.8倍，达5000张。全省大力开展地方病防治，省、地、县普遍成立地方病防治机构。这一时期，全省开展了群众性爱国卫生运动，改善了群众的卫生条件。

公共文化方面，1950年成立陕西省人民文化馆。到1952年，陕西省有文化馆126个、文化站9个，每个县都建立了文化馆。省、地、县共建立图书馆133个。公共文化机构开展读书、展览等活动，丰富了群众文化生活。1952年，西安市修建了五四剧院、人民大厦和市人民体育场，产生了良好影响。

扫盲运动方面，新中国成立后陕西省在农村举办冬学和常年农民业余学校，在城市举办职工、干部业余文化学校，开展以扫盲学文化为重点的业余教育。1950年，陕西省委发出《关于冬学工作的指示》，指导农民参加学习。至1951年底，参加冬学的人数达到82.36万人，其中妇女31.42万人。1952年，陕西省成立了扫盲委员会，推行速成识字法，组织和领导开展全省扫盲运动。从1949年到1952年，全省用于扫盲教育的经费达到了45万多元，为扫盲配备专职教员3126名，训练了2.37万名兼职速成识字教师，青壮年实现脱盲的人数达到13.2万。

保护西安城墙等文物方面，新中国成立后相继成立了西安市革命文物征集委员会、延安修建委员会等。1952年5月成立了西安市郊古迹名胜整修保管委员会，10月成立了陕西省文物管理委员会，逐步开始整修延安革命旧址和西安文化遗址等。在西北军政委员会和相关领导的关心和指导下，西安市政府印发布告明令禁止拆毁城墙，要求将已拆除墙砖仍退回原处。此后，西安城墙得到多次

20 世纪 50 年代的西安城墙长乐门（东门）（西安城墙景区供图）

维护修理。

防沙治沙。新中国成立前，陕西榆林地区林木覆盖率仅有 0.9%，靠近毛乌素沙漠的村镇中有 390 万亩牧场沙化、盐渍化、退化严重，出现了沙进人退的被动局面。从 1950 年开始，榆林开展群众性造林工作。至 1956 年 5 月，榆林植树造林面积达到了 28 万亩，零星植树 260 多万株，封沙护草和封山育林面积近 80 万亩，搭障蔽超过 40 万米。防沙治沙工作取得初步成效。新中国成立后，还开展了大荔沙苑的治沙造林工作，恢复了沙苑地区的农业生产。

从中华人民共和国成立到社会主义改造基本完成是一个过渡时期。过渡时期的总路线和总任务，是要在一个相当长的时期内，逐步实现国家的社会主义工业化并逐步实现国家对农业、手工业和资本主义工商业的社会主义改造。随着三大改造的完成，三秦大地进入社会主义社会，为建设小康社会奠定了制度基础。

1953年2月，中央部分修改1951年12月印发的《关于农业生产互助合作的决议（草案)》，并作为正式文件下发，要求开展农业生产互助合作。农业生产互助合作运动在全国开展，标志着农业社会主义改造正式开始。农业生产互助合作运动开始后，陕西省首先发展了初级农业生产合作社。至1953年10月底，陕西省建立初级农业生产合作社264个。至1954年2月，全省共建立530个社。至1954年底，全省农业社数量增加到3048个，基本做到县以下区区有社。1955年3月，全省农业合作社增加至1.17万个，入社农户达到35.32万户，占到农户总数的11.42%。至1955年底，农业社累计总数达到6.09万个，入社农户占到农户总数的60%。至1956年1月底，全省新建的农业社和老社共有75408个。同年2月底，全省加入农业社的农户占到农户总数的95.06%，全省基本实现了半社会主义性质的初级农业生产合作化。

1956年1月，中央提出一切条件成熟的初级社应当分批分期地转为高级社。6月，第一届全国人民代表大会第三次会议通过，毛泽东以国家主席名义公布了《高级农业生产合作社示范章程》。8月，陕西省委下发《关于秋后高级社的安排》。至1956年底，全省共建成高级农业生产合作社32505个，入社农户304.9万户，占到农户总数的96.27%。高级社平均规模达到了94户。至1957年底，经过调整，高级社数量变为32262个，每社平均100.7户，入社农户占农户总数的98.2%。

党在过渡时期的总路线公布后，陕西开始部署全省手工业社会主义改造，加强领导手工业合作化工作，将手工业者组织到合作组织中。手工业合作社分为手工业生产合作小组、手工业供销合作社和手工业生产合作社三种形式。到1956年10月，陕西省手工业合作社（组）达到 3500 多个，社、组成员 7.49 万人，基本完成了手工业合作化任务。

在国民经济恢复时期，陕西省和西安市在中央和西北局领导下，对个别私营企业开展了公私合营工作。至 1952 年底，全省公私合营工业企业达 37 户，产值 4725 万元。1954 年 1 月，全国开始有计划地扩展公私合营工作，全省对产值达 5138 万元的 17 家私营厂矿进行了公私合营。公私合营企业占全省地方工业的比重增加到 50.6%。1955 年，陕西省实行公私合营企业达到 74 个，涉及私营煤矿、机器制造、榨油、面粉等 9 个行业。

对于私营商业，陕西重点开展国营批发商业代替私营批发商业

1956 年 1 月 15 日，西安市各界 10 多万人庆祝私营工商业、手工业全行业公私合营和合作化胜利完成（陕西省档案馆供图）

的工作，加强对粮食、皮毛、棉花等行业的管理，引导私营批发商转行。至1954年私营棉花行全部被淘汰或代替。1953年11月，国家实行粮食油料统购统销，陕西对私营粮油零售商实行全行业经销和代销。1954年9月国家实行棉布计划收购和计划供应，陕西省安排为国营商业经销、代销的私营棉布零售商有3561户4927人。1954年2333户私营香烟零售商、2750户酒类专卖商、179户煤炭商得到安排。1956年1月，西安市批准最后一批25个私营工业行业和36个私营商业行业共4183户公私合营，成为继北京、沈阳后全国第三个实现全行业公私合营的大城市。1956年2月底，陕西省实行公私合营和合作化的县城已有近百个，其中进入清产核资阶段的县城有52个，开始进行经济改组的县城有19个。

在公私合营中，逐步把资本主义企业改造成社会主义企业。公私合营后，资本家以工作人员身份参加企业管理。至1956年底，全省13485名私方人员中已经安排工作者达到11850人，占87.9%。其中4699人被安排为公私合营企业、合作社、合作小组领导职务。这场社会变革基本上将资本主义生产资料私有制转变为社会主义所有制，从根本上消灭了剥削制度和剥削阶级，促进了生产力发展，总体上取得成功。

工业化是近代以来中国人的梦想。陕西第一个五年计划的编制和苏联援建的“156项工程”中24项在陕工程的实施，大大加快了陕西工业化的进程，推动了全省国民经济的发展。1952年11月，中央人民政府增设国家计划委员会，其主要任务是加强计划工作和计划执行。遵照中央有关指示，陕西省开始编制全省“一五”计划草案。与国家“一五”计划的编制情况相似，陕西省的“一五”计划也经历了一个反复编订、数易其稿的过程。

1954年7月，中国共产党陕西省第一次代表大会着重讨论了陕西省发展国民经济的第一个五年计划，强调要加强党对工业建设的领导。1955年10月，在陕西省第一届人民代表大会第三次会议上，省长赵寿山作了题为《为完成和超额完成陕西省发展国民经济的第一个五年计划而奋斗》的报告，在全省公布了“一五”计划的主要内容，提出了完成和超额完成陕西省“一五”计划的工作措施。10月4日，会议正式通过了《陕西省发展国民经济的第一个五年计划》。编制和实施发展国民经济的计划既是学习借鉴苏联社会主义建设经验的过程，又是我们党探索治国理政方式的起步。陕西“一五”计划的编制和实施既是结合陕西实际贯彻国家总体发展战略、摸索全省经济建设规律的过程，也是以新的领导方式积极推动全省经济社会发展的开端。

第一个五年计划时期，国家将苏联援建的156项重点工程项目中的24项安排在了陕西省。陕西以这些项目为中心，全面展开了“一五”计划建设工作。西安是全国接受“156项工程”项目最多的城市，共接受了17项工程。在陕的其他工程分布在宝鸡、铜川、兴平等地。24项工程中航空工业5个，电子工业2个，机械加工业4个，能源工业3个，船舶工业2个，兵器工业8个。

为保障这些项目的建设，陕西省安排了一批包括交通运输、电力等门类的配套建设工程，保证了重点工程的顺利建设，促进了陕西的交通发展，提高了公路等级，基本形成了关中和陕北道路网。24项工程建设，奠定了陕西工业的雄厚基础和在全国发展中的重要地位，有力推动了全省国民经济的发展。

在配套建设工程中，支援建成的宝成铁路为我国西南地区和西北地区的经济建设创造了条件。从1954年1月起，宝成铁路陕西

1956 年 7 月 13 日，连接祖国西南和西北的宝成铁路举行接轨仪式（程浩然 摄）

境路段（346.8 公里）陆续动工。铁路沿线地方党委政府认真组织运输力量，运送施工材料、生活物资，有力支援了宝成铁路建设。1956 年 7 月，宝成铁路南北两段接轨，比计划提前 13 个月打通了西北与西南的交通要道。文艺工作者创作了大量文艺作品，歌颂这一壮举，其中包括作家杜鹏程的小说《夜走灵官峡》，画家赵望云的《万山丛中》《宝成铁路工地写景》《秦岭工地》等。

2. 在曲折探索中建设社会主义

从 1956 年到 1978 年，党领导全国人民对社会主义建设道路进行了艰辛探索，虽然经历曲折，但仍然取得了无可否认的巨大成就。

1957年底，陕西省顺利完成了国民经济“一五”计划的各项指标，取得了显著成就。

工业建设初具规模，建成投产的大中型工业企业达到28个，其中国家重点工程项目12个。至1957年底，陕西全省工业总产值达到11.34亿元，比1952年增长了129.1%。“156项工程”布局陕西的24项重点工程开工22项，到1957年有15项基本建成投产，初步建立了机械制造业基地的框架。纺织工业方面，至1957年全省新建并投入生产的现代化纺织厂7个，在咸阳和西安建立两座纺织城。煤炭工业方面，建成了现代化的铜川三里洞煤矿。

农业基础条件不断改善，水利建设、植树造林、农业机械和良种培育领域得到了重点投资。至1957年，陕西全省农业机械总动力比1952年增加了0.78万千瓦，达到了0.79万千瓦；有效灌溉面积比1952年增加了204.28千公顷，达到了505.66千公顷。按照1952年不变价格计算，1957年全省农业总产值达到了21.02亿元，粮食总产量达到444万吨，棉花总产量达到11.62万吨，分别比1952年增长41.1%、11.7%和58.3%。

基础设施建设力度加大，陕西建立了西北第一家自来水厂——西安市自来水厂。城市公路交通长足发展，西安市主要街道建设成为水泥路、柏油路。西安市东郊纺织城、西郊电工城、南郊文化区城建初具规模。陕西完成黄河三门峡水利工程前期工作，1957年4月，工程顺利开工建设。铁路建设方面，国家投资修建的宝成铁路1956年7月接轨，1958年1月正式通车运营。1957年陕西铁路运行里程较1952年增加了186公里，达到了633公里。西安车站与北京、上海、广州、乌鲁木齐、重庆等站点开行直通旅客列车。1957年陕西铁路完成的客运量、货运量、旅客

西北国棉一厂职工赵梦桃是全国著名劳动模范，纺织战线的一面红旗。她所在的小组被命名为“赵梦桃小组”。几十年来，赵梦桃小组接力传承“高标准、严要求、行动快、工作实、抢困难、送方便”“不让一个姐妹掉队”的“梦桃精神”，在纺织行业继续绽放光彩。2019 年，习近平总书记亲切勉励赵梦桃小组，希望大家继续以赵梦桃同志为榜样，在工作中勇于创新、甘于奉献、精益求精，争做新时代的最美奋斗者，把梦桃精神一代一代传下去。图为赵梦桃（前排左二）与小组成员交流纺纱技术

周转量、货物周转量，比 1952 年分别增长 83.7%、1.4 倍、2.3 倍和 5 倍。公路建设方面，建成了西兰公路渭河公路桥，改建干线公路 8 条（1299 公里），新建改建 100 多座桥梁，公路通车里程由 3863 公里增加到 7049 公里。

山区建设呈现新貌，1956 年 12 月，陕西省成立山区建设委员

会。洛川农民把苹果树苗带回家乡发展苹果种植，并办起了第一个果树栽培学习班，带动黄陵、富县、宜君、宜川和延安等地种植苹果。1954 年，延安地委、行署在全地区推广苹果种植。商洛重点发展核桃产业，1957 年 9 月商洛地委发出“每户种一升核桃”的号召，在全区掀起了种植核桃的热潮。1958 年，陕西以陕北为重点，结合水土保持，开展了种植牧草 100 万亩活动。

城乡居民收入增加，生活水平显著提高。1957 年，陕西全民所有制职工年平均工资比 1952 年增加了 31.3%，达到 650 元。1957 年全省社会消费品零售额达到 11.78 亿元，公费医疗福利有较大提高，居民存款持续增加。

1958 年 3 月至 7 月，陕西省形成构成全省“二五”计划的两份文件《陕西省国民经济第二个五年计划的方针任务》和《陕西省 1958 年至 1962 年发展地方工业规划要点》。“二五”期间，全省人民克服困难，取得了一定成果，建设了一批项目，全省完成基本建设投资 35.98 亿元，较“一五”期间增长了 65.65%。1963 年 9 月，中央工作会议决定“三五”计划推迟到 1966 年开局。

全省建成和在建的大中型水利工程达到 11 个。农业机械化程度大幅度提高，1965 年全省拥有的涉农机械化半机械化机具 2 万多台件，其中大中型农用拖拉机达到了 1770 台。1966 年全省粮食总产量达到 589.5 万吨。工业建设方面，“二五”时期工业总产值较“一五”时期增长近 166.7%，占全省工农业生产总值的比重达到 56.5%。这一时期全省建成大中型项目 30 多个，扩建了一批重点项目。从 1956 年到 1965 年，陕西经济实力有了较大增长。1965 年全省工农业总产值比 1956 年增长 77.6%，达到 53.31 亿元。全省地方财政收入比 1957 年增长 92.6%，达到 6.55 亿元。

这一时期，全省文教事业取得长足进展。1955年国务院决定交通大学内迁西安，1956年起教职工、学生和家属分批迁赴西安。1959年，交通大学西安部分定名为西安交通大学，同年被列为全国十六所重点大学之一。到1966年，全省有高校21所，高校在校学生31587人，为形成以西安为中心的高等教育基地奠定了基础。

由于三线建设，加之全省干部群众的努力和对“左”倾错误的抵制，陕西1966年到1970年的“三五”计划设想主要指标在高投入前提下大体完成。“三五”计划设想实施期间陕西国民收入年均增长7.7%，工农业总产值年均增长11.2%，工业总产值年均增长16.3%。“三五”计划设想的实施，为陕西建成投产了一批重大项目，其中大中型项目14个。“三五”计划设想的实施促进了陕西地方财政收支增长。1970年全省地方财政收入比1965年增长49.4%，达到9.77亿元；全省地方财政总支出比1965年增长60.4%，达到9.29亿元。

从1971年至1975年，陕西全省实施“四五”计划，对全省经济建设起到了重要作用。通过“四五”计划的实施，陕西农业发展基础条件有所改善。水利建设投资比“三五”时期增加了140%，达到4.93亿元，建成了宝鸡峡引渭灌溉工程等大中型水利骨干工程。1975年全省粮食总产量比1970年增长34.9%，达到810.5万吨，油料总产量比1970年增长55.92%，达到7.5万吨。工业建设方面，国家基本建设投资比“三五”时期增加了126.33%，一批重点工业企业先后建成，完善了航天航空、电子和部分机械工业。“四五”计划末期，全省工农业总产值比1970年增长40.55%，达到109.31亿元，其中工业总产值比1970年增长46%，达到75.36亿元，农业总产值比1970年增长29.77%，达到33.95亿元。

这一时期开始的三线建设对陕西发展有重要意义。1964 年 5 月中央召开工作会议，作出了集中力量、争取时间、建设三线、防备外敌入侵的战略决策。“三线”是具有军事和经济地理含义的区域概念，指云、贵、川、陕、甘、宁、青、豫、晋、鄂、湘等 11 个省（区）。从 1964 年到 1979 年，国家累计投资 2052 亿元，在三线地区安排建设了 1100 多个大中型项目。1966 年 4 月，陕西省三线建设委员会成立，具体组织领导全省三线建设工作。

陕西按照中央部署，全面展开三线建设。从 1964 年到 1979 年，铁路建设方面，建成了阳安线（阳平关—安康）、襄渝铁路陕西段、西宝复线、西韩线等铁路。公路建设方面，修建了西万（西安—万源）公路、周城（周至—城固）公路、兰宜（兰州—宜川）公路等道路。三线建设期间，陕西建成大中型火力发电厂 4 个、水力发电厂 2 个，1979 年全省发电量达到了 71.3 亿千瓦时，是 1966 年的 3.89 倍。

三线建设期间，国家在陕西建设了大批国防科技工业项目。机械工业系统新建了陕西汽车制造厂、汉江机床厂、陕西鼓风机厂等企业。至 1978 年，陕西机械系统企业达到 419 个，较 1966 年增长了 9 倍，固定资产原值是 1966 年的 16 倍，机械制造业发展为陕西的支柱产业。航空航天领域，建设了 063、067、012 基地，加速了陕西航空航天产业发展。电子工业方面，从 1966 年至 1976 年，在宝鸡、商洛、渭南、铜川等地，建立了 28 个电子工业研究所和元器件生产企业，帮助陕西发展出了从元器件到整机的完整体系。核工业领域，调入铀矿地质队，建立了核专用设备和核仪器工厂，形成从核原料勘探、开采，到核工业控制设备、仪表等研制与生产的能力。兵器工业领域，新建、迁入兵器工业企事业单位 11 个，使

1965 年中共中央批准《国防工业 1965 年工作要点》，对国防工业的三线建设作了部署，航空工业三线建设拉开序幕。图为 20 世纪 70 年代中期，陕西飞机制造厂生产的首架飞机被拖往机场

陕西成为我国兵器工业和国防科技工业的重要基地。冶金领域，新建了略阳钢厂、陕西焦化厂、西安耐火材料厂、陕西精密合金厂等。这一时期还新建了西北金属研究院、金堆城钼业公司、宝鸡有色金属加工厂等，陕西有色金属工业格局逐渐形成。

三线建设改善了全省工业布局，推动了工业发展。经过建设，陕西形成较为雄厚的工业基础和一定规模的工业部门，出现了一批有影响的名牌企业。按当年价格计算，1979 年陕西工业总产值是 1964 年的 4.43 倍，工业总产值在工农业总产值中的比重达到了 69.76%，陕西省发展成为我国的一个重要工业基地。

（二）百舸争流　改革开放奔小康

1. 改革开放起步与全面展开

1978 年 12 月，党的十一届三中全会召开。会议作出了把全党工作着重点转移到社会主义现代化建设上来、实行改革开放的历史性决策，开启了改革开放和社会主义现代化建设新时期。

1983 年 4 月，中国共产党陕西省第六次代表大会召开，大会作了题为《为开创社会主义现代化建设新局面而奋斗》的工作报告。1988 年 4 月，中国共产党陕西省第七次代表大会召开，大会作了题为《进一步解放思想，大胆改革开放，努力加快我省社会主义现代化建设的步伐》的工作报告。

党的十一届三中全会后，从 1979 年到 1981 年，陕西国民经济扭转了困难局面，实现了工作中心转移，经济效益持续好转。经过国民经济调整，到 1983 年陕西经济取得了显著进步：农业总产值创历史最高水平，乡镇企业总产值创历史新高；工业方面，全省完成工业总产值 131.76 亿元。其中，重工业产值增长 19.4%，达到 69.9 亿元；轻工业比上年增长 4.9%，工业总产值比上年增长 11.9% ；全省财政收入比上年增长 7.22%，达到 14.54 亿元；公路交通部门货物周转量比上年增长 8.33%，完成 77352 万吨公里；社会商品零售总额增长 9.35%，完成 64.64 亿元；外贸出口总额达到 5426 万美元。到 1986 年，陕西省国内生产总值达到 208.3 亿元，比 1983 年增长 49.1%，并且在 1984 年提前实现了“六五”计划的目标。

党的十一届三中全会后的两年多，陕西全面推行了农业生产责任制。1981 年，省委、省政府先后发出《关于一九八一年农业生

1980 年的古都西安

产和农村工作的安排》和《关于农业生产责任制问题座谈纪要》，从政策上肯定了专业承包、联产计酬责任制和统一经营、联产到劳责任制这两种形式的责任制，并进行推广。到 1982 年上半年，陕北、陕南大部分县实行了包干到户，关中及渭北的长武、韩城等县双包到户的队也已占到 80% 以上，且效果良好。陕北实行包干到户以后，粮食连年增产，大多数群众基本解决了温饱问题。1982 年 7 月，省委下发《关于落实农村联产承包责任制的通知》，要求到年底，全省普遍实行家庭联产承包责任制。1983 年底，全省 16.3 万个基本核算单位，基本实行了家庭承包为主的生产责任制，家庭联产承包责任制在全省绝大多数社队普遍推广开来。1983 年，全省粮食总产量达到 193 亿斤。

在推广家庭联产承包责任制的同时，陕西按照中央统一部署，改革了人民公社"政社合一"的体制。1983 年中央 1 号文件指出：

“人民公社体制，要从两方面进行改革。这就是实行生产责任制，特别是联产承包制；实行政社分设。”从 1983 年 3 月开始，陕西进行了政社分设试点工作。1983 年 12 月发出《关于实行政社分开、建立乡镇政府若干问题的通知》，开始改革“政社合一”的人民公社体制，建立乡镇政府。至 1984 年底，全省全部完成政社分开、建立乡镇政府的工作。全省原有的 2528 个人民公社和 83 个镇，改建为 2360 个乡政府和 353 个镇政府。

1980 年 4 月，陕西省改革财政体制，实行“划分收支、分级包干”的财政管理新体制。财政体制的改革，有利于调动各级财政工作的积极性。扩大国营企业自主权改革方面，1980 年 5 月，省政府发出《关于进一步扩大国营工业企业经营管理自主权的通知》。此项改革有助于增强企业的自主经营意识和市场意识。商业流通体制改革方面，省政府转发《关于发展城镇集体商业服务业若干问题的试行规定》《关于恢复和发展城镇个体商业服务业若干问题的试行规定》，为加快城乡商品流转创造了有利条件。

党的十二大以后，改革开放全面展开，社会主义现代化建设出现新的局面。党的十三大提出社会主义初级阶段理论和党的基本路线，改革开放步伐大为加快，整个国民经济发展到一个新水平。

1984 年 1 月，陕西省委召开农村工作会议，提出调整农村产业结构，大力发展农村商品生产。8 月，省委、省政府印发《关于保护农村专业户合法权益的若干规定》，支持和帮助专业户的发展。1985 年，陕西城乡集贸市场达到 1696 个。

1985 年 1 月，陕西省不再向农民下达农产品统购派购任务，当年起实行合同订购和市场收购。调整农村产业结构、改革农产品统购派购制度等有效举措，为农村非农产业发展创造了条件。

为加快发展农业科技，陕西印发《关于推动农村科技进步若干政策问题的规定》，转发《国务院关于积极实行农科教结合推动农村经济发展的通知》《农业部关于进一步加强科教兴农工作的决定》，决定增拨农村科技进步补助费，重点建设杨陵农科城。陕西采取的一系列措施，推动了农业科技创新、研发和推广，对加快农业科技成果转化产生了促进作用。1989 年陕西粮食总产量达到 1049 万吨，跨上 1000 万吨台阶。

陕西重视乡镇企业建设，促进农村经济发展。1987 年 9 月省政府发布《关于大力发展乡镇企业的几项政策规定》。1988 年省政府重新宣布关于发展乡镇企业的优惠政策。政府的支持推动了全省各地乡镇企业的发展。1987 年全省乡镇企业发展到 61.77 万个，从业人员 253.53 万人，拥有固定资产 56.26 亿元，总产值达到 150.93 亿元，占农村社会总产值的 25.6%。

为搞活国营企业，这一时期全国广泛推行承包经营责任制。1985 年 3 月，陕西省印发《关于进一步简政放权、搞活国营工业企业的十四项政策规定》。1987 年 7 月，印发《关于深化企业改革、增强企业活力的通知》。1989 年 5 月，省政府制定了《关于发展企业集团若干问题的试行意见》，推动国营大中型企业发展。1986 年下半年陕西开始第一轮企业承包；1991 年全省国营企业进入第二轮承包期。

军工企业拥有较强的技术力量和人才优势，在陕西经济特别是工业经济中占有重要地位。为加快“军转民”步伐，1983 年 10 月，陕西省第一次军民结合发展民品工作会议召开。经过三年努力，陕西军工企业在民品生产方面取得显著成果。航空领域，研制并批量生产了“运 -7”“运 -8”飞机；汽车工业研制生产出重型和微型汽车。此外，还研制生产出了一批纺织、能源、医疗设备产品和彩电、洗衣机、摩托车等家电产品，标志着陕西军工企业调整结构、“转轨”、“变型”、实行军民结合进入了新的阶段。“军转民”改革实践使传统军工企业实现了由单纯生产军品向军民结合的转变，扩大了企业产品市场销售范围，提高了资源利用率和效益，有利于全省国民经济的发展。

电子工业在这一时期得到较快发展。1982 年底国家电子行业特大型企业陕西彩色显像管总厂正式投产。1986 年西安市电子工业区开工奠基，至 1990 年底电子工业区市政配套设施基本建成，成为具有现代先进水平的电子元器件科研生产基地、高技术产业聚集地。从 1985 年至 1990 年全省工业经济以年均 12% 的速度递增。

这一时期，一些重要基础设施和工程项目建设速度加快并相继完成。1983 年襄渝铁路安康至四川达县段电气化工程竣工。同年，西安市西郊管道煤气一期工程建成，2094 户用气户成为陕西省第一批管道煤气用户。1984 年新建的陕西省体育馆落成。同年，当时陕西境内最高的建筑物——位于西安南郊的陕西广播电视发射塔动工兴建，1987 年竣工使用。西安黑河引水工程 1986 年开始建设，一期 1996 年完工，二期 2002 年建成，基本满足了西安的用水需要。1988 年，历时 12 年的电力抽黄灌溉工程基本建成。同年，陇海铁路郑州至宝鸡电气化工程全线竣工并通车。1989 年，包（头）神（木）铁路建成通车。1990 年，中国西部第一条高速公路——西（安）临（潼）高速公路建成。

这一时期，陕西进一步扩大对外开放。1984 年 12 月陕西省召开第一届国际经济技术合作洽谈会。参加大会的有来自 25 个国家

1998 年 10 月 29 日，西安黑河水利枢纽工程截流成功（杨小兵 摄）

和地区的投资者。改革开放后，陕西进出口贸易持续增长，不仅推动了开放型经济的发展，同时促进了全省国民经济的增长。陕西出口商品结构不断改善，科技含量和附加值大幅提高，飞机、汽车零部件、输变电设备、机床工具、电子器件等领域出现了一批竞争力强的出口企业和拳头产品。1985 年外贸对陕西经济增长的贡献率达到 5.3%。

20 世纪 80 年代，陕西提出并推进“科技兴陕”战略。1988 年 12 月，陕西省在咸阳召开第一次全省“科技兴陕”工作会议，会议讨论修订了《科技兴陕纲要》。其后，陕西坚决贯彻“科技兴陕”战略方针，使陕西的经济增长和社会发展建立在依靠科技进步的基础之上。

中小学体制改革方面，1984 年陕西提出并探索分级办学、分级管理体制。到 1995 年，经过 10 多年的不断探索实践，陕西基本形成比较完善的基础教育管理体制。高等教育方面，1983 年普通高等学校招生1.95万人，比上年增加2300人。民办教育领域，1984年西安培华女子大学成立，这是陕西省第一所民办高等院校。此后全省民办高等教育快速发展，规模不断壮大，一度在全国名列前茅。

20世纪80年代初，陕西涌现出一批先进楷模，如四医大华山抢险群体、罗健夫等。1987年举办了首届陕西省艺术节。1988年，电影《红高粱》获柏林电影节金熊奖。1991年陕西作家路遥的长篇小说《平凡的世界》获得第三届茅盾文学奖。

医疗卫生事业方面，推行了目标责任制，县及县以上医疗卫生机构建立各类人员岗位责任制，实行责、权、利相结合。1987年6月，省委、省政府作出《关于加强卫生工作的决定》，进一步建立

1984年，陕西第一所民办高等院校——西安培华女子大学成立（西安培华学院供图）

和完善各种形式的责任制。

扶贫工作方面，1985 年 1 月国家决定三年内无偿支援陕西省 1.79 亿元的物资，陕西省级财政拨付 4100 万元，专门帮助开发秦巴山区。4 月，省委、省政府转发了《陕西省人畜饮水、防氟改水经验交流会议纪要》，要求尽快解决山区人畜饮水和防氟改水问题。当年，陕西 10 个地、市都成立扶贫领导机构，县、乡（镇）普遍成立由党政领导挂帅的扶贫领导小组，致力于开展扶贫工作。1986 年，省政府在安康召开第一次秦巴山区扶贫工作会议，将扶贫工作的重点转向尚未解决温饱的最贫困的乡和特困户。

保护生态环境方面，1982 年省政府颁布《陕西省森林保护管理暂行办法》。同年，省政府通过《陕西省自然保护区区划方案》。区划自然保护区（点） 22 个，面积 23.22 万公顷，占全省土地面积的 1.1%。1983 年 9 月，省委、省政府作出《关于开展大规模种草种树，彻底改变干旱地区农业落后面貌的决定》。1985 年陕西省“三北”防护林建设一期工程（1978—1985 年）完成，共造林 91.8 万公顷，其中人工造林 85.84 万公顷，飞播造林 3.37 万公顷，封山育林 2.59 万公顷。1986 年至 1990 年，陕西省完成三北防护林工程任务 1261.23 万亩，其中人工造林 980.6 万亩，飞播造林合格面积 43.63 万亩，封山育林成林面积达 237 万亩；森林覆盖率达到 28.5%。1988 年 6 月，周至、牛背梁两处自然保护区成为国家级自然保护区。当年，省政府发布《陕西省自然保护区管理暂行办法》。1990 年 11 月，北起府谷、南至潼关县的黄河防护林工程竣工，实际造林面积 128.5 万亩，森林覆盖率由原来的 13.4% 提高到 34.3%。

2. 改革开放开创新局面

党的十四大系统总结了党的十一届三中全会以来改革开放 14 年的基本实践和基本经验，明确了建立社会主义市场经济体制的改革目标。党的十五大提出了党在社会主义初级阶段的基本纲领，阐明了建设有中国特色社会主义的经济、政治、文化的基本特征和基本要求。陕西贯彻落实中央决策部署，推动改革开放，开创新局面。

1993 年 5 月，中国共产党陕西省第八次代表大会召开，大会作了题为《坚持党的基本路线，加快改革，扩大开放，为提前实现第二步战略目标而努力奋斗》的工作报告。1998 年 5 月，中国共产党陕西省第九次代表大会召开，大会作了题为《高举邓小平理论伟大旗帜，全面贯彻党的十五大精神，为实现陕西跨世纪发展的宏伟目标而努力奋斗》的工作报告。2002 年 5 月，中国共产党陕西省第十次代表大会召开，大会作了题为《以“三个代表”重要思想为指导，为建设西部经济强省而努力奋斗》的工作报告。

这一时期的陕西，农业农村改革全面推进，国有企业改组改造加快进行。农业农村改革方面，陕西重视建立以家庭承包经营为基础，适应发展社会主义市场经济要求的农村经济体制。1994 年 1 月，省委、省政府印发《关于加强农村改革和发展若干问题的决定》，强调落实中央延长土地承包期政策。此后省委、省政府安排部署了全省延长土地承包期工作。到 1999 年底，陕西完成了第二轮农村土地承包工作，发包方普遍与农户签订了承包期 30 年的土地承包合同，进一步稳定了农村土地承包关系。2002 年《中华人民共和国农村土地承包法》颁布，2006 年《陕西省实施〈中华人民共和国农村土地承包法〉办法》颁布，保障了全省长期稳定的农村土地承包关系。

这一时期，陕西进行了发展农民专业合作组织的探索。1995年开始在5个乡（镇）进行农民专业合作组织的探索试点，1998年后扩大试点范围，全省农民专业合作组织迅速发展。

减轻农民负担方面，1993年省人大常委会颁布《关于减轻农民负担问题的决议》，省政府印发《陕西省实施〈农民承担费用和劳务管理条例〉细则》。1993年至1994年，陕西组织进行了农民负担项目清理，取消了一批不符合规定的农民负担项目。

水利设施建设方面，为提高农业灌溉条件，陕西实施东雷抽黄二期建设，关中九大灌区改造，黑河、石头河和马栏河引水，“引冯济羊”等一批大中型骨干水利工程，显著增强了农业综合生产能力。1996年、1998年，粮食总产量分别达到1217.3万吨和1303.1万吨，创造了新的历史纪录。农业生产条件的改善，有利于陕西果业发展，1998年全省苹果产量占到了全国总产量的17.8%，促进农民收入较快增长，为农民生活由温饱走向小康创造了条件。

农业科技发展方面，1994年起开始举办杨陵农科城技术成果博览会，1997年正式更名为杨凌农业高新科技成果博览会。它每年举办，是国内规模最大的农业综合性展会。集中展示国内外农业高新技术成果和先进实用技术，是中国与世界各国在农业领域深入合作交流的广阔平台，在促进陕西农业发展和建设小康社会发挥了重要作用。

农业高等教育发展方面，1999年9月位于陕西杨凌的原西北农业大学、西北林学院、中国科学院水利部水土保持研究所、水利部西北水利科学研究所、陕西省农业科学院、陕西省林业科学

首届中国杨陵农科城技术成果博览会（中共杨凌示范区工委宣传部供图）

院、陕西省中国科学院西北植物研究所等 7 个教学、科研单位合并组建了西北农林科技大学。它是教育部直属的一所综合性全国重点大学，在陕西、西北，乃至全国农业林业发展方面都作出过重要贡献。西北农林科技大学在长期办学实践中形成贴近“三农”、服务社会的优良传统，对促进陕西广大农村地区实现全面小康作出了重要贡献。

1993 年陕西国有企业兴起了股份制改革热潮。长岭股份、陕国投、黄河股份、西安民生、陕解放公开上市。1994 年开始了国有企业建立现代企业制度的改革工作。1995 年 3 月，陕西省政府召开建立现代企业制度试点工作会议，确定了陕西首批试点的 22 家单位。

党的十五大后，以建立现代企业制度为方向的国有企业改革攻坚全面展开。1997年，陕西省出台了《关于放开搞活国有小企业的决定》和《关于大力发展非公有制经济的决定》，指导小企业和非公企业发展。从1998年起，经过三年努力，到2000年底全省基本完成了中央确定的阶段性改革脱困任务，60%多的国有大中型骨干企业完成公司制改制，国有企业组织结构和国有经济布局开始得到调整。

世纪之交，党中央提出了科教兴国战略和西部大开发战略，陕西结合本省实际，积极行动，推动经济社会全面发展。科教兴国战略提出后，陕西大力支持科教事业发展，实施陕西高校“211工程”建设规划。1995年至1996年，西北大学、西安交通大学、西北工业大学、西安电子科技大学、西安公路交通大学和第四军医大学6所高校进入国家“211工程”，数量居全国第4位。2006年，陕西师范大学和西北农林科技大学进入“211工程”重点建设院校行列。1999年西安交通大学进入“985工程”建设行列。2002年至2004年，西北工业大学、西北农林科技大学亦进入了“985工程”建设行列。

科技创新方面，1993年，西北工业大学成功研究出“固体火箭发动机可靠性随机仿真”技术，填补了国内空白。1994年，西北工业大学成功研制出亚洲最大的NF-3低速翼型风洞，精确度达到国际先进水平。1995年，第四军医大学陈志南教授研制出的新型抗肝癌单克隆抗体——“生物导弹”通过鉴定，这是国家“863”高技术研究的重大成果。1996年6月，西安大唐电信有限公司研制的我国第一台国产移动交换机SP30开发成功。2000年，西北农林科技大学成功培育出世界首例成年体细胞克隆山羊。

西部大开发战略是国家确保现代化建设第三步战略目标胜利

实现的重大部署，具有重大的经济、社会和政治意义。陕西紧抓西部大开发的机遇，加速发展。2008 年陕西省人均生产总值达到 19331 元，是 10 年前的 4.7 倍。全省财政收入达到 1104.36 亿元，较 10 年前大幅度增长。发展模式上，陕西省提出了“关中率先发展，陕北跨越发展，陕南突破发展”，三地依据各自优势协调发展的目标。关中地区重点建设先进制造业基地，突出发展高新技术产业和现代装备制造业，形成竞争力明显的产业集群；陕北建设能源化工基地，做大做强煤炭、电力、油气和化工四大产业；陕南大力发展绿色支柱产业。

至 2000 年，我国成功实现了由计划经济体制向社会主义市场经济体制的转变，社会主义市场经济体制基本框架初步建立。

2000 年 2 月，“西气东输”工程启动，对推动和加快西部地区的经济发展具有重大战略意义。图为榆林西气东输管道（赵鹏飞 摄）

“九五”计划的胜利完成标志着我国实现了社会主义现代化建设第二步战略目标，人民生活总体上达到小康水平。陕西1995年提前实现国民生产总值比1980年翻两番，1997年又比预期目标提前三年实现了人均国民生产总值比1980年翻两番，人民生活总体上达到小康水平。这一时期，各方面建设全面展开。其中，农业生产条件改善，粮食总产量持续增加，苹果产量跃居全国第一，农民收入快速增长。

工业建设方面，1993年西安秦川机械厂下线了第一辆西安奥拓微型轿车，填补了西北地区轿车生产的空白。2003年，这家企业被深圳比亚迪股份有限公司收购，更名为比亚迪汽车股份有限公司。1993年9月，陕甘宁气田的第一条输气管线——靖（边）榆（林）天然气输气管线建成通气。1996年大柳塔煤矿一期工程竣工并投入生产，它是我国最大的特大型现代化矿井。1998年，位于靖边的长庆气田第一净化厂产品净化气成功投产，它是全国最大的天然气净化厂，它的建立是全国最大整装气田开发的序幕。2000年西飞公司研制生产的“新舟60”型支线民航客机首飞成功。

交通建设方面，1992年西（安）延（安）铁路正式通车，结束了陕北没有铁路的历史。1994年，当时陕西省最长的公路桥梁渭南沙王渭河大桥竣工。同年，西北地区规模最大的内河港口工程——安康港竣工通航。1995年国家“八五”重点工程——西（安）宝（鸡）高速公路全线通车。1996年神（木）朔（州）运煤铁路开始通车运营。1999年，当时位居中国第一、亚洲第二、世界第六的西（安）（安）康铁路秦岭特长隧道Ⅰ、Ⅱ线全线贯通。1999年西（安）潼（关）高速公路竣工，形成横贯关中的高速公路大通道。2001年西（安）（安）康铁路正式通车运营。同年，陕西省第一条山岭重

2001 年 1 月，西康铁路建成通车

丘区高速公路——铜（川）黄（陵）高速公路建成通车。

水电与通信建设方面，1992 年安康水电站机组全部投产。1994 年西北地区第一条大容量数字通信干线——西（安）兰（州）乌（鲁木齐）光缆通信干线全线贯通。同年，国家和邮电部重点建设项目——西（安）成（都）、郑（州）西（安）两条光纤光缆通信干线工程宣布投入运行。1996 年全省广播电视传输覆盖网工作全面启动。

文化建设方面，1995 年陕西有线电视台正式开播。同年，陕西电影《步入辉煌》、电视剧《秦川牛》等一批成果入选 1994 年全国精神文明建设"五个一工程"。1997 年陕西卫视开播，覆盖 50 多个国家和地区；同年，陈忠实长篇小说《白鹿原》获第四届茅盾文学奖。2000 年中宣部将延安革命纪念馆、陕西历史博物馆、黄帝

黄帝陵（石荣海 摄）

陵等 7 家陕西文博单位确定为“全国首批爱国主义教育基地”。

民生保障方面，1997 年陕西开始推行农村居民最低生活保障制度。1999 年全面建立农村最低生活保障制度，22.96 万人享受农村最低生活保障。2001 年陕西养老保险省级统筹制度全面实现，2002 年实现“应保尽保”。饮水是重要的民生问题。“九五”期间，陕西采取“南塘、北窖、关中井”举措，最大限度保证人民群众的生产生活用水。1996 年 4 月，陕西省政府作出了建设“甘露工程”的决定。从 1996 年起到 1998 年止，全省投资 10.1 亿元（其中省上补助3亿元，市、县配套和群众自筹7.1亿元）建设“甘露工程”项目。共建成各类供水工程10221处，其中集中供水工程2125处、泵站供水工程1253处、机井供水工程1922处，新打水窖26.89万口，安装手动泵5000台，解决了422.73万人和168.61万头大家畜的饮水困难，完成“甘露工程”计划任务数的102.4%。此外，陕西省还实施了人饮解困工程、农村饮水安全工程等项目，在全国率先形成农村饮水水质监测网络。通过一系列饮水工程建设，陕西省农村自来水普及率达到82.5%，集中供水率达到86.2%，农村饮水安全不断得到巩固提升。

扶贫方面，1994年陕西省召开了全省扶贫工作会议，制定《陕西省“五七”扶贫攻坚计划》。至2000年底，全省基本实现了“五七”扶贫攻坚计划确定的各项战略目标，基本解决了贫困地区农村贫困人口的温饱问题。1996年全省共解决了92.7万贫困人口温饱问题；1997年全省107万贫困人口越过了温饱线；1998年至2005年分别有70万、77万、49万、64万、36万、47.1万、40.95万、34.3万贫困人口解决温饱问题。

生态保护方面，1995年7月榆林治沙工程正式通过国家验收。这一始于1989年的工程共治理荒沙410万亩，植被覆盖率达到36.1%，改变了“沙逼人退”的被动局面。1999年10月，省委、省政府发布《关于印发〈陕西省山川秀美工程规划纲要〉的通知》，规划用12年时间使全省林草覆盖率达到65.7%。2000年开始试点，2002年全面启动退耕还林工程。截至2010年，全省已累计退耕还林还草4106万亩。2000年全省天然林资源保护工程启动。1986年至1995年全省“三北”防护林建设二期工程共造林147.23万公顷，1996年至2000年的三期工程共造林49.2万公顷。

加强经济合作方面，1997年陕西省举办中国东西部合作与投资贸易洽谈会，每年举行一次。东西部经济合作，帮助陕西建成投产一大批合作项目，对陕北能源化工基地、西安高新技术产业开发区产业集聚，对产业结构的优化升级及工业化、城镇化建设起到了促进作用。

3. 改革开放在科学发展中深化

2002年党的十六大从经济、政治、文化、社会、生态环境等方面提出了全面建设小康社会的目标。2007年党的十七大在这五方面提出新的要求，这些新要求既与党的十六大全面建设小康社会奋斗目标相衔接，保持了目标的连续性，又根据新的情况和条件进行了充实，使全面建设小康社会的目标更全面、内涵更丰富、要求更具体。

2007年5月，中国共产党陕西省第十一次代表大会召开，大会作了题为《推动科学发展，促进社会和谐，为把陕西建成西部强省而努力奋斗》的工作报告。2012年5月，中国共产党陕西省第十二次代表大会召开，大会作了题为《推动科学发展，富裕三秦百姓，为全面建设西部强省而努力奋斗》的工作报告。

陕西贯彻落实中央决策部署，在全面建设小康社会的道路上不断取得新成就，创新型陕西、节约型社会建设深入推进，转变经济发展方式取得新进展。到2006年陕西提前四年基本实现建设西部经济强省“三步走”战略的第二步目标。陕西还按照构建和谐社会的要求，投资重点向农村和社会事业倾斜。“十一五”期间，全省生产总值年均增长13.5%，到“十一五”末人均生产总值突破4000美元。

陕西按照党中央统筹城乡发展的决策部署，社会主义新农村建设取得新成就。全省认真推进农村税费改革，促进农民减负增收。全省农业工作稳步推进，农业产值逐年递增。2003 年实现农业增加值 302.66 亿元，比上年增长 4.1%。2004 年实现农业增加值 372.28 亿元，比上年增长 8.6%；粮食总产量达到 1160.4 万吨，比上年增长 19.8%；乡镇企业完成增加值 619 亿元，比上年增长 13.6%。

2005 年，全省免征农业税和除烟叶外的农业特产税。2006 年，粮食总产量达到 1041.9 万吨，水果产量 881.95 万吨，其中苹果 649.98 万吨，出口 70 多个国家和地区。这一年关中九大灌区改造项目全面建成。2007 年全省粮食总产量 1071.98 万吨，水果产量 931.88 万吨，浓缩苹果汁出口量已占世界贸易量的四成以上。劳务输出成为农民增收的重要渠道,2007 年全省劳务输出 504.3 万人次，收入 251 亿元。2008 年全省粮食总产量 1120.25 万吨，果品出口创

2005 年，陕西在全省范围内取消了延续 2000 多年的农业税，比中央原定 2008 年免征农业税的期限提前了三年，在广大农村引起巨大的反响，给农民种粮带来了新的激励。图为夏收时的武功县武功镇（范雨农　摄）

汇增长20.7%。2011年全省粮食总产量1207.39万吨，连续八年获得丰收。

2006年陕西对农业的投入比上年增长80.7%，各级财政用于新农村建设的支出达到190.6亿元，是历史上最多的一年。2006年全省通电话行政村占比达到98.1%；通村沥青混凝土铺面（水泥）道路1.4万公里，位居西部第一；农村新型合作医疗覆盖人口由282万扩大到1202万，参合率居中西部前列；新建户用沼气池15万口，相当于过去总和的40%。2007年陕西比国家要求提前一年实现农民农业税“零负担”。从2003年到2007年的5年间各级财政对全省“三农”共投入799.7亿元，年均增长21.3%，其中2007年235亿元。农村基础设施建设明显加强，到2007年用电问题基本解决，行政村广播电视和固定电话“村村通”全面实现。2008年全省财政用于“三农”的支出达354亿元，并大力发展“一村一品、一县一业”。这一年陕西改造中低产田77万亩，修建小型水利设施2810处，新建改建农村公路2.5万公里，新建户用沼气池10万口，解决了12万群众的用电问题。

工业是国民经济的主导，能源是工业的粮食。陕西的工业，特别是能源化工取得了较快发展。陕北能源化工基地建设卓有成效，建成和开工一批重大项目。2003年全省规模以上工业企业完成工业增加值664.7亿元，比上年增长16.8%；实现利润总额147.7亿元，比上年增长57.7%。大唐电信、扶风冀东水泥、汉中钢铁、榆天化10万吨甲醇等一批重大技改项目建成投产。2004年全省规模以上工业企业完成工业增加值870.7亿元，比上年增长22.9%。2006年全省规模以上工业完成工业增加值1571.8亿元，比上年增长18.4%，支柱产业能源化工、装备制造业支撑作用更加明显，分别比上年增长 34.4%和 29.6%。2006 年西电公司超高压开关设备产业化等重点项目建成投运。2007 年全省规模以上工业增加值比上年增长 19.6%。2009 年全省规模以上工业增加值增长速度达 14.8%。2011 年全省规模以上工业企业完成工业增加值 5459.58 亿元，比上年增长 17.9%。

要想富先修路，道路建设关系经济发展，连着百姓幸福。2003 年全省高速公路总里程突破 1000 公里。2004 年西安—合肥铁路顺利建成。这一时期，建成了榆林—靖边、延安—安塞等多条高速公路。到 2005 年全省“米”字形高速公路主骨架日趋完善，“两纵五横四个枢纽”铁路网构架建设加快。2006 年西安铁路枢纽北环线工程、秦岭终南山高速公路隧道等项目建成投运。到 2007 年陕西“两纵五横四个枢纽”铁路网构架和“一主四辅”航空运输格局初步形成。2011 年西安咸阳机场扩建工程基本完工，西安地铁 2 号线通车运营，成为陕西发展阶段的新标志。

投资等领域成果丰硕。2003 年全社会固定资产投资比上年增长 28.2%，完成 1249.7 亿元。国有中小企业放开搞活取得新进展，改制面达 90.5%。2005 年全省生产总值达到 3817.15 亿元，比上年增长 12.1%，人均生产总值超过 1264 美元。消费结构升级加快，2005 年社会消费品零售总额达到 1368.82 亿元，比上年增长 14.7%。2006 年全社会固定资产投资完成 2610 亿元，比上年增长 31.7%。2007 年社会消费品零售总额 1896.19 亿元，比上年增长 19.3%。2009 年全年完成全社会固定资产投资 6553 亿元，比上年增长 35.1%；建筑业实现增加值 677.64 亿元，比上年增长 22%，占生产总值的比重为 8.5%。2010 年社会消费品零售总额比上年增长 19.6%；全社会固定资产投资 8562 亿元，比上年增长 30.6%。2011

年全省社会消费品零售总额4044.28亿元，比上年增长19.8%。

“十一五”期间全省基本完成国有企业改制和政策性破产任务，非公有制经济的比重提高到49.5%。至2007年底全省非公有制企业达到107.6万家；非公有制经济实现的增加值占全省生产总值的45.6%，达到了2588.62亿元；其从业人员（730万人）占到全省第二、三产业从业人数的70%以上。税收方面，2007年陕西非公有制企业纳税占到全省税收总额的41.7%，达到328.04亿元。科技创新方面，至2007年陕西民营科技企业达到1.25万家，技工贸总收入超过1400亿元。

从1999年至2008年，陕西用于基础设施建设的投资力度加大，交通、水利、生态、能源和市政建设等领域基础设施明显改善。2003年至2008年，全省建成城市道路6261公里。全省城市用水普及率达到92.1%，新增加城市污水处理厂10座。集中供热面积达到2513万平方米，并确保了主要城市和重点投资地区的供水供电。航空、管道运输、数字通信传输等领域基础设施建设投资不断加大。建成了石头河西安供水、西安黑河水利枢纽等25项骨干水源工程，“引汉济渭”、“引红济石”、榆林采兔沟水库等工程加快建设。全省水利工程年供水量由1999年的75亿立方米增加到2008年的100亿立方米。

进入21世纪后，陕西文化事业更加繁荣，文化产业发展势头良好。陕西一批精品力作连获国家大奖，文物保护成就斐然，以“两馆一院一站一室”为重点的公共文化服务体系进一步健全，群众精神文化生活更加丰富。2002年，电影《美丽的大脚》荣获金鸡、百花等四项大奖，并获得2003年全国精神文明建设“五个一工程”优秀作品奖。长篇小说《秦腔》获2005年全国精神文明建设“五个一工程”优秀作品奖，大型秦腔现代戏《西京故事》获得2012年全国精神文明建设“五个一工程”优秀作品奖。2009年延安革命纪念馆、法门寺文化景区、大唐不夜城、关中民俗艺术博物院等重点项目相继落成。“十一五”期间省市级经营性文化事业单位全面改制，繁荣社会主义文化的体制机制进一步优化。“十一五”期间大明宫国家遗址公园等重点项目相继建成开放，西安鼓乐、中国剪纸入选联合国人类非物质文化遗产名录。2011年文化产业实现增加值293.77亿元，比上年增长30.2%，占全省生产总值的比

2003年12月，西安大雁塔北广场正式建成开放，成为外地游客争相游览的旅游目的地

重达 2.41%。2011 年成功举办西安世界园艺博览会。全省全年接待境内外游客 1.84 亿人次，旅游总收入 1325 亿元。2011 年全省公共图书馆、美术馆、文化馆全部免费开放，完成了 20 户以上自然村广播电视村村通工程，在全国率先实施了农村应急广播网建设。重点文物和非物质文化遗产保护进一步加强，汉长安城大遗址保护重点项目等启动实施。深化文化体制改革，县级文化单位全部改制，报刊出版单位改革积极推进，整合组建了陕西广播电视台和广电网络产业集团。

进入 21 世纪后，陕西省提前一年在西部率先完成“两基”攻坚任务，义务教育进入全面普及和巩固提高阶段。2003 年全省累计“普九”人口覆盖率达到 89.9%，高校招生规模有了较快增长。到 2005 年全省“普九”人口覆盖率达到 97%。职业教育、高等教育和民办教育快速发展，农村义务教育“两免一补”政策全面落实。从 2003 年到 2007 年的 5 年间各级财政用于教育的达 559 亿元，年均增长 24.2%，其中 2007 年达 180 亿元。农村义务教育经费保障机制进一步完善，“两基”攻坚任务在西部率先完成。高等教育质量稳步提高。职业教育、民办教育健康发展，“人人技能工程”开始启动。“十一五”期间国家助学制度资助困难学生 515 万人次，“蛋奶工程”惠及 263 万学生。在此过程中，形成了一支强大的教师队伍，其中“全国教育系统劳动模范”呼秀珍从教 57 年，潜心培育 3000 多人，资助帮扶困难学生多名。

人民生活水平进一步提高，人均收入逐年增长。2003 年陕西城镇居民人均可支配收入达到 6806 元，比上年增长 7.5%；农民人均纯收入增至 1675 元，比上年增长 4.9%。2005 年，城镇居民人均可支配收入 8250 元，农民人均纯收入 2020 元。城镇居民人均住房使用面积新增2.5平方米。2006年对卫生、社保、社会福利的投入增长38.3%。“十一五”期间城镇居民人均可支配收入和农民人均纯收入分别是“十五”末的1.9倍和2倍。2010年城镇居民人均可支配收入和农民人均纯收入分别达到15695元和4105元。

从2003年到2007年，财政对民生方面的投入大幅度增加，达到318亿元，其中2007年112亿元。5年间城镇居民人均住房使用面积新增3平方米，一大批中低收入家庭居住条件得到改善。2012年，陕西省在全国率先建成保障房建设长效机制。“十一五”期间财政用于民生的投入是“十五”的3.5倍，加快了公共服务均等化进程。养老和医疗基本实现制度全覆盖，且标准逐年提高。建立了城镇居民养老和基本医疗保险，新型农村社会养老保险试点走在全国前列，城乡居民最低生活保障应保尽保，新型农村合作医疗参合率达95%。基本解决了破产关闭的国有、集体企业职工养老和医疗的历史遗留问题。近百万60岁以上农村老人已按月领取基本养老金。陕西开始实施80岁以上高龄老人生活补贴制度。2012年印发《陕西省老龄事业发展“十二五”规划》，提出按照“广覆盖、保基本、多层次、可持续”的方针建立老年社会保障体系；同年5月，施行《陕西省老年人优待服务办法》，70岁可享受高龄补贴，65岁可免费办理敬老优待证。

推动全民健身是陕西省改善民生的重要组成部分。陕西致力于形成“以政府体育部门为主导，以事业性体育机构为骨干，以社团性体育组织为助手，以群众性体育健身组织为基础”的新格局，并于2012年5月举办了陕西省首届全民健身展示大会。

进入21世纪，陕西大力解决贫困人口温饱问题。2003年新启动1021个重点贫困村的扶贫工作，解决了47万农村贫困人口的温饱问题。2005 年搬迁贫困人口 45 万，解决了 193 万贫困人口的温饱问题，293 万人实现脱贫。2008 年全省 75 万贫困人口实现脱贫。2012 年 1 月，省政府印发《陕西省移民搬迁安置税费优惠政策》，实施陕南地质灾害移民搬迁、陕北白于山区和黄河沿岸土石山区移民搬迁工程。2 月，召开全省扶贫开发工作会议，将扶贫标准提高到每人每年 2500 元，高出国家扶贫标准 200 元，比此前省标准提高 56%。3 月，开始施行陕西省扶贫开发的第一部地方性法规——《陕西省农村扶贫开发条例》。同月，省委办公厅、省政府办公厅颁布《关于支持集中连片特困地区发展的若干政策》，加大集中连片特困地区发展力度。

陕西在解决贫困人口温饱问题的同时，大力推进社会保障体系建设工作，初步形成城乡低保对象基本生活动态补贴机制。医疗卫生服务能力进一步提升，2008 年全省有卫生机构 8456 个、医用床位 12.52 万张，实现了城乡居民基本医疗保险项目全覆盖，有效缓解了“看病难”问题。城乡居民的收入显著增加，2008 年全省城镇居民人均可支配收入达 12858 元，农民人均纯收入 3136 元，均比 1999 年翻了一番还多，人民生活从总体小康向全面小康迈进。

生态建设，向着使绿色成为三秦大地的主色调、再造一个山川秀美新陕西的目标迈进。生态环境保护和建设逐年加强。2003 年全年完成造林 1098.2 万亩，其中退耕还林 422.5 万亩，治理水土流失 7895 平方公里；秦岭北麓重点地区生态环境明显好转。2004 年治理水土流失 5560 平方公里，完成造林 786.7 万亩，其中退耕还林 228.3 万亩。这一年全面完成渭河水毁修复工程。2006 年治理水土流失 5500 平方公里，完成造林绿化 340 万亩。从 2003 年到 2007 年，全省治理水土流失 3 万平方公里，新建和加固淤地坝 5200 座，造林 2878.8 万亩，全省森林覆盖率达到 37.26%。2008 年新增造林面积 440 万亩，新建“三化一片林”试点村 300 个，治理水土流失面积 6300 平方公里。城镇空气质量持续好转，10 个市的市区良好天气全部突破 300 天。2009 年治理水土流失面积 6644 平方公里，造林绿化 490.3 万亩，在渭河堤岸植树 387 万株。污染治理方面，2004 年渭河污染治理、铜川水泥企业粉尘污染治理和城市大气环境治理等取得重要成果。2006 年强化硬指标约束成为全国实现减排目标的少数省份之一。关闭渭河沿岸污染严重的造纸企业，以及陕北电石、铁合金、焦化行业污染企业，汉江流域 183 家企业污染物排放减少 60%以上。2007 年全省累计建成 16 个污水处理厂，37 个污水处理厂开工建设。2009 年关闭了所有污染严重的造纸企业，建成和新开工污水处理厂 50 个。

在生态建设过程中，陕西积极实施大规模退耕还林、天然林资源保护、自然保护区建设及野生动植物保护、“三北”防护林体系四期、平原绿化及绿色通道建设、绿色家园建设等林业重点工程。其中，覆盖全省 97 个县（市、区）的退耕还林工程，累计完成 1528.8 万亩；荒山造林 1730.7 万亩，封山育林 90 万亩，使得全省森林覆盖率提升了 6.34%。仅吴起县（地处黄土高原）从 1998 年到 2005 年就累计完成退耕还林还草 230 多万亩，成为全国退耕还林第一县，逐渐形成良好的生态链。为推动退耕还林实施，陕西省向 230 万退耕户 915 万人发放粮食 30.32 亿公斤，“粮改现”补助、现金补助和种苗费补助达到 120.99 亿元。覆盖全省 104 个县（市、区）的天然林保护工程，共完成 2067.12 万亩公益林。全省净增林地面积 2336.7 万亩、森林面积 1457.55 万亩，林木蓄积量 2721.81

榆林境内的毛乌素沙漠已变为绿洲

万立方米，全省森林覆盖率提升了 4.71%。

陕西北部的榆林市位于全国防沙治沙重点地区之一——毛乌素沙漠南缘。榆林人民通过造林种草、建库蓄水、引水拉沙等措施，建成大型防沙林网带 4 条，初步建立起以陕西、内蒙古交界，长城沿线，白于山北麓，榆定公路，黄河沿岸为骨架，总长 2000 多公里的大型防风固沙林带。在与荒漠的较量中，涌现出了以“七一勋章”获得者石光银、“治沙女杰”牛玉琴等为代表的一大批治沙模范人物，他们为生态环境保护事业作出了贡献。经过多年艰苦奋斗，榆林地区沙区和荒漠后退 400 多公里，防沙治沙取得了巨大成就。

（三）踔厉奋发　全面建成圆梦想

2012 年，党的十八大提出了“两个一百年”奋斗目标：在中国共产党成立 100 年时全面建成小康社会，在新中国成立 100 年时建成富强民主文明和谐的社会主义现代化国家。2017 年，党的十九大科学把握党和国家事业所处的历史方位和发展阶段，全面分析全面建成小康社会的基础条件、内外因素，作出决胜全面建成小康社会、开启全面建设社会主义现代化国家新征程战略部署，吹响了夺取新时代中国特色社会主义伟大胜利的号角。

2015 年 2 月，习近平总书记来陕西考察，为陕西发展提出追赶超越定位，要求陕西扎实推动经济持续健康发展、扎实推进特色现代农业建设、扎实加强文化建设、扎实做好保障和改善民生工作、扎实落实全面从严治党。2020 年 4 月，习近平总书记在陕西考察时提出推动经济高质量发展迈出更大步伐、打造内陆改革开放高地、推动生态环境质量持续好转、加强民生保障和社会建设、推动全面从严治党向纵深发展等五项要求，为做好陕西新时代工作指明了前进方向、提供了思想武器、注入了强大动力。2021 年 9 月，习近平总书记在陕西考察时强调，要解放思想、改革创新、再接再厉，谱写陕西高质量发展新篇章。

党的十八大以来，陕西在建设全面小康社会的征程中，贯通落实“五个扎实”“五项要求”，省委、省政府制定了一系列政策文件，带领全省人民乘风破浪，勇往直前，奋力谱写追赶超越新篇章。2012 年 12 月，省委颁布《中共陕西省委常委会关于贯彻〈十八届中央政治局改进工作作风、密切联系群众八项规定〉的实

陕西省贯彻落实中央决策部署，大力支持革命老区振兴发展。2019年5月7日，随着最后两个贫困县延川、宜川脱贫“摘帽”，革命圣地延安历史性地告别绝对贫困，延安群众开启了全面小康的新生活（杨乐 摄）

施意见》。2013 年，省委公布《中共陕西省委常委班子党的群众路线教育实践活动整改工作方案》。同年，省纪委开展惠民政策落实和资金管理使用违规问题专项治理，推动了惠民政策的落实。2013 年 12 月，省政府颁布《关于深化行政审批制度改革推进简政放权工作的实施意见》，取消下放了一批省级审批事项，取消和免征一批行政收费，大力推动行政改革。2017 年 9 月，省发改委印发《陕西省川陕革命老区振兴发展规划实施方案》和重点项目表，全省从财政、金融、土地、科技、人才、生态等方面支持革命老区振兴发展。2017 年 5 月 7 日，中国共产党陕西省第十三次代表大会召开，大会作了题为《决胜全面小康，加快富民强省，奋力谱写陕西追赶超越新篇章》的工作报告，广泛动员全省各级党组织、广大党员和群众全力打好脱贫攻坚战，同步够格全面建成小康社会，不断加快富民强省步伐。

1. 高质量发展迈上新台阶

党的十八大以来陕西综合实力明显增强。“十二五”期间陕西实现了由欠发达省份向中等发达省份的历史性跨越。“十二五”期间全省地区生产总值年均增长 11.1%，总量列全国第 15 位，财政收入翻一番；固定资产投资是“十一五”期间的 3 倍，新增高速公路 1700 公里，西安咸阳国际机场国际航线由 8 条增加到 36 条；对外直接投资是“十一五”期间的 3.6 倍，进出口增长率连续位居全国前列，经济外向度从 7.9% 提升到 10.4%。

“十三五”期间，地区生产总值年均增长 6.3%。其中陕北地区生产总值占全省的比重较 2015 年提升 0.6 个百分点，陕南地区生产总值增长 46.2%，区域发展更加协调。5 年间全面深化改革持续推进，全省新增上市企业 17 家，国有企业净资产年均增长 12.8%，利润总额年均增长 23.3%。供给侧结构性改革持续深化，规模以上高技术产业增加值年均增长 16.4%，战略性新兴产业增加值年均增长 10.2%。5 年间对外开放迈出新步伐，对外贸易年均增长 14.8%，综合保税区数量位居全国第六，实际利用外资年均增长 12.8%，引进内资年均增长 13.9%，陕西融入共建“一带一路”大格局不断走深走实。

中国要强，农业必须强；中国要美，农村必须美；中国要富，农民必须富。党的十八大以来，陕西省重视农业农村工作，扎实推进特色现代农业建设。2014 年 2 月召开全省农村工作会议，学习贯彻党的十八届三中全会和中央农村工作会议精神，安排部署全省农业农村工作，强调促进农民增收，全力打好扶贫开发攻坚战。2016年至2020年，全省统筹中央和省级农村综合改革专项资金8.94亿元，建设了427个基础设施便利、产业特色明显、生态环境优美、社会安定和谐、宜居宜业宜游的美丽乡村示范试点村。2015年底，陕西农村居民人均可支配收入8689元，首次突破小康社会人均8000元的标准。

乡村建设方面，为夯实乡村发展基础，2018年8月，陕西省出台《关于进一步加强耕地保护和改进占补平衡的实施意见》，保护耕地，促进高标准农田建设。2018年全省农村承包地确权登记颁证全面完成，60%的村成立集体经济组织，96%的村完成清产核资，99个县建成农村产权交易中心。

为加快农村发展步伐，陕西利用云计算、大数据等技术形成以农村信息服务站（27914个）为终端的农村信息服务体系基本框架，建立全省统一的涉农综合数据库、农业系统工作平台和综合信息服务平台，促进农业生产、农技推广、病虫害防治、农产品市场和涉及农村农业的监测预警、行政执法、质量安全、培训咨询等各项工作，全面提升农村经济发展水平、农业农村管理和服务水平，促进农业农村现代化。

在一系列政策支持下，随着资金、技术等要素与农业深度融合，陕西现代农业的发展步伐不断加快，农业农村建设一年一个新变化。2012年全省粮食总产量1255.92万吨，苹果的种植面积、产量、质量均位居全国第一，肉、蛋、奶和蔬菜产量全面增长。2013年全省粮食总产量1210.55万吨，水果总产量比上年增长2.5%。2014年农业基础地位更加稳固，建设高标准基本农田160万亩，粮食生产实现“十一连丰”，果、肉、菜、蛋、奶、茶产销形势良好。2015 年粮食生产实现“十二连丰”，现代农业园区增加到 2350 个，苹果产量稳居全国第一。2016 年全省粮食总产量达到 1263.96 万吨，苹果、猕猴桃、蔬菜产量分别达到 1033.16 万吨、131.25 万吨和 1666.93 万吨。在培育壮大现代农业方面，陕西建设高标准农田 66 万亩、高效节水灌溉农田 50 万亩，发展各级农业龙头企业 2680 家、合作社近 4 万家。2017 年粮食生产能力稳定在 1194.20 万吨，全省加快推进农村集体产权制度改革，农村土地确权登记颁证率达到 97.2%，永久基本农田划定工作全面完成。2018 年粮食总产量比上年增长 2.7%，新建省级农业产业园 11 个，果业、畜牧业、茶叶等特色产业蓬勃发展。2019 年全省粮食总产量达到 1231.13 万吨，新增国家现代农业产业园 2 个，设施农业面积增加 29 万亩，苹果新增和改造面积 83 万亩。

农民工问题事关我国经济和社会发展全局。为保障农民工收入，2012 年 10 月开始施行《陕西省农民工工资支付保障规定（试行）》，要求建立农民工工资支付保障联席会议制度，以维护农民工利益。2019 年全省共办结欠薪案件 1184 件，为 8347 名农民工追发工资等待遇 1.05 亿元。为保障进城务工人员子女考试权，2012 年 12 月陕西省发布了《进城务工人员随迁子女义务教育后在陕参加升学考试方案》，允许在陕进城务工人员随迁子女在迁入地参加中考、高考。

陕西大力推进“互联网 + 农业”，在云计算、大数据、移动互联等现代信息技术推动下，陕西农村电子商务发展和向“三农”渗透的步伐加快，推动特色农产品网上营销，加速农产品商品化、标准化、品牌化、国际化进程，创立了陕西猕猴桃、富平柿饼等一批全国知名品牌。

党的十八大以来，陕西综合施策支持企业发展，工业建设一年比一年好。2012 年全省规模以上工业增加值比上年增长 16.6%，三星电子闪存芯片项目落户西安。2013 年全省规模以上工业增加值比上年增长 13.1%，陕西延长石油（集团）有限责任公司（以下简称延长石油集团）成为西部首家世界 500 强企业，全年汽车产量 42.44 万辆、产值千亿元。2014 年全省规模以上工业增加值比上年增长 11.3%。2015 年全省规模以上工业增加值比上年增长 7%，天然气重卡和混合动力轿车销量位居全国第一，非能源产业增加值比上年增长 13%，高新技术产业增加值比上年增长 25.9%，陕西煤业化工集团有限公司（以下简称陕煤集团）继延长石油集团之后跻身世界 500 强。2016 年全省规模以上工业增加值比上年增长 6.9%，大型运输机运 -20 正式列装，战略性新兴产业增加值占国内生产总值比重为 10.7%。2017 年陕西出台新一轮促进工业发展 21 条举措，全省规模以上工业增加值比上年增长 8.2%，“新舟”系列飞机批量生产，陕煤集团蒲城大型煤制烯烃、宝鸡吉利 20 万台整车项目顺利投产，CEC · 咸阳 8.6 代液晶面板生产线项目投产，延长石油集团延安煤油气资源综合利用项目快速推进。2018 年全省规模以上工业增加值比上年增长 9.2%，延安煤油气资源综合利用等项目建成投产，榆林煤油气资源综合利用等项目顺利推进，汽车产量突破 62 万辆，单晶硅产品产量全球第一。2019 年全省规模以上工业增加值比上年增长 5.2%，战略性新兴产业增加值比上年增长 8.1% 。

信息化、工业化深度融合，促进陕西工业转型升级和经济发展。陕西大力发展大数据产业，形成国内规模最大的农业数据中心和面向全国的农业云（杨凌）、陕西省乃至西北地区重要的大数据产业聚集区（沣西新城）。2016 年，陕西省大数据产业规模在全国

国家级航天经济技术开发区——西安国家民用航天产业基地

排名第10位，产值达到885亿元，进入快速增长期。陕西互联网经济快速发展，全省网信领域技术专利申请量位居全国前列，聚集了一批先进制造、集成电路、智能终端、软件与信息服务的产业集群（高新区），跨境电商迅速发展（国际港务区），大数据云计算产业高地初具规模（西咸新区），在线旅游、数字出版、网络广告等新兴业态蓬勃兴起。

装备制造等特色优势产业成长为支柱产业，助推陕西经济发展。陕西大力发展航天航空先进制造业，建立了全国唯一以航天为特色产业的国家级航天经济技术开发区——西安国家民用航天产业基地，发展航天动力、控制技术、北斗导航、柔版印刷和精密微电子、新材料、地理测绘等；建立起全国唯一以航空为特色产业的国家级航空经济技术开发区——西安阎良国家航空高技术产业基地，

国家级航空经济技术开发区——西安阎良国家航空高技术产业基地

初步构建了集飞机设计、生产制造、试飞鉴定、教育培训等为一体的航空产业集群。陕西大力发展精密数控机床、增材制造（3D打印）、新能源汽车、输配电设备等高端制造业。通过发展特色装备制造业，陕西建起了航空产业集群、航天产业集群、输变电设备产业集群、汽车产业集群、机床工具产业集群、重型装备产业集群，培育了秦川机床、陕汽、法士特、比亚迪、西电、宝光、西光、陕鼓、宝鸡机床、中冶陕压等重点工业企业，制造出一批具有全球影响力的优势产品。

大力发展国防科技工业。陕西发挥军工资源优势，促进国家重点武器装备的研制生产，参与“神舟”载人航天工程和“嫦娥”探月工程，推广军转民高科技创新成果。

致力于将能源化工产业由大变强，发展成超级产业。能源化工产业是陕西特色产业之一，业已成为全省工业的主要支柱和国民经济第一大产业。陕北是我国能源资源开发和煤、油、气、化工产业发展的重点地区，是21世纪中国重要的能源接续地。“十二五”期间，陕西生产煤炭23.9亿吨，比“十一五”增长98%。陕西在化工领域大力实施产业转型升级和结构调整，大力推进现代煤化工重大项目建设，在全国现代煤化工行业居于领先地位。

能源结构更为多元。在电力领域，陕西通过加快发展电厂，优化电源结构，扩张输电线路，完善电网结构，拓展外运通道，基本形成了布局合理、调度灵活、安全可靠、保障有力的网架结构，为陕西和全国经济社会发展提供源源不断的动力。2015年全省发电量达到1594.11亿千瓦时，外送电量243亿千瓦时，人均用电量约3296千瓦时。陕西重视新能源建设，“十二五”末陕西可再生能源装机达到745万千瓦，占陕西装机总量的18.3%。

党的十八大以来，陕西经济整体形势喜人，年年都有新气象。2012年全社会固定资产投资达到12840亿元，比上年增长28.1%；社会消费品零售总额4756.54亿元，比上年增长17.6%；非公有制经济增加值达7240.91亿元，支撑起全省经济的半壁江山。2013年全社会固定资产投资达到1.58万亿元，比上年增长24.1%以上；全省实现出口102亿美元、进口99亿美元，比上年分别增长18%、61%；西康铁路二号线等3条铁路和西安地铁1号线建成投运。2014年社会消费品零售总额比上年增长13.6%，全社会固定资产投资比上年增长17.4%；26项成果获国家科学技术奖，技术合同成交额和专利授权量比上年分别增长20%和9.5%，科技对经济增长的贡献率达到55.8%。2015年全社会固定资产投资比上年增长7.8%，达到1.98万亿元；社会消费品零售总额比上年增长11.4%。2016年全社会完成固定资产投资2.05万亿元，比上年增长12.1%；完成进出口总值1975.7亿元。2017年沿黄公路全线贯通，宝兰、西成高铁建成通车；实现社会消费品零售总额7680.75亿元，比上年增长12.0%；进出口总额比上年增长37.4%，其中出口比上年增长58.8%，增速居全国第二位、西部第一位；中国（陕西）自由贸易试验区挂牌，标志着陕西省站在了新一轮对外开放的前沿。2018年全省第三产业增加值比上年增长9.0%，社会消费品零售总额比上年增长10.2%；重大建设领域，延安南泥湾机场实现通航，西安地铁4号线和5条高速公路建成通车，"引汉济渭"等一批水利工程取得重大进展，全社会固定资产投资比上年增长10.12%；物流经济方面，西安、宝鸡、延安被列为国家物流枢纽布局承载城市；对外贸易方面，出口比上年增长25.3%；战略性新兴产业增加值比上年增长10.4%。2019年陕西出台稳投资10条措施，开展项目问题专项整治，开工重点项目4337个；一手抓供给侧结构性改革，一手抓逆周期调节，出台工业稳增长促投资23条措施，促进经济发展；新增国际客货运航线26条，开通国际第五航权客货运航线；社会消费品零售总额比上年增长7.4%。面对2020年新冠肺炎疫情，陕西贯通落实"五个扎实""五项要求"，统筹疫情防控和经济社会发展，扎实做好"六稳"工作，全面落实"六保"任务。2020年全省规模以上工业增加值比上年增长1%，西安地铁5、6、9号线通车运营，建成5G基站1.8万个，全社会固定资产投资比上年增长3.6%。

对外贸易稳步增长。2013年11月，从西安到哈萨克斯坦的"长安号"国际货运班列发车。这是中国铁路史上首次向国外发送国际整车货运的班列。2016年8月，首趟中欧班列西安—华沙正式开行。2020年中欧班列"长安号"开行3720列，开行量、货运量、重箱率均位居全国第一。陕西对外贸易总体呈现稳中有进、稳中向好的发展态势。2020 年，全省进出口总额 3772.12 亿元，比上年增长 7.3%，其中出口 1929.64 亿元。

科技创新转化能力不断增强。陕西举全省之力推进秦创原创新驱动平台建设，设立规模 20 亿元的科创母基金。2021 年，启动建设空天动力陕西实验室，获批建设国家超算西安中心、中国—中亚“一带一路”联合实验室等，全省 26 项科技成果获国家科学技术奖。陕西开展百项科技成果转化行动，启动建设国家新一代人工智能创新发展试验区。全省技术合同成交额达 2343.44 亿元，高新技术企业新增 2199 家。

基础设施建设大步迈进。2016 年底，全省高速公路通车总里程突破 5000 公里。高速公路养护质量指数高，路况水平位居全国前十。西安成为全国高速公路网最大的节点城市，形成了“一环十二辐射”的高速公路网络，确立了东连西进、沟通南北的主枢纽

2021 年 3 月，秦创原创新驱动平台建设大会

地位。陕西形成了以陇海线、包西线为东西向和南北向主轴的“两纵五横四个枢纽”的铁路网骨架；以西安为中心的“米”字形高铁网络向外辐射和延伸。围绕西北地区最大的空中综合交通枢纽——西安咸阳国际机场，陕西着力打造覆盖全球主要城市的航空网。2012 年 5 月，西安咸阳国际机场二期扩建工程投入使用。2014 年，西安成为西北首个 72 小时过境免签城市。作为现代城市新标志的地铁交通网在西安初具规模，西安城市地铁交通规划呈“棋盘 + 放射式”网状结构布局。在快速发展的公路、铁路、机场等交通基础设施建设过程中，广大工程技术人员攻坚克难，取得一个又一个胜利，其中知识型产业工人的代表窦铁成被誉为“工人教授”，培养了大批技术型工人。

水利工程建设力度加大。陕西加大了以“引汉济渭”为代表的水源工程建设力度，相继开工建设了“引红济石”“引乾济石”等省内“南水北调”重大水源配置项目。“引汉济渭”等工程通水后，将有效缓解陕西关中和陕北地区严重缺水问题，改善陕西生态环境。

2. 改革开放实现新突破

陕西自古以来就是我国重要的对外开放门户。改革开放以来，尤其是党的十八大以来，陕西以建设内陆改革开放高地为统领，大力构建开放型经济新体制，加速从内陆省份向开放前沿转变，经济外向度不断提升，对外开放取得历史性突破。

2013 年 9 月 7 日，国家主席习近平在哈萨克斯坦纳扎尔巴耶夫大学演讲时说：“我的家乡陕西，就位于古丝绸之路的起点。站在这里，回首历史，我仿佛听到了山间回荡的声声驼铃，看到了大漠飘飞的袅袅孤烟。这一切，让我感到十分亲切。”访问哈萨克斯坦期间，习近平主席首次提出共同建设丝绸之路经济带的倡议，得到沿线国家的热烈响应，陕西再次受到世界的广泛关注。2020 年，习近平总书记来陕考察时提出“打造内陆改革开放高地”的要求。

随着我国改革开放的不断深入，特别是共建“一带一路”、新时代推进西部大开发形成新格局、建设黄河流域生态保护和高质量发展先行区等决策的深入推进，陕西全面深化改革，全方位扩大开放，站在了我国新一轮对外开放的最前沿，这为陕西聚焦高质量发展、奋力追赶超越提供了难得机遇。“十三五”期间，陕西主动融入“一带一路”大格局，利用区位优势，依托完善的基础设施、雄厚的科教实力、良好的工业基础、高质量的人力资源，在基础设施

陕西大力推进黄河流域生态保护和高质量发展先行区建设，持续改善黄河流域生态环境，着力保障黄河长治久安和保护传承弘扬黄河文化。图为黄河壶口瀑布（任树东　摄）

互联互通、经贸往来和文化交流等方面先行先试、重点突破，加快打造“航空带动、陆空互动、多式联运”的综合交通体系，真正把陕西的区位优势转化为驱动西部经济发展的引擎。

陕西持续深化“放管服”改革，进一步方便群众就近可办、多点可办、少跑快办。2021年8月，西安高新区在前期下沉115项政务服务事项的基础上，再次对高频民生事项进行梳理，新下沉36项社会保障事项至各镇（街）便民服务中心办理，包括被征地农民养老保险待遇申领、城乡居民门诊特殊病报销等高频业务，最大限度地满足群众需要。行政审批制度改革，只是陕西重点领域和关键环节改革中的一项。2020年以来，陕西紧盯制约高质量发展的体制机制障碍，积极实施《陕西省全面深化改革三年行动计划（2020—2022年）》，重点领域和关键环节的改革不断取得突破，为陕西高质量发展注入强大动力。

陕西加快完善创新驱动发展体制机制，推进“两链”融合，积极推进西安市全面创新改革试验，深化科技成果“三权”改革，全力打造秦创原创新驱动平台。国资国企改革扎实推进。国企改革三年行动计划深入实施，省属企业盈利创历史新高，2021年上半年实现利润完成全年目标的70.8%，同比增长2.8倍。

营商环境是一个地区综合竞争力、对外开放水平、政府治理能力的重要体现，是提高国际竞争力的重要内容。近年来，陕西通过推行“一站式”“一条龙”“全托式”服务，狠抓服务时限的缩短、服务态度的改进、服务水平的提升和服务质量的提高，努力营造“亲商、重商、便商、利商”的发展环境，国内外客商对陕西的认知度和综合评价不断提高。陕西坚持对标国际一流营商环境核心指标，坚持推动改革促进发展，随着简政放权力度加大、金融服务水平不断提高、开发区承载能力增强、户籍制度改革步伐加大，持续降低企业各类交易成本，激发起市场活力和社会创造力。《陕西省优化营商环境三年行动计划（2021—2023年）》出台后，从开办和注销企业、登记财产等19个方面按年度提出具体改革目标，力争陕西营商环境进入全国第一方阵。

陕西以打造“一带一路”核心区为战略定位，以设立中国（陕西）自由贸易试验区为契机，全面推进“一带一路”建设，加快打造内陆改革开放高地，致力于建设“一带一路”上的“五大中心”。“五大中心”，即“一带一路”上的交通商贸物流中心、国际产能合作中心、科技教育中心、国际文化旅游中心和丝绸之路金融中心。为促进亚欧各国之间经济合作和交流，打造丝绸之路经济带黄金走廊，促进丝绸之路经济带经济繁荣，推动陕西加快开放型经济建设和西安国际化大都市建设，2013年11月28日，“长安号”国际货运班列正式开行，“长安号”让陕西逐渐全方位融入世界经济。作为关中城市群唯一的国际机场，西安咸阳国际机场已经成为世界瞩目的中国重要的门户机场，不仅是通往中国西部的重要门户，更是西北地区最大的空中综合交通枢纽、中国主要的干线机场、国际定期航班机场。

陕西开放平台汇聚全球目光，在对外开放中形成了丝绸之路国际博览会暨中国东西部合作与投资贸易洽谈会、欧亚经济论坛、中国杨凌农业高新科技成果博览会三大平台，国际影响力逐年提升，在中国新一轮对外开放中率先注入“一带一路”建设主题内容，在“一带一路”核心区发挥配置全球资源的功能。

中国（陕西）自由贸易试验区担当新一轮对外开放“排头兵”。一千多年之前，长安城是当时世界的“国际贸易天堂”。如今，中

中国（陕西）自由贸易试验区

国经济发展进入新的历史阶段，西部大开发与“一带一路”倡议吹响了中国向西开放的号角，陕西再次勇立于对外开放的潮头，为我国全方位开放新格局作出应有的贡献。

陕西始终把招商引资作为扩大开放的重中之重，面向全球吸引聚集先进生产要素。韩国三星、美国强生等世界知名企业纷纷落户陕西，世界500强企业在陕投资数量从2010年的54家70个项目，增加到2015年的75家112个项目，国内500强在陕投资数量达到313家。2017年，全省实际利用外资58.94亿美元、引进内资7909亿元、新设外商投资企业203家，分别比上年增长26.9%、17.6%和75%。

陕西抓住国际产业分工格局正在重塑的机会，以全球招商和精准招商构建现代产业新体系。以建设制造业强省、实施《中国制造

2025》陕西行动计划为导向，采用产业链招商方式大力引进高端装备制造、高端能化、节能与新能源汽车等先进制造项目；瞄准世界技术前沿，加快引进新一代信息技术、生物技术、绿色环保、智能交通、精准医疗、高效储能等战略性新兴产业项目，举全省之力培育3个万亿级、6个千亿级产业集群，抢占未来竞争制高点。依托半导体国际合作产业园、西安出口加工区A区、陕港融资租赁合作园、空港国际物流商贸园、韩国中小企业产业园等国际合作产业园，打造世界合作亮点。

陕西抓住“一带一路”建设新机遇，打造跨境贸易新优势，推动跨境贸易向优质优价、优进优出转变，呈现出对外贸易进入快车道、全球贸易网络日益完善、西安综合保税区展现大型内陆港风采、发展壮大“海外仓”的良好态势。

近年来，陕西依托核心技术和优势企业，大力推动“海外陕西”建设，通过让优势产业、优势产能“走出去”，把产业链延伸到“一带一路”沿线国家和地区，“走出去”正成为陕西新的经济增长点。

3. 三秦百姓福祉持续增进

党的十八大以来，陕西居民生活水平大幅度提高。2020年全年居民人均可支配收入26226元，其中城镇居民人均可支配收入37868元，农村居民人均可支配收入13316元。

党的十八大以来，陕西脱贫攻坚事业扎实推进，成效显著。2013年全省110万人口实现脱贫。秦岭北麓和渭北旱塬移民搬迁启动实施，累计搬迁群众28.48万户。

2014年4月，陕西印发《全省农村扶贫开发建档立卡工作方案》，明确全省实施农村贫困人口识别和建档立卡的工作范围，贫困村和贫困户的调查标准、识别规模及建档立卡方法步骤等，实现贫困信息精准到村到户到人。5月，正式启动陕西省农网改造升级工程。10月，省政府修订颁布《陕西省村务公开民主管理办法》，进一步规范村务公开工作。2014年全省114万人实现脱贫。

2015年8月，全省给6852个建档立卡贫困村选派第一书记，给714个“升级晋档”差类村和1609个软弱涣散后进村派驻第一书记。省、市、县三级共选派驻村干部2.05万人。12月，陕西省印发《关于贯彻落实〈中共中央 国务院关于打赢脱贫攻坚战的决定〉的实施意见》，明确了贫困地区农民人均可支配收入增长幅度高于全省平均水平等。2015年129万人实现脱贫，其中搬迁21.9万人；全省74.90万户161.20万人被纳入农村低保，保障标准为每人每年最低2500元，人均月补助标准159元。农村五保对象有13.10万人，其中集中供养对象4.7万人，供养标准为每人每年最低6000元（现金不低于5800元）；分散供养对象每人每年最低5500元（现金不低于5300元）。共有农村五保供养服务机构659所（个），其中农村敬老院521所，村级五保集中供养点138个。

2016年陕西实施精准扶贫、精准脱贫，全年脱贫130万人，贫困户新农合门诊费用县域内全额报销。4月，全省启动建立省、市、县、镇、村五级农村贫困劳动力统计制度，开展对农村贫困劳动力的监测工作。8月，省政府印发《陕西省移民（脱贫）搬迁工作实施细则》。9月，颁布《陕西省避灾生态移民搬迁补助资金管理办法》。同月，江苏、陕西两省签署《关于进一步加强扶贫协作和经济合作战略协议》，两省建立了扶贫协作联席会议机制，建立市际、县际结对帮扶关系。陕西重视教育扶贫工作。2016年4月施行《陕西省教育扶贫实施方案》，提高贫困家庭就学子女补助标准，改善贫困地区学校办学条件和师资力量，扩大高等学校招收农村学生覆盖面。

2017 年 12 月，《陕西省金融支持深度贫困地区脱贫攻坚十项政策措施》颁布，通过金融支持促进深度贫困地区的发展。同月，陕西省印发《关于切实做好社会保险扶贫工作的实施意见》，支持帮助建档立卡贫困人口等困难群体参加社会保险，助力参保贫困人员精准脱贫。2017 年 20 多万名干部下乡结对帮扶，全年减贫 45.4 万人。

2018 年 9 月，陕西省发布《关于打赢脱贫攻坚战三年行动的实施意见》，开展深度贫困地区攻坚，精准帮扶到村到户到人，做好贫困地区基础设施补短板工作。11 月，出台《关于实施“3+X”工程加快推进产业脱贫夯实乡村振兴基础的意见》，通过实施农业特色产业工程，促进脱贫，振兴乡村。2018 年投入的省级财政扶贫资金比上年增长 30.4%，达到 30 亿元，其中对深度贫困县的投入比上年增长 50.5%。全年贫困人口转移就业 28.8 万人。

2019 年底，陕西 11 个深度贫困县全部脱贫摘帽，482 个深度贫困村全部出列。2020 年底，陕西脱贫攻坚目标任务如期完成，历史性解决了绝对贫困和区域性整体贫困问题。

党的十八大以来，陕西社会治理体系更趋完善，民生保障工作不断进步，社会保障制度实现多层次全覆盖。2016 年 3 月，省政府下发《解决无户口人员登记户口问题的实施意见》，按照“依法办理、区别情况、便民利民、综合配套”原则，完善户口登记政策，全面解决全省无户口人员登记户口问题。2016 年 12 月，省财政厅印发《关于实施支持农业转移人口市民化若干财政政策的意见》，支持农业转移人口市民化工作。2017 年 5 月，陕西省颁布《推动非户籍人口在城市落户实施方案》，以利于农业转移人口进城落户。

2020 年全省发放高龄补贴 25 亿元，发放计划生育扶助金 6.69 亿元，对困难群众发放 12.59 亿元价格临时补贴，发放住房公积金贷款 319.23 亿元。年末 11.06 万户 20.08 万人被纳入城市低保，月保障标准为每人每月最高 740 元，最低 590 元；49.4 万户 115.62 万人被纳入农村低保，保障标准为每人每年最低 4827 元。

高质量社会救助推动共同富裕。2013 年 1 月，中国首个“社区紧急救援志愿者服务站”在陕西成立。2015 年 11 月，《陕西省社会救助办法》施行，有助于推动低保人员和特困人员供养、医疗救助、教育救助、住房救助、就业救助、临时救助以及社会力量参与社会救助工作开展。慈善事业是中国社会治理体系的重要内容。为引导慈善事业健康发展，2015 年 11 月，陕西省印发《关于促进慈善事业健康发展的实施意见》，明确公益慈善类社会组织可直接登记，在税收减免方面给予优惠。2020 年，救助农村特困人员（五保）12.49 万人，其中集中供养对象约 3.82 万人，基本生活标准为每人每年 6279—15840 元，照料护理标准根据特困人员生活自理能力，分别不低于当地最低工资标准的 10%、15% 和 25%；全年累计实施临时救助 81.01 万人次。

关心残疾人，是社会文明进步的重要标志。2016 年 1 月，陕西发布并施行《陕西省人民政府关于进一步完善困难残疾人生活补贴和重度残疾人护理补贴制度的实施意见》，明确了困难残疾人生活补贴范围，相应提高了补贴标准。2017 年 4 月，《陕西省“十三五”加快残疾人小康进程规划纲要》颁布，通过一系列特惠政策，促进残疾人就业。2017 年 9 月，《陕西省人民政府关于加强困境儿童保障工作的实施意见》出台，对因自身残疾导致康复、照料、护理和社会融入困难的儿童予以解困。

陕西医疗卫生事业进步明显。2015 年 11 月，省政府办公厅出台《关于全面实施城乡居民大病保险的实施意见》，让大病保险制度覆盖所有城乡居民基本医保参保人群。2016 年 4 月，省政府办公厅转发《关于进一步完善医疗救助制度全面开展重特大疾病医疗救助工作的实施意见》，全省全面开展重特大疾病医疗救助工作。2017 年，全省建立新型农村合作医疗、大病保险、医疗救助、补充医疗保障“四重保障”体系。从 2018 年起，按照人均 70 元的筹资标准，全面实施补充医疗保障制度，确保贫困人口住院医疗费用经“四重保障”后，合规医疗费用报销比例不低于 80%。

2019 年整合了城乡居民基本医保和大病保险制度。至 2020 年，全省拥有卫生健康机构 34978 个，其中医院 1220 家，村卫生室 22977 个，社区卫生服务中心（站）688 家，卫生院 1535 家。全省病床数达到 27.25 万张。同年，陕西全面取消公立医院医用耗材加成，国家儿童（西北）区域医疗中心落户陕西。

加强退役军人服务保障体系建设是一项重要的政治任务，事关军队稳定和社会大局稳定。陕西通过加强机构建设，建好省、市、县三级服务中心，合理设置乡镇（街道）退役军人服务站，构建完整的退役军人服务保障体系。通过强化经费保障，建立健全常态化经费支持机制，推动乡镇（街道）退役军人服务站与党群服务中心等共建共享。

老龄工作，既是“家事”，也是“国事”，陕西重视老龄事业发展。2015 年 3 月，《陕西省实施〈中华人民共和国老年人权益保障法〉办法》施行，加强对老年人权益的保障。2018 年，省政府办公厅颁布《关于制定和实施老年人照顾服务项目的实施意见》，完善老年人补贴制度，加强对低保家庭中的老年人的保障工作。2018年6月，陕西发布《关于加强农村留守老年人关爱服务工作的意见》，维护农村留守老人利益。至2020年末，参加城镇职工养老保险1156.95万人，参加基本医疗保险人数3899.74万人；社会福利收养性单位834个，社区服务机构和设施12902个，共有床位20.6万张，收养10.51万人。

保障房，保民生，陕西重视保障房建设工作。2014年8月，陕西印发《关于在全省保障房小区开展"和谐社区·幸福家园"创建活动的指导意见》，在全省开展"和谐社区·幸福家园"创建活动，一批小区通过了省级评定。2014年陕西省保障性安居工程开工43.42万套，基本建成31.59万套，基本建成量位居全国第一。到2014年底，陕西城镇人均住房建筑面积30.58平方米，达到小康社会人均30平方米的标准。2016年9月，省政府办公厅转发《陕西省保障性安居工程建设管理工作奖励办法》，促进保障性安居工程建设。2019年，陕西全面启动老旧小区改造工作。

陕西电子政务建设快速推进，为民服务更高效。2017年底，陕西基本建成省级"互联网+政务服务"平台，实现统一申报、统一受理、统一反馈和全流程监督，显著提升省级政务服务能力。为了更有效地服务民众，紧接着又建成了信息化公共平台服务体系——多级联动"互联网+政务服务"体系，完成了覆盖11个市（示范区）和107个县（市、区）的省、市、县三级电子政务统一传输网，政务信息化建设模式转变为集中托管和云计算模式。

4. 文化强省建设再上新水平

党的十八大以来，陕西宣传思想文化战线始终以习近平新时代中国特色社会主义思想为指导，深入学习宣传贯彻习近平总书记来陕考察重要讲话重要指示，坚决拥护“两个确立”，坚决做到“两个维护”，牢记“国之大者”，弘扬伟大建党精神和延安精神，讲好陕西故事，牢牢把握宣传思想工作正确方向。成功举办庆祝改革开放40周年、中华人民共和国成立70周年、中国共产党成立100周年等重大主题宣传活动，主流思想舆论巩固壮大。社会主义核心价值观深入人心，延安精神、照金精神、南泥湾精神、张思德精神、西迁精神放射出新的时代光辉，“三秦楷模”重大先进典型作用进一步发挥，“厚德陕西”建设成效显著，“中国好人榜”上榜人数居全国前列。

陕西重视以文化政策引领文化发展，颁布了《陕西省非物质文化遗产条例》《陕西省重大文化项目建设管理办法》《陕西省群众保护文物奖励办法》《陕西省“十三五”文化和旅游融合发展规划》《陕西省公共文化服务保障条例》《陕西省关于促进文化和科技深度融合的实施意见》等一系列政策措施，不断加大对文化产业的支持力度，促进文化繁荣，坚定文化自信。

陕西扎实推进文化产业发展，培育文化新型业态。2012年，陕西实现文化产业增加值500.7亿元。到2019年，陕西仅规模以上文化企业就实现营业收入1070.9亿元，同比增长19.1%。规模以上文化企业营业收入占全国比重达到1.236%，比2018年的1%提高了0.236个百分点。2021年前三季度，陕西规模以上文化企业营业收入总额较2020年同期增长19.8%，达到761.52亿元，2020年和2021年两年平均增长5.3%；营业利润较2020年同期增长356.8%，达到55.19亿元，两年平均增长率亦达到47.8%。

陕西文旅融合步伐进一步加快。2013年，全省30个重点文化项目建设全面启动，旅游收入创新高，达2135亿元。2015年，旅游总收入达到3005.8亿元。2016年，旅游文化产业加快发展，全年接待境内外游客4.5亿人次，旅游总收入达3813.4亿元，较上年增长26.9%。2018年，陕西省成立了全域旅游示范省创建工作领导小组。2019年，全省接待境内外游客7.07亿人次，较上年增长12.2%；旅游总收入达到7211.21亿元，较上年增长20.3%。

2018年12月，陕西省文化金融服务中心揭牌成立。这是全国首家省级综合性文化金融服务平台，为陕西金融服务文化创造了条件。

陕西认真开展文化遗产传承工作，重视非物质文化遗产保护工作。2013年，公布第四批省级非物质文化遗产名录，10大类80个项目入选。2014年，7处遗迹和12个项目分别入选世界文化遗产名录和国家非物质文化遗产名录。2015年，陕西省将10大类79个项目列入省级非物质文化遗产名录。2018年，新增加省级非物质文化遗产项目80个。

陕西有悠久的农耕文明，农业文化遗产保护工作突出。宝鸡市凤县的大红袍花椒栽培系统和西安市蓝田县的大杏种植系统经原农业部认定后，分别入选第四批中国重要农业文化遗产。

陕西考古和文物保护工作成就斐然，2012年以来陕西神木石峁遗址、凤翔雍山血池秦汉祭祀遗址、高陵杨官寨遗址、西安秦汉栎阳城遗址等十多处遗址入选年度全国十大考古新发现。神木石峁遗址中的皇城台遗迹入选由中国社会科学院主持评选的“2016年中国六大考古新发现”。2018年，陕西新增省级文物保护单位286处，其中革命文物有157处。2020年，西安碑林博物馆改扩建等文物保护工程进展顺利。《大遗址保护利用“十四五”专项规划》（国家文物局印发）中陕西有 15 处，占所规划 145 处大遗址的 10.3%。2016 年，完成了 360 万字的《陕西省志 · 文物志》（重修）编纂工作。

陕西加强文博展览工作。2016 年，安康博物馆的“秦巴明珠——安康博物馆基本陈列”荣获第十三届（2015 年度）全国博物馆十大陈列展览精品奖。至此，陕西省博物馆陈列展览项目已连续九届获奖。2020 年，秦始皇帝陵博物院举办的“平天下——秦的统一”展览荣获第十七届（2019 年度）全国博物馆十大陈列展览精品奖。

陕西高质量发展公共文化服务。2012 年，陕西省政府推动建立文化投入稳定增长机制，完善政府购买公共文化服务制度。当年政府购买了 1500 多场次的演出服务。2014 年，公共演出服务购

石峁遗址皇城台东北侧墙体（马夫　摄）

买量达到2100余场次。2016年，博物馆参观人数达3650万人次，超过2500万人次免费参观。2018年，全省大力实施文化惠民工程，组织1万多场文化下乡演出活动。至2020年，全省文化系统共有艺术表演团体50个，文化馆122个。2021年上半年，陕西省下拨1.2亿元资金支持全省公共图书馆、文化馆（站）免费开放工作；下拨5284万元戏曲进乡村专项资金，支持戏剧下乡；为56个脱贫县安排专项资金1120万元，支持基层开展数字文化服务。

陕西关心群众看电视看电影问题。2012年，全省基本完成直播卫星"户户通"工程。2013年，全省完成150万户广播电视"户户通"工程。2014年，陕西深入农村放映电影32.8万场次，受益观众超过4000万人次。"十二五"期间稳步推进农村电影放映工程，深入农村放映公益电影167万场次，有2.2亿人次观看电影。

陕西采取措施改善群众阅读条件，2012年，为全省1831个乡镇、街道、社区建设了公共电子阅览室，实现了陕西省农家书屋行政村全覆盖。截至2020年，全省公共图书馆达到116个，全年总流通627万人次。

陕西公共文化服务体系建设工作突出。2013年，渭南成功创建国家公共文化服务体系示范区。2018年，铜川成功创建国家公共文化服务体系示范区。2020年，安康成功创建国家公共文化服务体系示范区。

陕西文化、文艺、出版等领域精品频出。陕西影视剧制作数量多、影响大。2013年，生产电影10部、电视剧22部745集，生产能力居全国前列。2020年，拍摄完成影片46部，11部获国内外22项大奖；许可发行电视剧11部440集，多部电视剧获奖。"十三五"以来，陕西省电影备案立项达到768部，拍摄完成电影

326部，电视剧备案公示179部6730集，许可发行50部2154集，影视企业数量稳步增长。电影《钱学森》《百鸟朝凤》《周恩来回延安》《冲锋号》，电视剧《永不消逝的电波》《聂荣臻》《黄土高天》等获得全国精神文明建设“五个一工程”优秀作品奖。电影《白鹿原》获得柏林电影节艺术贡献奖（摄影）银熊奖。电视剧《王大花的革命生涯》《大秦帝国之纵横》《打狗棍》等荣获中国电视金鹰奖。电视剧《白鹿原》《那年花开月正圆》等荣获中国电视剧飞天奖优秀电视剧大奖。陕西省重大文化精品项目《我和我的祖国》获中国电影金鸡奖评委会特别奖。

陕西重视图书出版推介工作，成效显著。2016年，获得国家出版基金项目资助的图书12种，入选“十三五”国家重点出版物规划的图书达到了65种，分列全国第四、第五位，红色主题出版物数量名列全国第一。西安电视剧版权交易中心有限公司在第七届中国国际版权博览会上荣获国内版权领域最高奖项——中国版权金奖（管理奖）。举办了多届“三秦书月”全民阅读活动。自2015年以来连续成功举办多届陕西（西部）丝路图书交易博览会。陕西重视优秀图书的对外推介工作，坚持组织精品图书参展北京国际图书博览会等。2021年，陕西展馆荣获第八届中国国际版权博览会优秀组织奖。近年来，陕西出版的多部图书获得全国大奖。《鼎立南极：昆仑站建站纪实》《百年钟声——香港沉思录》等荣获全国精神文明建设“五个一工程”优秀作品奖；《中国蜀道》《空间科学发展与展望丛书》《陕西金文集成》等获得中国出版政府奖（图书奖）；《中国美术分类全集——中国陵墓雕塑全集·第1卷·史前至秦代》《统万城》《延安时期党的文化建设研究》《关学文库·关学文献整理系列》《考古陕西》《延安文艺大事编年》《先进燃气轮

丝绸之路国际艺术节

机设计制造基础专著系列》等获得中华优秀出版物奖（图书奖）。

戏剧演艺方面，歌剧《大汉苏武》和话剧《麻醉师》《平凡的世界》等获得全国精神文明建设“五个一工程”优秀作品奖，话剧《柳青》等荣获文华大奖。

音乐领域，歌曲《又到吴起镇》《丝路放歌》《一路走来》等获得全国精神文明建设“五个一工程”优秀作品奖。

陕西重视开展重大文化活动，文化软实力显著增强。2014 年，由文化部和陕西省人民政府共同主办的首届丝绸之路国际艺术节在西安举办，到 2021 年已经连续举办了七届丝绸之路国际艺术节。2015 年，举办了首届陕西省现代文化艺术节。2016 年，陕西成功举办第十一届中国艺术节、首届丝绸之路国际博览会暨西洽会、第三届丝绸之路国际电影节。全省改扩建各类文艺场馆 51 个，新创 50 多部优秀舞台艺术作品，在第十一届中国艺术节上获奖数量占所有奖项的五分之一。2017 年，陕西成功举办第四届中国孙思邈中医药文化节、第八届陕西省艺术节。2018 年，举办西安戏剧节、西安国际舞蹈节等节庆活动。近年来，陕西多次举办中国西部文化产业博览会、清明公祭轩辕黄帝典礼等，对于弘扬中华优秀传统文化、促进陕西发展发挥了重要作用。

5. 生态文明建设取得新进展

党的十八大以来，陕西高度重视生态环境建设，狠抓生态建设和环境保护，生态环境持续改善。陕西全面完成了主要污染物总量减排任务，环境质量显著改善。陕西持续推进黄河流域生态保护，积极开展重点流域综合治理，河流优良水质比国家指标高出 20 个百分点，黄河陕西段泥沙流入明显减少。全省生物多样性实现恢复性增长，森林覆盖率超过 45%。

2012 年，通过了《陕西省汉江综合整治规划》，致力于打造“堤固洪畅、水清岸绿、滩平航通、人水和谐”的新汉江。3 月，正式开展陕西省黄河沿岸造林绿化活动，决定用 3 年时间完成 43 万亩造林绿化任务。

2013 年 3 月，陕西致力于健全丹江流域防洪体系，增强农业抵御自然灾害能力的丹江流域综合治理工程启动。4 月，陕西启动“治污降霾 · 保卫蓝天”行动，集中整治燃煤锅炉、建筑工地扬尘等问题。5 月，省政府颁布《陕西省人民政府关于实行最严格水资源管理制度的实施意见》，实行最严格的水资源管理措施。10 月，施行《陕西省水土保持条例》，为陕西水土保持提供法律保障。2013年底，陕西完成渭河全线630公里堤防主体填筑。全年造林513万亩，治理水土流失面积6650平方公里。延安实施新一轮退耕还林98万亩。

2014年1月，陕西公布《陕西省"治污降霾·保卫蓝天"五年行动计划》，推进大气污染治理。2014年，渭河三年变清目标如期实现，汉江、丹江水质稳定在Ⅱ、Ⅲ类。造林绿化497.6万亩，保护恢复湿地146万亩，退耕还林56万亩。

2015年6月，基本完成渭河综合整治主体工程。全年统筹推进退耕还林还草、天然林保护、湿地恢复保护、小流域综合治理，造林绿化490.7万亩，建成"百万亩湿地"和"百万亩森林"。

2016年8月，陕西省启动渭河生态区建设。这项工程投资189亿元，面积达到1000平方公里。2016年，西安、延安获得国家森林城市称号，宝鸡成为西部首个国家生态园林城市，咸阳被评为全国绿化模范城市。2016年以来，陕西提出"系统治水、柔性治水、协同治水"的新思路，整体推进，有机结合治水与治山、治林、治田工作。陕西通过渭河综合治理工程打造关中生态长廊，基本实现了安澜河、生态河、景观河的治理目标。

2017年3月，陕西开展大气污染防治和铁腕治霾专项行动，通过实施"减煤、控车、抑尘、治源、禁燃、增绿"六策，改善环境质量。同月，陕西开工建设黄土高原山水林田湖生态保护修复工程。该项目在陕西总投资119.77亿元。2017年，昆明池、渼陂湖、卤阳湖恢复建设初见成效，国家湿地公园总面积达84.9万亩。为保护土壤环境，建立了土壤污染防治联合调度制度。全年完成营造林719.5万亩，治理沙化土地105.4万亩。

2018年，国家发展和改革委员会印发《汉江生态经济带发展

西安浐灞生态区

规划》，规划包括汉中市、安康市、商洛市全境的发展。4月，陕西发布《陕西省铁腕治霾打赢蓝天保卫战三年行动方案（2018—2020年）》。全省PM2.5平均浓度下降10.5%，重污染天数下降20.7%。陕西省启动湖长制，年底前对常年水域面积1平方公里以上的天然湖泊实施湖长制，将所有人工湖、塘堰、涝池纳入湖长制管理；还启动了河长制。陕西通过全面落实河长制、湖长制，大力整治水源地、治理城市黑臭水体，稳步改善了主要河流水质。全省全年治理沙化土地105.5万亩，完成营造林749万亩。为保护土壤环境，稳步推进了第二次污染源普查和土壤详查，对固体废物污染进行专项防治。

2019年1月，陕西发布《陕西省黄河流域污水综合排放标准》《农村生活污水处理设施水污染物排放标准》《锅炉大气污染物排放标准》《关中地区重点行业大气污染物排放标准》4项地方标准，推动环境治理工作。2 月，省政府印发《秦岭生态环境保护行动方案》，加强秦岭区域生态环境保护工作。3 月，省政府出台《陕西省青山保卫战行动方案》，有效保护生态系统，持续提升生态功能。7 月，省委、省政府印发《陕西省贯彻落实中央生态环境保护督察“回头看”及大气污染防治专项督察反馈意见整改方案》，推动完成蓝天、碧水、净土、青山四大保卫战。12 月，开始实施第二次修订后的《陕西省秦岭生态环境保护条例》。2019 年，全省空气质量综合指数同比改善 2%，国省控断面Ⅰ—Ⅲ类水体上升 3.9 个百分点，治理矿山地质环境 1 万余亩，治理沙化土地 105.39 万亩，完成营造林 806.4 万亩。2019 年，陕西农村环境不断改善，新建 80.1 万座农村卫生厕所，扎实推进农村垃圾治理工作，创建美丽宜居示范村 640 个。

2020 年 5 月，出台《陕西省生态环境损害赔偿磋商办法（试行）》《陕西省生态环境损害鉴定评估办法（试行）》，推进全省生态环境损害赔偿制度改革。2020 年，严格落实《陕西省秦岭生态环境保护条例》，黄河流域生态环境保护力度进一步加大，污水综合排放标准得到严格执行，重点流域治理效果彰显，渭河出境水质为优，汉江、丹江、嘉陵江出境水质保持Ⅱ类。空气质量持续提升，全省 PM2.5 平均浓度下降 10.1%，平均优良天数 287.8 天，同比增加 22.5 天。土壤污染管控和修复进一步强化，农用地土壤污染状况详查通过国家验收。陕西狠抓植树造林工作。2020 年，陕西全省森林覆盖率达到 46.39%。林地面积 14037 千公顷，林业自然保护区 61 个。林业自然保护区面积 1153.3 千公顷，占全省面积的 5.61%。

6. 全面从严治党取得新成效

党的十八大以来，党中央高度重视党的建设，全面加强党的领导和党的建设，全面从严治党成效卓著。陕西省委深入学习贯彻习近平总书记来陕考察重要讲话重要指示，贯通落实“五个扎实”“五项要求”，抓牢抓实政治建设，持续激发干事创业热情，驰而不息正风肃纪反腐，推动陕西省全面从严治党向纵深发展，为高质量发展提供坚强的引领和保障。

把政治建设摆在首位，坚定不移推进思想政治建设。陕西省委始终将学习贯彻习近平新时代中国特色社会主义思想作为首要政治任务，认真落实学懂弄通做实要求，按照抓首要、大学习、促发展总体思路，持续在深学细学、宣传宣讲、聚焦聚力、入心入脑、真懂真用、落地落实六个方面下功夫，先后围绕党的十八大、十九大报告和《关于加强和维护党中央集中统一领导的若干规定》等开展集体学习，组织省委理论学习中心组分专题研讨，分批分期举行市厅级领导干部专题学习班、专题研讨班和中青年干部培训班，以及宣讲报告会等；坚持把学习宣传贯彻工作与落实习近平总书记来陕视察重要讲话结合起来，党员干部增强“四个意识”、坚定“四个自信”、做到“两个维护”的思想自觉、政治自觉、行动自觉进一步提升。

扎实开展各类主题教育活动，持之以恒改作风。陕西省委切实落实全面从严治党主体责任，严格执行《关于新形势下党内政治生活的若干准则》，教育引导全省各级党委牢固树立政治意识、大局意识、核心意识、看齐意识；吸取教训，开展“讲政治、敢担当、改作风”专题教育，持续强化政治意识、政治责任、政治担当。从

2013年起，陕西连续开展党的群众路线教育实践活动、“三严三实”专题教育、“两学一做”学习教育、“不忘初心、牢记使命”主题教育和党史学习教育，并将学习教育常态化制度化，教育引导广大党员干部补足精神之“钙”，筑牢信仰之“基”。陕西依托丰富的红色资源，继承和弘扬延安精神，坚持不懈用延安精神教育广大党员干部，组织领导干部到延安、照金、马栏等地接受教育，引导广大党员干部讲理想、讲信念，讲政治、讲党性，讲纪律、讲规矩，切实增强贯通落实“五个扎实”“五项要求”的责任感、使命感。严格落实中央八项规定实施细则精神和省委实施办法，严格执行中央和陕西省关于办公用房、住房、用车、交通、工作人员配备、休假休息等方面的待遇规定，严肃查处公款吃喝旅游、大办婚丧喜庆、滥发津补贴、利用名贵特产类特殊资源谋取私利、违规收送礼金等问题。坚决贯彻中央《关于解决形式主义突出问题为基层减负的通知》，以及中央纪委关于集中整治形式主义官僚主义的工作意见，着力解决表态多调门高、行动少落实差、文山会海、检查考核过多过滥等一系列问题。

推进干部和人才队伍建设，持续激发干事创业热情。陕西省委全面落实进一步激励广大干部新时代新担当新作为的意见，深入实施鼓励激励、容错纠错、能上能下“三项机制”，促进干部担当作为。陕西建立党委（党组）班子成员履行“一岗双责”情况述职制度，制定意识形态工作责任制正负面清单，强化对“一把手”和领导班子的监督；突出政治过硬、纪律严明、本领高强等选拔任用干部标准，完善“三项机制”，积极探索干部政治素质考察的有效办法，规范选人用人工作，开展个人事项报告专项整治；制定贯彻落实领导班子建设规划纲要若干措施和发现培养选拔优秀年轻干部的实施意见，打破常规选拔45岁左右的市厅级干部、40岁左右的县区党政正职，提拔重用脱贫摘帽县的党政正职，从高水平大学选调优秀毕业生；加强干部教育培训，着力增强“八种本领”，提升“七种能力”；开展“担当作为好干部”“干事创业好班子”评选表彰，深化“爱国奋斗精神、建功立业新时代”活动，最大限度地调动干部干事创业的积极性、主动性、创造性；加大监督问责力度，紧盯干部“庸懒散慢虚粗”等问题，综合运用诫勉谈话、纪律处分等措施，坚决处理不敬畏、不在乎、喊口号、装样子的人和事，以严肃问责倒逼干部担当作为。

正风肃纪、惩治贪腐，巩固拓展风清气正的政治生态。陕西省委坚持重遏制、强高压、长震慑，综合运用监督执纪“四种形态”，坚持以人民为中心的发展思想，坚决整治群众身边的腐败和作风问题；持续巩固拓展落实中央八项规定精神成果，持续整治“四风”问题，扎实推进秦岭北麓西安境内违建别墅专项整治，开展扶贫领域腐败和作风问题专项治理，强化扫黑除恶专项斗争、生态环境保护、优化营商环境等领域的监督执纪问责。坚持有腐必惩、有贪必肃，紧盯“关键少数”，把金融信贷、审批监管、资源开发、工程招投标、选人用人等方面问题作为执纪审查调查的重点，持续释放越往后执纪越严的强烈信号；把以案促改作为重要政治任务，扎实推进警示教育，以严重违纪违法案为反面镜鉴，教育引导广大干部知敬畏、存戒惧、守底线；全面深化监察体制改革，省、市、县三级监察委员会全面组建，实现对公职人员监察监督的全覆盖；深化政治巡视，加强各级巡视巡察机构建设，及时研究部署巡视工作，制定巡视工作条例实施办法、巡视工作规划，推动巡视工作有序开展，一体推进不敢腐、不能腐、不想腐。

持续整顿软弱涣散基层党组织，进一步夯实基层基础。陕西省严格落实党建工作责任制，统筹抓好城市、国企、高校、机关等领域党建工作，非公经济组织和社会组织党的组织、党的工作“两个覆盖”持续扩大；以集中整顿软弱涣散基层党组织为抓手，及时调整工作不力的党组织负责人，着力解决基层党组织建设突出问题，提升党支部引领发展、脱贫致富、服务群众的能力；狠抓农村党建，紧紧围绕抓党建促脱贫攻坚，持续建强基层组织，全面落实村党组织书记、村委会主任“一肩挑”要求，管好“四支队伍”、强化激励保障，采取“支部 + X + 贫困户”工作机制，以村党支部为核心和纽带，把龙头企业、社区工厂、农业园区、专业合作社等市场主体集聚在红色党旗下，将贫困群众镶嵌在产业链中，为打赢脱贫攻坚战提供坚强的组织保证；创新城市基层党建，指导各地建立党建联席会议制度，加强西安、澄城等 10 个城市基层党建示范县建设；严格党员管理，采取党员管理积分制和党员责任区等做法，严把发展党员入口关，严肃党员组织生活，加强理论、形势和革命传统教育，引导党员增强党的意识和组织观念，使基层党组织和广大党员在疫情防控、复工复产、防汛救灾等工作中攻坚克难打头阵、服务群众当先锋。

在中国共产党的领导下，陕西人民经过接续奋斗，建党百年之际在三秦大地上全面建成小康社会，一个活力、奋进的陕西向着党的第二个百年奋斗目标奋力前行。

二、全面发展　小康陕西

全面小康，必须全面发展。党的十八大以来，陕西深入学习贯彻落实习近平新时代中国特色社会主义思想，特别是习近平总书记来陕考察重要讲话重要指示，不断增强经济创新力和竞争力，经济总量在全国的排名大幅度提升。伴随奔向小康的步伐，陕西大力发展文化事业和文化产业，不断从文化资源大省向文化强省迈进。陕西在全面建成小康社会的过程中，民生保障和社会建设持续加强，人民群众的获得感、幸福感、安全感不断提升；全力打好蓝天、碧水、净土、青山四大保卫战，当好秦岭生态卫士，三秦大地生态环境质量持续改善；充分发挥科教大省优势，将其转化为经济效益和社会效益，办好人民满意的教育，稳步迈向科教强省。陕西全面建成小康社会的胜利，显示出中国共产党领导的巨大政治优势，充分表明党的领导是全面建成小康社会的根本保证，是坚持和发展中国特色社会主义的根本保证。

（一）追赶超越　经济实力不断提升

经济持续健康发展是全面小康的强大引擎。改革开放尤其是党的十八大以来，陕西先进制造业基地、航空航天产业基地、能源化工基地建设如火如荼，能源化工、高新技术、装备制造、电子信息等产业集群不断壮大。扎实推进特色现代农业建设，大力发展果业、畜牧业、设施农业及区域特色农业。同时，围绕产业链部署创新链、围绕创新链布局产业链，深入实施创新驱动发展战略，努力开创陕西经济高质量发展新局面。

1. 经济综合实力显著跃升

2011 年陕西跨入“万亿俱乐部”，国内生产总值达到了 12175.06 亿元，至 2017 年，突破 2 万亿元大关，达到了 21473.5 亿元，2021 年达到 29800.98 亿元。

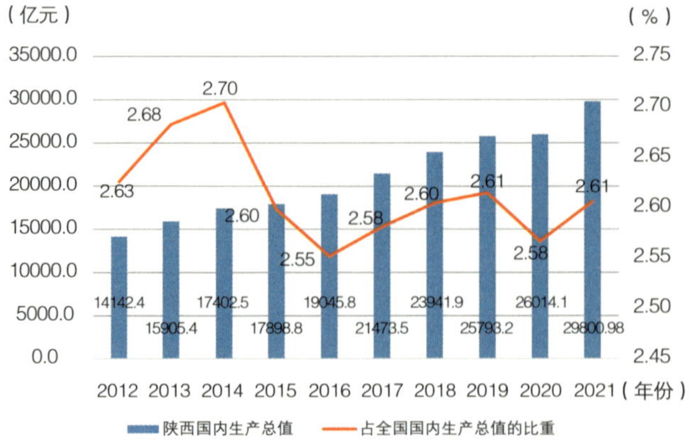

2012 年至 2021 年陕西国内生产总值及占全国国内生产总值的比重

党的十八大以来，陕西地方财政收入快速增长，财政收入结构持续改善。陕西地方财政收入从2012年的1600.69亿元，增加到2021年的2775.3亿元，年均增长6.31%，财政收入的质量持续改善。2021年的税收收入完成2236.9亿元，在陕西地方财政收入中占比达到80.60%。陕西不断加强财政资金统筹，着力优化财政支出结构。2021年，全省财政支出6069.4亿元，有力保障了中央重大决策部署和省委、省政府各项工作的资金需要。自2015年以来，陕西落实减税降费政策，政策效应不断显现，截至2021年底，全省累计新增减税降费1500亿元以上，企业负担不断减轻，有力激发了企业活力。自2016年以来，陕西省财政管理工作连续5年进入全国前10名，受到国务院通报表彰。2021年，全省各级财政部门发放补贴资金172.2亿元，涉及补贴项目172项，惠及群众921.7万人。

党的十八大以来，陕西加快构建现代农业产业体系、生产体系和经营体系，推动农业生产提质增效。全省夯实粮食安全责任，强化农业园区、产业基地建设，大力发展“3+X”特色优势产业，全省农林牧渔业持续保持稳定增长态势，粮食稳产，畜牧业高速增长。陕西积极落实“两藏”战略，大力推广良种良法配套、农机农艺融合、资源高效利用的高质高效生产模式，粮食产量连续10年稳定在千万吨以上，2021年达到1270.43万吨。2021年全年蔬菜及食用菌产量2012.82万吨，园林水果产量1896.46万吨，肉类总产量127.97万吨。通过大力发展以千亿级苹果为重点的果业，果业在农业中的主导地位得到进一步提升，水果产量稳居全国前列。2021年陕西水果产量达到1896.46万吨，其中，苹果产量连续稳定在千万吨以上，洛川苹果远销东南亚、欧洲等20多个国家和地区，成为中国驰名商标。茶叶、木耳等 50 多个区域特色产业优势持续增强，成为广大农民增收致富的重要来源。陕西通过大力实施农业特色产业“3+X”工程，持续推进苹果的“西进北扩”和猕猴桃的“东进南扩”，取得显著成绩。

2020 年，陕西通过延链补链强链推动重点产业发展，狠抓重大项目建设，全方位推进技术创新，全省规模以上工业增加值增长好于预期，产业升级稳步推进，企业利润保持良好增势。2021 年，陕西工业增加值达到 11256.03 亿元。2021 年，规模以上工业企业完成营业收入 29585.6 亿元，实现利润总额 3605.1 亿元。在全省 40 个工业大类行业中，有 23 个行业利润较上年增长，近六成行业利润同比增长，部分行业利润实现较快增长，有 4 个行业利润增长超过 1 倍，有 14 个行业利润实现两位数增长。2021 年，煤炭开采和洗选业实现利润 2111.7 亿元，石油和天然气开采业实现利润 185.9 亿元，石油、煤炭及其他燃料加工业实现利润 100.5 亿元，化学原料和化学制品业实现利润 155.7 亿元，非金属矿物制品业实现利润 122 亿元，计算机、通信和其他电子设备制造业实现利润 226 亿元。延长石油集团、陕煤集团连续六年进入世界 500 强。

2. 产业结构不断优化升级

党的十八大以来，随着宏观经济政策的不断调整，陕西下大力气加快结构调整步伐，经济结构更趋优化，与高质量发展的要求衔接更加紧密。2012 年，陕西第一、二、三产业增加值分别是 1314.84 亿元、7612.26 亿元、5215.31 亿元。2021 年，陕西第一、二、三产业增加值分别是 2409.39 亿元、13802.52 亿元、13589.07 亿元。2021 年第一产业增加值较 2012 年增长了 1.83 倍，第二产业增加值较 2012 年增长了 1.81 倍，第三产业增加值较 2012 年增长了 2.61 倍。三次产业结构由 2012 年的 9.30∶53.82∶36.88 变为 2021 年的 8.10∶46.30∶45.60，第一产业占比下降了 1.2 个百分点，第二产业占比下降了 7.5 个百分点，第三产业占比提高了 8.7 个百分点。

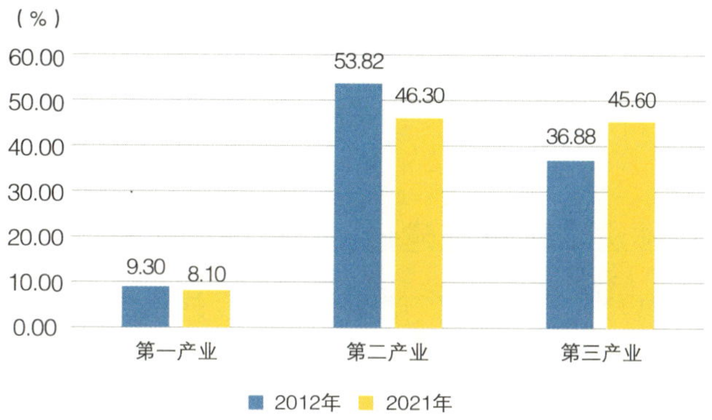

2012 年、2021 年陕西三次产业结构对比

近年来，陕西农业总体发展平稳，第一产业增加值占国内生产总值比重缓慢下降至 10% 以下。尽管占比逐步降低，但农业的基础地位始终没有动摇。陕西始终将发展“三农”作为重点工作，对农业的扶持力度持续增加。随着取消农业税、粮食直补、良种补贴、农机具购置补贴、农村综合补贴、退耕还林、农业供给侧结构性改革等支农、惠农、强农政策的不断实施，极大地调动了广大农民群众的生产积极性，推动了农村经济的全面振兴。

工业规模迅速扩张，经济效益显著提升。改革开放以来，陕西工业体制逐步健全，工业规模不断扩大，质量效益逐步提升。得益于西部大开发战略和陕西能源化工基地的建设，能源化工产业引领第二产业快速增长。能源化工、装备制造成为支柱产业，逐渐形成了门类较为齐全、具有一定规模和水平的产业体系和产业集群。高技术产业、新能源汽车、电子信息等产业加速聚集，工业体系的竞争力进一步提高，陕西经济实现腾飞。

第三产业全面发展，迈向现代服务业。随着市场经济理念逐渐深入人心，陕西第三产业迅速发展。商贸、住宿、餐饮、金融等传统产业不断升级，科教、文化、旅游等产业优势日益显现。第三产业也由传统服务业向现代服务业不断迈进，从而吸纳更多劳动力。第三产业对经济发展的推动作用不断增强。

3. 扎实推进基础设施建设

改革开放以来，尤其是实施西部大开发战略以来，陕西把加快基础设施建设作为全面振兴的前驱和基石，持续加大投入，推动以交通、电力、水利、通信为重点的基础设施建设超常规发展，形成现代化的基础设施网络体系。基础设施建设从“短板”变成跨越发展的“跳板”，有力地促进和保障了国民经济持续、健康、快速增长。2012 年至 2020 年，陕西全社会固定资产投资年均增长 17.10%。

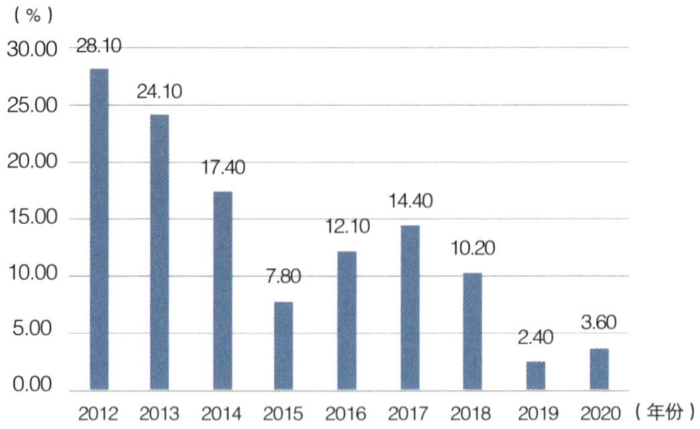

2012 年至 2020 年陕西全社会固定资产投资增长速度

党的十八大以来，陕西在加快电信网、广播电视网、互联网建设的基础上，积极向宽带通信网、数字电视网、下一代互联网迈进，信息化建设全面进入深化应用阶段，信息网络基础设施持续改善，电子政务“陕西模式”持续创新，“智慧城市”有序推进，“两化”融合进入智能制造新阶段，网络经济形态发展良好，网络安全进一步加强，为经济社会发展提供了有力的信息服务和保障。全省形成一个从城市到乡村、从空中到地下，以光缆为主，数字微波、卫星通信为辅的立体化、大容量、高速率、多功能的数字传输网络，能兼容语音、数据、有线电视、电视电话会议等综合信息。“数字陕西”步伐加快，陕西省数字经济试点示范区建设得到有序推进，华为、阿里巴巴、腾讯、百度、京东等科技企业陆续落地陕西，一批具有创新活力的本土数字经济产业加速成长。千年古都西安，成为“一带一路”核心枢纽城市上首个移动支付智慧城市。陕西利用云计算、大数据等新一代信息技术，构建面向农村、农民的综合信息服务体系。全省范围内实现了信息入村，形成以 27914 个农村信息服务站为终端的农村信息服务体系基本框架，缩小了城乡数字鸿沟，促进了城乡发展一体化。

党的十八大以来，通过加快发展电厂，优化电源结构，扩张输电线路，完善电网结构，拓展外运通道，陕西基本形成布局合理、调度灵活、安全可靠、保障有力的网架结构。陕西推进“西电东送”煤电基地建设，形成韩城、彬长、榆横等煤电集群。2020 年，全省电力企业积极组织复工复产，积极筹措电煤供应，有效利用新能源，确保全省生产生活电力安全稳定供应，全省规模以上工业发电量 2293.80 亿千瓦时。陕西积极开展电力需求侧管理和效能管理，大力发展清洁能源，提升水力、风能、太阳能、生物质能等可再生

陕西大力发展清洁能源，推进光伏发电项目建设。图为洛南 100 兆瓦光伏农业与观光旅游综合利用示范项目（吴书怀 摄）

能源在电力供应中的比例，开启了低碳供应新时代。

引汉济渭、引红济石、延安引黄等工程发挥效益，全省新增供水能力 6 亿立方米。农田灌溉水有效利用系数达到 0.576，有效灌溉面积达到 2005 万亩，年增产粮食 10.19 万吨。建成省级以上水利风景区 85 家。2020 年 12 月，“龙首渠引洛古灌区”入选世界灌溉工程遗产，成为继郑国渠、“汉中三堰”之后陕西省第三处世界灌溉工程遗产。

4. 大力发展特色优势产业

党的十八大以来，陕西高度重视、大力发展特色优势产业，根据国家产业发展导向，立足陕西自然资源、科技资源、人文资源优势和产业发展实际，不断丰富和完善特色产业体系，装备制造、能源化工、高新技术和现代果业等一批特色优势产业逐步成长为陕西新一代特色支柱产业。

装备制造:“陕西制造”向“陕西创造”跃升。装备制造业是陕西具有比较优势的产业。装备制造业在重点领域、关键环节的发展不断取得新突破，形成新优势，研发水平高、集成能力强、制造技术先进的国家重要装备制造业基地正在三秦大地上崛起。陕西装备制造突出“高端化、智能化、绿色化、服务化、国际化”主攻方向，加快推进信息技术与制造技术深度融合，在优势领域

陕西汽车控股集团有限公司组装车间

超前布局，重点围绕航空航天、数控机床、智能和新能源汽车、输变电、能源装备等领域，改造提升传统装备，发展壮大先进装备，加快培育 3D 打印、机器人等新兴装备，培育了秦川机床、比亚迪、西电、西光、陕鼓等重点工业企业，涌现出一批在全球有影响力的优势产品，初步形成具有区域比较优势和特色的高端装备制造产业体系。

陕西军工资源居全国之首，大中型军工企业 73 个，占全国军工企业总数的 9.3%；独立科研院所 33 个，占全国军工科研院所的

中航西安飞机工业集团股份有限公司生产的运-20 飞机（陈群 摄）

12.1%；职工 26.82 万人，占全国军工行业从业人员总数的 12.7%；专业技术人员 11.2 万人，占全国军工行业专业技术人员总数的 17.3%。数量众多、技术精湛的专业技术人员为陕西军工企业的发展作出了突出贡献，其中就有全国质量信得过班组薛莹班和陕西省工人先锋号徐立平班组。军工技术覆盖航天、航空、兵器、电子、核、船舶等六大行业和众多学科，在高技术领域具有较强的跟踪研究和自主开发能力，对推动国防现代化建设和陕西经济发展功不可没。陕西省内军品配套能力较强，一批关键技术取得重大突破，武器装备科研生产能力显著提高。在国庆 60 周年、抗战胜利 70 周年、建军 90 周年、国庆 70 周年阅兵中，由陕西军工抓总研制生产或参与配套研制生产的重要武器装备，顺利通过阅兵场，接受了党和国家领导人的检阅。

陕西有享誉世界的航天动力、问鼎深空的控制技术、走入寻常百姓家的北斗导航、通过技术革命崛起的柔版印刷，以及精密微电子、新材料、地理测绘等，以航天六院、五院西安分院等为代表的国家队和以诺维北斗、恒达微波等为代表的民营企业，以多项走在世界前列的科技成果，不断聚合和裂变，持续引领高端产业发展洪流涌动。通用航天产业发展的“西安模式”被业界高度认同，对全国通用航天产业发展的示范带动效应日益显现。

除此以外，各产业园区的发展也独具特色，优势突出。西安凭借高新区、经济技术开发区、阎良国家航空高技术产业基地、国家民用航天科技产业基地为代表的产业园区，形成了汽车、航空、航天和电力电子四大产业的高端集聚区；宝鸡高新区在石油钻采及油气输送设备、高档数控机床、工业机器人和重型汽车及其零部件等领域集聚起一批有实力的企业，带动相关产业快速发展；渭南高新

全国最大的聚氯乙烯生产基地——陕西北元化工集团股份有限公司（陕西省发改委供图）

区印刷机械等产业聚集已形成规模。

能源化工：由大变强的超级产业。陕西煤炭、石油、天然气等能源资源丰富，已经进入大规模开发阶段。能源化工产业已经发展成为陕西工业的主要支柱和国民经济的第一大产业，陕北成为21世纪中国重要的能源接续地。合理开发利用能源资源，做大做强能源化工产业，对于振兴地方经济、实现陕西经济社会的持续快速协调发展、保障陕西和全国的能源供应、维护国家能源安全具有十分重要的战略意义。陕西能源化工工业对陕西工业增长的贡献率一度超过一半，成为工业增长的主要力量。2021 年，全省规模以上工业原煤产量达 7.00 亿吨，创历史新高，拉动全国原煤产量提高 0.5 个百分点，占全国总产量的比重达 17.2%。2021 年，全省规模以上工业原油产量达 2552.76 万吨。受“煤改气”政策的推动、供给侧改革、全社会用电需求增长等多重因素影响，我国城镇居民、工业及发电用气需求增长显著。2021年，国务院印发《2030年前碳达峰行动方案》（以下简称《方案》）。《方案》提出，要合理调控油气消费，加快推进页岩气、煤层气、致密油（气）等非常规油气资源规模化开发。中石油长庆油田、延长石油集团作为全省主要天然气开采企业加大增储上产力度，确保全省居民生产生活用气稳定供应。2021年，全省规模以上工业天然气产量为294.13亿立方米，同比增长7.0%。化工行业以“三个转化”为导向，大力实施产业转型升级和结构调整，积极推进现代煤化工重大项目建设，天然气、甲醇、尿素、聚氯乙烯等8个重点调度的产品产量再创历史新高。

高新技术：创造先发优势领跑产业高端化。陕西是我国科技教育资源大省，综合实力居全国前列。改革开放以来，特别是西部大开发以来，高新技术产业乘势崛起，发展迅速。陕西以科技创新为核心，以人才发展为支撑，瞄准世界技术前沿，在若干重点领域形成先发优势，攻克一批具有自主知识产权的关键技术，形成一批具有全球影响力的行业排头兵企业，培育一批具有全国领先水平的创新型骨干企业，促进高端要素向航空、航天、软件、新材料等高新技术产业园区聚集，打造集成电路、智能终端、高端装备制造等产业链较完整、配套体系较完善、产值超千亿元的新兴产业集群，以新一代信息技术产业、高端装备制造产业、新材料产业、生物技术产业、新能源产业、节能环保产业、新能源汽车产业为代表，持续引领经济快速增长和产业高端化。

党的十八大以来，陕西以打造内陆改革开放高地为目标，全面深化改革，破解体制机制障碍，完善国际化、法治化、便利化营商环境，增强了汇集全球高端要素、吸引全球高端产业集聚发

位于西安高新区的中兴通讯西安研发中心是我国西部最大的智能终端生产基地，定位全球高端市场的中兴旗舰手机“AXON 天机”在这里实现“陕西研发”“陕西创造”，体现出的“陕西速度”印证了陕西省加快经济结构转型升级潜在的巨大活力。图为西安中兴通讯终端科技有限公司生产车间（母家亮 摄）

展的能力。越来越多的国内外高科技企业看好陕西，投资陕西。三星、美光、中兴、华为等国际性大企业持续加大在陕西的投资，凸显出陕西这片投资沃土对全球高端产业的吸引力和承载力正在加快提升。

现代果业：从“香飘中国”到“香飘世界”。陕西果业发展历史悠久，果业是陕西一张亮丽的名片。改革开放尤其是西部大开发以来，现代果业在规模、效益、竞争力上实现了跨越式发展，产业化经营水平迅速提升，出口创汇大幅度增长，果业已成为农民增收、农村发展的支柱产业，陕西也成为全国名副其实的果业大省。通过大力发展现代果业，陕西创造出诸多世界“第一”：世界上，每吃 7 个苹果就有 1 个产自陕西，产量世界第一，全球集中连片种植苹果区域最大；每吃 3 个猕猴桃就有 1 个产自陕西，面积和产量都位居世界第一；每喝 3 杯苹果汁就有 1 杯出自陕西，果汁出口量世界第一。一项项“第一”不仅体现在陕西果业面积扩大、产量增加、品质提升上，更体现在陕西现代果业发展体系和能力建设中。一个个鲜果香飘万里，一棵棵果树聚木成林，一片片果园绘就丰年，一串串数字书写辉煌。

陕西省是中国最大的苹果主产区，苹果是陕西农业一张亮丽的名片，苹果产业也是陕西农民增收的支柱产业（王春梅　摄）

5. 区域协同联动效应初显

陕西根据新的发展特点提出“关中协同创新发展、陕北转型持续发展、陕南绿色循环发展”的区域发展总体战略，使陕西区域发展战略进一步深化，呈现三大区域联动发展的新格局。

关中自然条件优越，科教实力雄厚，人文资源丰富，发展潜力巨大。在创新发展战略引领下，关中先进制造业、现代服务业、现代农业蓬勃发展，形成蔚为壮观的先进制造产业带，成为全省经济增长的重量级引擎，对带动全省区域经济协调发展发挥着关键作用。关中地区生产总值占全省六成以上，集合了 20 多个国家级和

西安国家中心城市建设（靳哲明 摄）

省级高新技术产业开发区，依托雄厚的科技实力和丰硕的创新成果，加快把科技成果转化为科技产业项目和产品。2018 年，西安获批国家中心城市，成为全国第 9 个国家中心城市。西安国家中心城市辐射带动效应进一步显现。“一带一路”倡议提出后，西安作为中国丝绸之路的起点城市，成为西部地区重要的经济中心、国家综合交通枢纽，成为中国经济新的增长极。西安成为世界瞭望中国的重要窗口。2018 年，西安市印发《西安国家中心城市建设实施方案》，提出以建设国家中心城市为目标，深入推进“西部地区重要的经济中心、对外交往中心、丝路科创中心、丝路文化高地、内陆开放高地、国家综合交通枢纽”六维战略支撑体系建设，加快建设现代化经济体系，提升城市能级，做强城市功能，提高城市综合竞争力，实现高质量发展，创造高品质生活，创建国家生态文明建设示范区，加快把西安建设成国家向西开放的战略支点、引领西北地区发展的重要增长极，使西安在全国区域发展格局和国家治理体系中的地位更加凸显。

陕北是世界罕见的煤、油、气、盐资源高度富集地区，被誉为“中国的科威特”。陕北具有综合开发煤电和化工产品的独特优势，在一次能源开发初具规模的基础上，2003 年省委、省政府提出推动“三个转化”，加快陕北能源化工基地建设的新思路。即：利用国家“西电东送”北通道电源电网建设和丰富的优质动力煤优势，实施煤向煤电转化，建设大型火电基地，发展载能工业，形成煤电载能工业产业链；利用优质工业气化煤和动力煤资源，实施“煤 + 煤电 + 煤制油 + 煤化工”产品一体化开发，形成煤电油化工产业链；利用矿产资源组合配置条件好的优势，实施煤油气盐化工产品综合开发，形成煤油气盐化工产业链。

延长石油集团靖边能化园区 150 万吨 DCC 项目主装置夜景

新时代，陕北能源化工基地建设进入快速发展阶段，向国内一流、国际知名的能源化工基地迈进，成为陕西快速发展的增长极。以省委、省政府提出“三个转化”和“跨越式发展”为标志，陕北能源化工基地建设进入快速发展阶段，成功启动了一批能源化工项目。依托这些项目，基地建设正在由一次能源开发向资源深加工跃升。引进和扶持了一批大型企业，通过招商引资，华能、鲁能、兖矿、中盐等国字号大企业先后进军陕北，神华、长庆也在陕北加快开发步伐，成为基地建设的主导力量。历经多年以科技为核心的创新转型，陕北正在向国家大型煤炭基地、大型煤电基地、高端煤化工基地、新型材料基地、新能源基地迈进。陕西延长石油（集团）有限责任公司是陕西省政府直属企业。2013 年，延长石油集团在世界500强企业中排名第464位，成为中国西部地区首家世界500强企业。截至2016年，延长石油集团又实现大幅度进位，凭借其445.64亿美元的营业收入，位列世界500强企业的第265位，为陕西经济稳增长作出了突出贡献。

陕南地处秦巴山区，是我国“南水北调”中线工程主要水源涵养地和绿色生态屏障。陕南实施绿色循环发展战略，大力发展绿色产业体系，使绿水青山加快转化为美丽经济。秦巴山区拥有丰富的植被、多种多样的野生动植物、充沛的水资源，尤其是汉江、丹江、嘉陵江在这里发源，高山溪流汇成奔腾江河，蔚为壮观。这里是我国宝贵的“动植物天然基因库”和优质水源涵养地。大自然的神奇造化，使陕南的绿水青山闻名世界，充满生态奥秘。但从区域

牛背梁国家级自然保护区被称为“动植物天然基因库”，是我国唯一以保护国家一级保护动物羚牛及其栖息地为主的森林和野生动物类型的国家级自然保护区。牛背梁也是秦岭东部重要的水源涵养地（牛茂林 摄）

发展来看，陕南是陕西三大区域协调发展的难点，主要表现在底子薄、基础差，又处在“南水北调”中线工程水源涵养核心区，产业发展条件受到限制。为此，陕南三市逐步形成依托绿色资源、以绿色循环产业为主攻方向的区域发展战略，重点发展中药、食品、水电、旅游等绿色产业，并加大技改力度发展装备制造业。

6. 加快构建现代产业体系

2017 年 5 月，陕西省第十三次党代会指出，培育新动能是决胜全面小康、奋力追赶超越的根本支撑。围绕构建富有竞争力的现代产业体系，大力推进供给侧结构性改革，加快由以要素驱动为主向以创新驱动为主转变，提高供给质量和效率，培育追赶超越新动能，努力实现有质量、有效益、没水分、可持续的增长；在陕西经济加速转型和实现追赶超越的背景下，挖掘陕西特色资源，发挥陕西科教创新优势，持续推动要素升级，构筑现代特色产业体系，成为推动产业优化升级的主导方向、实现经济持续健康发展的重要路径。

陕西推进能源化工产业高质量发展，加快煤油共炼、煤炭分质利用等关键技术创新示范和高端精细化工产品研发，培育了一批资源加工转化产业集群。为做强装备制造产业，陕西制定并全面落实《〈中国制造 2025〉陕西实施意见》，不断完善功能配套，加快形成汽车、航空装备、高档数控机床、轨道交通等产业集群，促进“陕西制造”转向“陕西智造”。在优势领域的核心基础零部件、先进基础工艺、关键基础材料和产业技术基础等“四基”发展方面，陕西聚焦重点方向，明确技术路线，加大研发投入，实施一批工业强基示范工程。陕西不断壮大战略性新兴产业，发挥科技资源产业优势，突出成果转化与应用，做大做强新一代信息技术、高端装备制造、新材料、生物技术、新能源、节能环保、新能源汽车等战略性新兴产业，引领经济中高速增长和产业向中高端发展。在发展新兴产业的同时，陕西通过改造传统产业，加快运用新技术、新材料、新工艺、新装备，促进有色冶金、食品加工、纺织轻工、建筑材料等产业创新发展，全面提升产品附加值；通过提高有色金属产业集中度，推进钛、钼、铝、镁、铅、锌、钒等金属及黄金等贵金属精

铂力特自主研发机型涵盖激光熔融、激光修复、双激光头、四激光头等多种成型工艺和成型技术

深加工，构建煤—电—铝镁深加工等载能产业链，打造“钛谷”“钼都”“钒都”“镁都”。

围绕创新链拓展产业链，陕西推进创新链与产业链双向互动，加速兴起具有先发优势的新兴产业，充分释放科技创新发展的巨大动能。为强化知识创新和科技创新，陕西发挥国家重点实验室、国家工程中心及重点龙头企业的作用，加大基础和应用基础研究，围绕可能产生颠覆性突破的重点领域进行战略布局，超前部署石墨烯、量子通信、第五代移动通信技术（5G）、自旋磁存储等前沿技术研究，抢占产业发展制高点。陕西大力支持国家创新平台和国家实验室建设，将技术创新平台作为产业发展的核心，聚合各种创新资源，构建科研与产业协同发展的产业生态，促进科技和经济紧密结合、创新成果和产业发展紧密对接。其中，发挥国家航空航天动力研究院优势，推动航空航天产业发展，推进富平—阎良一体化，加快汉中航空智慧新城、卤阳湖通航基地、沣西新城翱翔小镇等建设，推动航空航天技术成果转化，促进技术交叉融合，提升航空航天技术民用化水平；发挥精密机械、微特电机、减速器、传感器等领域优势，聚合发展机器人产业；发挥平板显示基板玻璃工艺技术国家工程实验室和光电技术国家工程中心作用，大力发展光电产业；发挥国家增材制造创新中心引领增材制造产业作用，推进三维（3D）打印在多领域应用，努力占据全国市场主导地位；发挥国家分子医学转化科学中心引领精准医疗产业作用，完善诊断试剂、诊查设备、数据分析等产业链条，培育个体化药物体系，带动和提升生物医药产业发展。

坚持需求引领、供给创新，陕西以需求升级与供给升级协调联动增进经济效益，补足创新发展动能。为此，陕西大力实施现代服务业提升行动计划，做大做强现代金融业、电子商务、现代物流、文化旅游、健康养老等产业，促进生产性服务业向专业化和价值链高端延伸、生活性服务业向精细化和高品质转变。加快建设丝绸之路经济带区域金融中心，引导知名电子商务龙头企业设立区域性总部、功能性中心，打造丝绸之路经济带国际商贸物流中心，深化同丝绸之路沿线省区、国家间的旅游合作，共建丝绸之路国际黄金旅游带。大力实施特色现代农业建设计划，发展绿色农业、有机农业、智慧农业、订单农业，提高农业综合生产能力。同时，积极发展生态休闲观光农业、都市农业、体验农业和创意农业，促进一、二、三产业融合发展。大力实施新经济、新业态壮大计划，发展数字经济、分享经济、平台经济、体验经济，推动模式创新、业态创新、服务创新和跨界融合。大力实施信息化助推计划，推动社会生活数字化、网络化、智能化，推进云计算基础设施建设，实施行业大数据示范应用、产业环境建设、关键技术研发和国际合作等行动计划，强化电子政务、电子商务、智慧城市等重点领域示范应用。其中以沣西新城大数据产业园为引擎，以西安高新区、西安经开区、西安阎良航空基地等园区为支撑，积极开展西安—西咸新区国家云计算服务创新试点示范，加强海量数据采集、存储、清洗、分析挖掘、可视化技术攻关，建设丝绸之路经济带新起点数据核算区，推进大数据与云计算产业步入全国领先行列。

7. 建设内陆改革开放高地

陕西是新亚欧大陆桥的交通枢纽，具有承东启西、连南贯北的区位优势，贯通着从沿海、内陆到中亚、欧洲的交通走廊和国际经济合作走廊，加上现代产业体系蓬勃发展所生成的产业辐射能量，陕西成为推进“一带一路”建设的核心区，承担着引领向西开放、带动西部大开发的重大使命。党的十八大以来，陕西以建设内陆改革开放高地为统领，大力构建开放型经济新体制，加速从内陆省份向开放前沿转变，经济外向度不断提升，对外开放取得历史性突破。陕西挖掘自身比较优势，逐步融入世界经济一体化，让世界认识陕西，让陕西走向世界，形成具有陕西特色的开放型经济。

为发挥“一带一路”核心区的作用，陕西致力于打造“一带一路”交通商贸物流中心、国际产能合作中心、科技教育中心、国际文化旅游中心、丝绸之路金融中心五大中心，将打造“一带一路”上的五大中心作为贯彻落实国家“五通”要求的陕西实践。

一是交通商贸物流中心。着力打造陆路、空中、信息、管道立体丝绸之路，以西安国际港务区和西咸新区空港新城为载体，系统发展物联网和现代综合交通物流体系，建设辐射周边、服务全国、连通“一带一路”的交通商贸物流中心。

二是国际产能合作中心。依托西安半导体产业园、杨凌现代农业国际合作中心等，大力引进处于全球价值链高端的龙头企业，强化专业化、集群化精准招商，鼓励更多省内企业“走出去”。

三是科技教育中心。不断加强与“一带一路”沿线国家及地区在教育、科研、培训等领域的合作，加快建设创新资源共享协作与高效利用的科技教育中心，用陕西智慧服务“一带一路”。

四是国际文化旅游中心。依托世界文化遗产和雄奇壮美的自然资源，着力提升与“一带一路”沿线国家及地区文化旅游合作的层次和规模，培育壮大文化产业，加大文化旅游推介促销力度，扩大文化产品出口，建设一批国际知名旅游品牌和旅游精品，打造“一带一路”国际文化旅游中心。

打造“一带一路”新平台，引领对外开放新格局。图为首列“土耳其·伊斯坦布尔—中国·西安”中欧班列成功开行

五是丝绸之路金融中心。争取设立丝绸之路经济带离岸人民币结算中心，吸引发达地区金融机构业务总部、营运总部、研发中心等入驻陕西，大力吸引国际型开发机构在陕设立分支机构。加大能源金融、物流金融和文化金融创新力度，推进金融业双向开放，打造“一带一路”区域性金融中心。

陕西积极构建内陆改革开放高地，着力打造陆空内外联动、东西双向互济的对外开放新格局，优化提升营商环境，三星电子、吉利汽车、京东区域总部等企业和项目先后落户陕西。同时，全省商务系统通过平台招商、园区招商、环境招商等方式，坚持举办丝绸之路国际博览会暨中国东西部合作与投资贸易洽谈会、陕粤港澳经济合作活动周等活动，取得了显著成效。

中国（陕西）自由贸易试验区是党中央、国务院2016年8月31日批准设立的我国第三批自由贸易试验区，是西北地区唯一的自由贸易试验区，2017年4月1日正式挂牌。陕西自贸区以国家战略为崇高使命，根据国家改革开放总体部署，确立的战略定位是："以制度创新为核心，以可复制可推广为基本要求，全面落实党中央、国务院关于更好发挥'一带一路'建设对西部大开发带动作用，加大西部地区门户城市开放力度的要求，努力将自贸试验区建设成为全面改革开放试验田、内陆型改革开放新高地、'一带一路'经济合作和人文交流重要支点。"

中国（陕西）自由贸易试验区总面积119.95平方公里，涵盖三个片区：中心片区87.76平方公里，包括西安高新区、西安经开区和西咸新区沣东新城、秦汉新城、空港新城部分区域；西安国际港务区片区26.43平方公里，包括西安国际港务区和西安浐灞生态区部分区域；杨凌示范区片区5.76平方公里，包括杨凌示范区部分区域。自贸试验区中心片区重点发展战略性新兴产业和高新技术产业，着力发展高端制造、航空物流、贸易金融等产业，推进服务贸易体系建设，拓展科技、教育、文化、旅游、健康医疗等人文交流的深度和广度，打造面向"一带一路"的高端产业高地和人文交流高地；西安国际港务区片区重点发展国际贸易、现代物流、金融服务、旅游会展、电子商务等产业，建设"一带一路"国际中转内陆枢纽港、开放型金融产业创新高地及欧亚贸易和人文交流合作新平台；杨凌示范区片区以农业科技创新、示范推广为重点，通过全面扩大农业领域国际合作交流，打造"一带一路"现代农业国际合作中心。

陕西自贸区以先行先试为己任，以开放促改革、促发展，成为

中国首个内陆港——西安国际港务区（陈庆国　摄）

我国新一轮对外开放的排头兵。陕西自贸区对标国际高标准的开放高地，根据自身特点进行深化改革和制度创新，在全省乃至全国范围内形成一批可复制、可推广的经验。挂牌运行以来，在推进政府职能转变、商事制度改革和投资贸易便利化创新试点等方面取得了重大进展，营商环境显著改善，“虹吸效应”初步显现；人文交流合作进一步深化，现代农业国际合作交流不断深入，军民融合发展取得新进展。2019 年，84 项创新案例中的 6 项创新成果在全国复制推广或得到国家相关部委通报，14 项在全省复制推广，5 项创新成果入围陕西自贸试验区“最佳实践案例”。

陕西积极融入“一带一路”大格局，开放型经济活力日趋增强。图为充满活力的西安钟楼商业区（白子玉 摄）

2017 年 4 月 1 日至 2021 年 2 月 28 日，陕西自贸试验区新设市场主体 78551 家，新增注册资本 9174.89 亿元。其中新设企业 55349 家（含外资企业 597 家），新增企业注册资本 9151.50 亿元（含外资企业注册资本 30.27 亿美元），新增注册资本亿元以上企业 879 家。陕西自贸区形成与国际投资贸易通行规则相衔接的制度创新体系，营造出法治化、国际化、便利化的营商环境，努力建成投资贸易便利、高端产业聚集、金融服务完善、人文交流深入、监管高效便捷、法治环境规范的高水平高标准自由贸易园区，推动了“一带一路”建设和西部大开发战略的深入实施。

加快“一带一路”核心区建设。在“一带一路”大格局下，陕西不断扩大与“一带一路”沿线国家及地区经济合作领域，加强与“一带一路”沿线国家及地区在教育、科技、文化等方面交流合作，使“一带一路”的枢纽和门户地位更加凸显，成为内陆改革开放的破局者、中国向西开放的先行者。随着对外贸易和招商引资工作的深入发展，陕西外事友好往来频繁。陕西相继与24个国家的多个城市建立了51对省和城市的友好关系，与40多个国家的100多个友好组织、友好团体和友好人士保持着友好往来，促进了文化、科技、人才等领域的交流合作。一批实力较强的企业如陕西有色金属控股集团、陕西重型汽车有限公司、中国石油长庆油田公司、陕西延长石油（集团）有限责任公司、中国陕西国际经济技术合作公司等，都实施了“走出去”战略，工程承包从传统转包、分包的形式走向自主签约，达到直接参与国际竞争的层次和水平。

依托“一带一路”区域优势，陕西不断完善对外开放平台和开放通道，有效推进外贸外资稳定增长，开放的深度和广度进一步拓展，开放型经济活力日趋增强。2021年，全年进出口总额4757.75亿元，其中，出口2566.07亿元，进口2191.68亿元。随着工业化和农业产业化的大幅提升，在巩固传统的纺织品出口优势的同时，通过扶持和发展飞机、汽车零部件、输变电设备、机床工具、电子器件等产品出口，培育了一批有核心竞争力和特色的出口企业和拳头产品。2018年10月，空港新城获批“中国（西安）跨境电子商务综合试验区创新示范先行区”，成为首批先行区。2019年4月，全省跨境电商保税备货首单在空港新城落地，来自美国、澳大利亚、日本等地的产品首次进入空港跨境电商保税备货公共仓库后分发至全国各地。

（二）守正创新　文化建设成果丰硕

文化是一个国家、一个民族的灵魂。改革开放以来，陕西在社会主义现代化建设实践中，坚持经济、政治、文化、社会、生态文明协调发展，大力推动社会主义文化大发展、大繁荣，在文化建设上取得了令人瞩目的重大成就。伴随奔向小康的步伐，陕西大力发展文化事业和文化产业，不断从文化资源大省向文化强省迈进，努力描绘文化强省建设的壮美图卷。

1. 思想道德水平不断提升

坚持马克思主义在意识形态领域的指导地位，举旗帜、聚民心、育新人、兴文化、展形象，弘扬中华优秀传统文化、革命文化、社会主义先进文化，加强精神文明建设，推动文化资源创造性转化、创新性发展。

深入开展党的创新理论研究阐释宣传，把推动习近平新时代中国特色社会主义思想入脑入心作为首要政治任务，持续在深学细学、宣传宣讲、聚力聚焦、入心入脑、真懂真用、落地落实上下功夫，确保学懂弄通做实。加强和改进中心组学习，制定党委（党组）理论学习中心组实施办法和省委理论学习中心组学习办法。扎实开展主题宣传宣讲，建立群众宣讲队伍 177 支。繁荣发展哲学社会科学，深入实施马克思主义理论研究和建设工程，推进新型特色智库建设。传承和弘扬延安精神、照金精神、南泥湾精神、张思德精神、西迁精神等中国共产党人的精神谱系，加强爱国主义教育基地建设，加强革命文物保护利用。深入开展党史学习教育和“四

延安革命纪念馆是中国最早成立的革命纪念馆之一，展出了大量珍贵革命文物、文献和照片，介绍了党中央和毛泽东在延安和陕甘宁边区领导人民英勇斗争的光辉历史，是进行爱国主义教育、革命传统教育、延安精神教育的基地

史”宣传教育，创新开展“学史悟思想强根铸魂 奋进新时代追赶超越”主题活动。常态化制度化开展理想信念教育，加强大学生思想政治教育和未成年人思想道德建设。把意识形态工作摆在重要位置，严格落实意识形态工作责任制，建立党委（党组）意识形态工作责任制正面清单、负面清单，推动全省意识形态领域保持平稳安全、向上向好的态势。深入推进“扫黄打非”活动，扎实开展舆论

环境集中整治专项行动。

坚持正确舆论导向，坚持团结稳定鼓劲、正面宣传为主，持续巩固壮大主流思想舆论。围绕党的十八大、十九大以及中央全会，围绕改革开放40周年、中华人民共和国成立70周年、中国共产党成立100周年等重大时间节点，举办“辉煌壮丽七十年 追赶超越再出发”“为人民谋幸福 为民族谋复兴”等重大主题展览，深入开展“壮丽70年 奋斗新时代”“奋斗百年路 启航新征程”“奋进新征程 建功新时代”等重大主题宣传和“我和我的祖国”“永远跟党走”“强国复兴有我”等群众性主题宣传教育活动。做好“学习强国”陕西学习平台推广运用。扎实推进“纪录小康工程”。开展“好记者讲好故事”活动，强化新闻工作者脚力、眼力、脑力、笔

陕西省庆祝中国共产党成立100周年主题展

力。深化媒体融合发展，组建陕西广电融媒体集团，建设中国(陕西)广播电视媒体融合发展创新中心，推进市级媒体改革发展，完成县级融媒体中心建设，“爱系列”App实现107个县区全覆盖，全省“一朵云”“一张网”全媒体传播体系基本形成，有效提升新闻舆论传播力、引导力、影响力、公信力。围绕重大主题、重要工作组织进行新闻发布。完善全省舆情信息工作新闻监督、线索反馈、引导处置工作机制，建立涉陕热点敏感舆情应对处置“3+N”工作机制，加强重大突发事件舆情分析研判和应对处置。

持续推进社会主义核心价值观“六进两融入”。开展全省重大先进典型“三秦楷模”评选工作。著名歌唱家贠恩凤、“大国工匠”徐立平、社区民警汪勇，被中宣部授予“时代楷模”荣誉称号。创新载体、创新机制，着力加强新时代思想政治工作。持续做好黄帝陵、秦始皇兵马俑、延安宝塔、秦岭、华山等中华文明、中国革命、中华地理的精神标识和自然标识的宣传。深化“厚德陕西”“诚信陕西”建设，当选全国道德模范、“中国好人”的人数位居全国前列。积极拓展新时代文明实践中心建设，开展群众性精神文明创建活动，完善诚信建设长效机制。加强家庭家教家风建设，提倡艰苦奋斗勤俭节约。健全网络综合治理体系，强化网络安全保障，坚决开展网络舆论斗争和网络生态治理，构建文明和谐清朗的网络空间。实施“十四五”网信规划，大力实施数字陕西战略。

制定出台《加强县级和城乡基层宣传文化队伍建设实施意见》，持续开展“陕西百名优秀中青年作家艺术家资助计划”“文学陕军再出发”和陕西省“六个一批”人才培养工程等，确保各艺术门类人才队伍持续健康发展。扎实推进党的群众路线教育实践活动、“三严三实”专题教育、“两学一做”学习教育、“不忘初心、牢记使命”主题教育、党史学习教育常态化制度化，不断激发全省宣传战线干部担当作为。

2. 文艺精品佳作不断涌现

党的十八大以来，陕西相继制定出台《中共陕西省委关于繁荣发展社会主义文艺的实施意见》《全省性文艺评奖改革方案》《关于推进中华优秀传统文化传承发展工程的实施意见》等文件，不断加大对文艺精品创作的扶持力度。广大文艺工作者坚持以人民为中心，文艺创作由“高原”向“高峰”迈进，推出了一批又一批“立得住、叫得响、传得开”的精品佳作。

2013 年，陕西启动“文学陕军再出发”创作活动，作家们保持了旺盛的创作态势。据不完全统计，近年来陕西作家出版各类作品 500 余部。其中，贾平凹、高建群、叶广芩、冯积岐、陈彦、莫伸、吴克敬等老作家和李春平、王妹英、张浩文、周瑄璞、弋舟等中青年作家推出了《带灯》《老生》《极花》《我的黑走马——游牧者简史》《去年天气旧亭台》《关中》《装台》《一号文件》《初婚》《盐道》《山川记》《绝秦书》《多湾》等作品。

陕西作家的作品在全国产生了重大影响。贾平凹的长篇小说《山本》和陈彦的长篇小说《主角》入选第三届长篇小说年度金榜；阎安的诗集《整理石头》、穆涛的作品集《先前的风气》分别获得第六届鲁迅文学奖；弋舟的短篇小说《出警》荣获第七届鲁迅文学奖。《主角》更是喜获茅盾文学奖，成为继路遥的《平凡的世界》、陈忠实的《白鹿原》、贾平凹的《秦腔》之后的第四部获此奖的陕西巨作。贾平凹的第二部都市题材小说《暂坐》荣获《当代》第 22 届文学拉力赛年度长篇小说总冠军，陈彦的长篇小说《装台》

话剧《主角》演出现场，演员展示秦腔艺术魅力（杜玮　摄）

被改编为电视剧在央视播出后产生热烈反响。

近年来，陕西省影视创作充分发挥文化资源优势，从斩获飞天奖、金鹰奖、“五个一工程”奖等大奖的电视剧《白鹿原》《那年花开月正圆》《岁岁年年柿柿红》《王大花的革命生涯》《黄土高天》，到广受好评的《共和国血脉》《绿水青山带笑颜》《石头开花》；从饱含爱国主义精神的电影《遵义会议》《音乐家》《周恩来回延安》到《我和我的家乡》《秀美人生》《蓝色防线》，以及在央视热播的《大秦赋》《逐梦蓝天》等优秀电视剧；从亮相央视的脱贫攻坚题材电视剧《一个都不能少》到先后斩获百花奖、金鸡奖等重要奖项的电影《我和我的祖国》等，用丰富的题材与多样化的表现形式，讲述着精彩的陕西故事。陕西影视厚积薄发，一大批思想精深、艺术精湛、制作精良的影视作品，从荧屏、银幕上走进了百姓生活；一大批代表国家水平、体现陕西特色、具有广泛影响的优秀作品持续涌现。

在《陕西省人民政府办公厅关于支持秦腔等地方戏曲传承发展的实施意见》等政策的大力扶持下，陕西戏剧也取得了斐然成就。从陕西省戏曲研究院创排的秦腔《大秦将军》荣获第十三届中国戏剧节剧目奖，到几乎包揽所有国家级戏剧大奖的“西京三部曲”——《迟开的玫瑰》《大树西迁》《西京故事》，再到近年来相继荣获文华奖、“五个一工程”奖的话剧《麻醉师》《柳青》《平凡的世界》、歌剧《大汉苏武》等精品力作，无不“叫好又叫座”。同时，话剧《主角》《路遥》《长安第二碗》《张富清》《红箭 红箭》《家风》，秦腔《关中晓月》《李仪祉》《关西夫子》《张

近年来陕西加大对秦腔发展的支持力度，加强艺术研究创作，搞好人才培养，推动创造性转化、创新性发展，让秦腔的艺术魅力在新时代发扬光大，把“陕西戏剧”品牌做得更亮。图为根据获第七届茅盾文学奖的贾平凹同名小说改编的秦腔现代戏《秦腔》（薛铂 摄）

富清 1948》，杂技剧《天鹅湖》《星光灿烂之如梦长安》，儿童剧《二十四个奶奶》《火印》等一大批优秀戏剧作品如雨后春笋般在三秦大地涌现。

据统计，2016 年以来陕西省新创剧目 130 余部，2 部荣获中宣部“五个一工程”奖，3 部荣获文化部文华奖，2 部入选“国家舞台艺术精品工程”，创作各类群众文艺作品 800 多件，3 件荣获文化部群星奖。

2021 年，陕西省围绕庆祝建党 100 周年创作了碗碗腔《骄杨之恋》、秦腔《织梦人》、杂技剧《战魂》、秦腔组曲《根据地》、历史组歌《照金》等一批优秀现实主义精品剧目。

依托深厚的文化底蕴，陕西音乐、书画、曲艺等门类持续涌现出众多反映时代风采、群众喜闻乐见的优秀作品，为三秦人民丰富的“文化菜谱”再添美味并屡获嘉奖。交响音画《大秦岭》受邀在国家大剧院演出，郝亮亮荣获第十一届中国音乐金钟奖民族唱法金钟奖；集体创作的百米长卷画作《大秦岭 · 中国脊梁》展现了秦岭深厚的历史积淀和时代气象，刘文西的百米长卷画作《黄土地的主人》全景式反映了改革开放以来陕北劳动人民的精神面貌，王西京的巨幅主题山水画《黄河，母亲河》陈列于人民大会堂金色大厅；张胜伟获第六届中国书法兰亭奖铜奖，白辰获第十二届中国摄影 · 商业摄影类金像奖。

近年来，陕西省在中国曲艺牡丹奖大赛上连续获奖。在 2014 年第八届中国曲艺牡丹奖大赛上，周春晓和于海涛表演的相声《南腔北调》获节目奖；王茵的论文《相声在陕西的传承与发展》获理论奖；苗阜表演的相声《满腹经纶》获新人奖。在 2016 年第九届中国曲艺牡丹奖大赛上，王声表演的相声《西游新说》获新人奖。

在2018年第十届中国曲艺牡丹奖大赛上，陕西省的后起之秀纪鸣亮凭借传统曲目陕西快书《猪八戒拱地》获新人奖，将本土曲种陕西快书推上全国曲艺的大奖台；杨锦龙表演的经典快板书《武松打虎》获表演奖。2020年第十一届中国曲艺牡丹奖大赛陕西省再度上榜，相声新秀卢鑫表演的相声《我们不一样》获新人奖，陕北说书优秀演员熊竹英凭借《陕北婆姨陕北汉》获得表演奖。

3. 文化遗产保护传承创新

珍爱和尊重文化遗产，保护和传承文化遗产，是建成小康社会的重要表现。陕西是中华文明重要的发祥地之一，先后有14个王朝在此建都，是中国革命的摇篮，地域文化特色鲜明，文化遗产极为丰富。

党的十八大以来，陕西省创新编制省级以上文物保护单位保护管理规划、陕西省革命文物保护规划、全省文物保护单位防雷设施建设规划等，在全国率先编制《陕西省长城保护总体规划》以及系列大遗址保护规划，确保文物保护工作融入经济社会发展大局，努力实现文物保护与社会进步和谐发展；先后投入54亿元实施文物保护维修工程335项，完成革命旧址保护修缮和环境治理254处，修复可移动文物2.4万余件（组）；完成第一次国有可移动文物普查，开展了长征、抗战和石窟寺、秦岭地区、黄河沿线等文物专项调查。

以“丝绸之路：长安—天山廊道的路网”申遗成功为契机，陕西全面促进文化遗产保护管理水平，石峁遗址和西汉、唐代帝陵被列入《中国世界文化遗产预备名单》，全省列入世界文化遗产名录和预备名单共42处。同时，陕西省发挥高校、科研院所资源优势，

秦始皇兵马俑一号坑（张天柱 摄）

建成国家重点科研基地 5 个，开展可移动文物保护修复和预防性保护，实施文物科技保护研究项目 100 余个，共有 45 个获奖，其中秦兵马俑考古发掘现场保护研究项目获国家科学技术进步奖二等奖。

近年来，陕西以“建设彰显华夏文明历史文化基地”为契机，按照“科学规划、突出重点、统筹安排、协调发展”的原则，科学合理地开展博物馆建设。其中，重点开展了西安碑林博物馆北扩、秦始皇帝陵博物院提升改造、陕西历史博物馆改扩建、陕西考古博物馆改造修建等省级文化项目建设；着力推进安康、渭南、延安、榆林、铜川、咸阳、商洛、杨凌示范区等市级博物馆建设；强化县级博物馆和社区博物馆建设，博物馆体系日趋完善。

截至 2020 年，全省共有各类不可移动文物 49058 处，522 家

陕西历史博物馆

国有文物收藏保管机构收藏可移动文物7748750件，世界文化遗产3处9个点，全省备案博物馆（纪念馆）329座。这其中，文物系统165座、国有行业系统60座、非国有博物馆104座，一级博物馆9座、二级博物馆16座、三级博物馆22座。全省约每11.7万人拥有一座博物馆，远高于全国平均水平。第一次全国国有可移动文物普查结果显示：陕西省国有可移动文物收藏单位522家，国有可移动文物收藏量3009455套7748750件，总数位居全国第二。

至2020年，陕西建成开放25家省级文化遗址公园、25家优秀传统文化传承基地和44家社区博物馆；深入挖掘、整合陕西历史文化和革命文化资源，全省博物馆年均举办各类陈列展览800余个，先后有10个展览荣获“全国博物馆十大陈列展览精品奖”；实施“陕西数字博物馆”“互联网 + 文物教育”“互联网 + 革命文物”等项目，文物资源信息逐步开放共享；推动文化遗产保护利用与美丽乡村建设、脱贫攻坚融合发展，“凤堰模式”得到社会广泛认可，“宜君精准脱贫模式”荣获“全国民生示范工程”，陕西文物传承和利用的影响力不断增强。

党的十八大以来，陕西省扎实开展非物质文化遗产保护与传承工作，不断推动中华优秀传统文化创造性转化、创新性发展，并取得丰硕成果。

西安鼓乐、中国（陕西）剪纸、皮影戏 3 个项目列入联合国教科文组织人类非物质文化遗产代表作名录，秦腔等 87 个项目列入国家级非遗代表作名录，有省级名录项目 600 项；耀州窑陶瓷烧制技艺等 12 个项目入选第一批国家传统工艺振兴目录；共有国家级

群众观看皮影戏表演（吴琳　摄）

项目代表性传承人 61 人、省级 439 人，基本形成了以市、县级名录项目为基础，省级名录项目为骨干，国家级名录项目为重点的保护体系。结合传统工艺振兴，陕西命名了 5 个省级非遗生产性保护示范基地和 46 个示范单位，确定了 51 个传统工艺项目进入全省首批传统工艺振兴名录。

在非物质文化遗产保护与传承中，陕西不断探索新方法、新方式，让非遗神韵融入大众生活。根据不同类型和特征，分别采取抢救性保护、生产性保护、数字化保护、整体性保护等不同的方式方法深入推进。陕西先后建设了陕北和羌族两个国家级文化生态保护实验区，进行整体性非遗保护；对一些濒危项目和年事已高的代表性传承人通过文字、音像等方式实施抢救性保护；在生产性保护方面，

华阴老腔（郝富仓 摄）

大力扶植剪纸、泥塑、刺绣以及传统饮食类等具有良好生产和品牌效应的项目，通过有针对性的扶持，凤翔泥塑、耀州窑陶瓷等项目均取得了良好发展。如今，包括华阴老腔、皮影戏、西安鼓乐等在内的极具陕西特色的非遗表演，已经越来越多地出现在老百姓的身边，非遗在陕西具有鲜活的生命力，受到社会各界的关注和喜爱。

陕西各地在脱贫攻坚实践中，还纷纷将非遗扶贫列入工作计划，结合当地资源，先后形成了“非遗＋旅游”“非遗＋企业＋传承人＋贫困户”“非遗＋传承人＋合作社＋贫困户”等多种灵活模式，并结合当地特色非遗项目，广泛开展技能培训，积极搭建平台，有效推进了各地脱贫工作，促进了陕西全面建成小康社会。

4. 公共文化添彩小康生活

公共文化服务体系是小康社会的重要组成部分，是满足新时代人民群众对美好生活新期待的必然要求。随着文化强省建设深入推进，陕西不断加快完善现代公共文化服务体系步伐。

党的十八大以来，陕西持续提升公共文化服务产品供给数量、质量和效能，在更好地保障群众基本文化权益的同时，为落实国家文化发展战略、推动地方经济社会发展作出许多有益探索。经过全省努力，陕西实施了“两馆一院一站一室”建设工程、三大公共数字文化工程、农村舞台艺术繁荣工程等一系列重大文化民生项目，基层文化设施整体面貌显著改善，构建起省、市、县、乡、村五级以固定文化阵地为主，数字文化阵地、流动文化阵地为辅的公共文化设施网络体系，基本实现了“县有图书馆、文化馆，乡有综合文化站，村有文化室”的建设目标；完成全省 35033 个“村村通”工程，解决近 400 万农村群众收听收看广播电视难的问题；实现农村电影数字化放映全覆盖，行政村每村每月可放映一场电影；高标准建成全省所有行政村农家书屋27364个。

在构建和完善现代公共文化服务体系中，陕西积极推进数字化建设。陕西省图书馆、西安图书馆等6个图书馆的数字图书馆建设稳步实施，陕西省艺术馆、陕西省数字文化馆试点有序推进，全省数字资源总量达到112.4太字节（TB），完成陕西特色专题数据库47个，建立五级文化信息资源共享工程服务网络，建成陕西地方特色优秀文化信息资源库等项目近60个，资源总量约130太字节（TB）。同时，陕西不断加强公共文化数字平台建设推广，宣传推介公共文化数字资源。“陕西公共文化云”建成投入运行，“陕西文旅之声”平台建设初见成效，34个专辑、1436个音频的收听、点击量达到740万次。省文旅厅联合省广电融媒体中心建设的广电电视端、“爱系列”App手机端文化和旅游服务专区全面运行，实现了公共文化服务“上电视、上手机”。

作为公共文化服务体系重要内容的群众文化活动，陕西一直高度重视。通过举办陕西省艺术节、陕西省阅读文化节、陕西省群众文化节、文化部群星奖优秀作品展演、群众美术书法摄影展以及“荟文化·惠生活”陕西文旅惠民演出季、农民工诗歌朗诵会等品牌性、示范性活动，文艺创作新成果更好惠及人民群众，全省群众性文化活动水平不断整体提升。

近几年，陕西省共创作800多件各类群众文艺作品，其中《毛乌素沙漠的女人们》《庆丰年》《山里回来个年轻人》入围第18届文化部群星奖决赛。依托丰富的文化资源，陕西不断开展戏曲、剪纸、民歌、腰鼓等优秀传统文化进校园、进社区活动；举办戏剧大赛、民歌大赛、锣鼓大赛等富有地方特色的文化活动，丰富活动内容；组织参加中国老年合唱大赛、中国少儿合唱节以及为留守儿童送演出等活动，不断满足各类群体的文化需求。

为了加快完善现代公共文化服务体系，2019 年陕西省财政统筹 20 亿元资金，按照“文化与经济发展同步、与城镇化同步、与群众需求同步”的思路，积极推进基本公共文化服务标准化、均等化，投资 4 亿元，推进全省 1900 多个美术馆、图书馆、文化馆（站）、体育场馆等公益性文化体育设施向社会免费开放；投资 2 亿元，支持戏曲进乡村，发放惠民文化卡，支持群众性文体活动；投资 3 亿元，支持实施公共数字文化建设、流动舞台车、广播电视无线覆盖、农民体育健身工程、综合性文体中心建设等文化惠民工程；投资 1 亿元，推出一批群众喜闻乐见的舞台剧目，10 余部作品参与全民阅读活动，常态化推动“书香陕西”建设。

截至 2020 年底，陕西省建成公共图书馆 117 个、文化馆 122 个、乡镇（街道）综合文化站 1323 个、村（社区）综合文化服务中心 18661 个，实现公共文化设施全覆盖，统一向社会免费开放，全年总流通 1102 万人次。近年来，陕西省为 77 个公共图书馆、62 个文化馆分别配送了流动文化服务车，建成城市书房、文化驿站等新型公共文化空间 444 个，为开展公共文化服务提供了便利。针对城乡文化发展失衡情况，陕西有针对性地实施了一系列“文化惠民工程”，深入开展送戏曲、送电影、送展演、送科普等下乡活动，让文化惠民更加精准、服务内容更加丰富。

同时，陕西搭建了省分中心、市县支中心、乡村基层服务点相结合的五级文化共享工程网络体系，建成公共电子阅览室 2938 个。全省共有宝鸡、渭南、铜川、安康 4 个国家公共文化服务体系示范区，三原、志丹、千阳、紫阳、柞水、宁陕等 56 个省级文化先进

安康市白河县共享图书馆（陈浩 摄）

县（包含24个国家级），有效提升了全省现代公共文化服务体系建设水平。与此同时，陕西打造出铜川市公共图书馆一体化建设、渭南市“一元剧场”、安康市“汉剧兴市”、高陵区公共文化服务“110”、“延安过大年”等创新品牌；全省10个地市制定基本公共文化服务实施标准或落实标准，95个县区制定县级公共文化服务标准目录。

5. 文化产业持续发展壮大

文化产业发展是小康社会的重要支撑。党的十八大以来，随着我国加快社会主义文化强国建设步伐，陕西文化产业持续发力，不断形成发展繁荣势头。

为了把文化产业打造为国民经济支柱性产业，省、市、县纷纷成立文化体制改革与文化产业发展领导小组，多由“一把手”担任组长，先后印发《关于进一步加快陕西文化产业发展的若干政策措施》《关于理顺国有文化企业监管和文化产业管理体制机制的通知》《陕西省文化产业发展绩效考核暂行办法》等重要政策文件，形成了“1+N”文化产业政策体系，实行“管人管事管资产（金）管导向”相统一。在对市县文化产业加强考核的同时，陕西省充分发挥“文化产业发展专项资金”扶持作用，把原来1个亿的“文化产业发展专项资金”提升到3个亿。

2013年，陕西省发布《关于实施项目带动战略促进文化产业发展的意见》，按照唯一性原则，确定了商於古道文化景区、统万城国家遗址公园、汉唐帝陵旅游项目、丝绸之路风情城、黄河壶口文化景区、文安驿文化园区等项目，加大对特色文化资源的深层开发，使静态资源活起来；按照至高性原则，确定了周文化景区、秦兵马俑文化景区、汉长安城大遗址景区、司马迁文化景区、法门寺佛文化景区、药王山文化景区等项目，以实现资源优势到产业优势的转变，带动和促进文化旅游业快速发展；按照标志性原则，确定了中国革命艺术家博物院、陕西文化艺术博物院、陕西大剧院、陕西奥体中心体育馆、陕西新图书馆等一批设施类项目，以彰显陕西文化特色，体现时代风貌，满足群众文化需求。通过培育十大文化旅游景区项目、打造十大文化基地项目、建设一批文化设施项目，整合资源、凝聚力量，形成布局合理、优势明显的项目集群和产业高地，推动文化产业跨越式发展。

2017年11月，陕西省修订了《省级文化产业发展专项资金管理办法》，明确“资金随着项目走”，加速了各类文化项目推进。2020年底，陕西省30个重点文化项目80%已经竣工运营。总体来看，重点文化项目的实施进展良好，取得了重大成果，带动陕

陕西大剧院是陕西省标志性文化设施项目之一，是西北地区首个国际化、专业化、综合性大剧院，为艺术家提供一流的表演和交流平台，为公众提供一流的艺术欣赏体验，成为陕西文化艺术走向世界的梦想之地，成为展示古都文化魅力的重要窗口之一

西文化高质量发展。这些重点项目的建成，不仅构建了陕西文化发展的基本格局，有力地推动了陕西文化产业、文化旅游产业的快速发展，而且对于提高群众文化素养、满足人民文化生活需求发挥了巨大作用。

在文化产业投资方面，2014 年陕西省文化产业投资 772.05 亿元，2017 年比 2014 年翻了一番多，达到 1776.7 亿元。2021 年陕西省文化产业投资比上年增长 6.3%。第四次全国经济普查数据显示，2018 年全省文化及相关产业法人单位 5.19 万个，比 2013 年末增长 203.1%。在文化消费方面，2008 年陕西省城镇居民人均文化娱乐消费支出仅为 584 元，2018 年达到 1169.7 元，比 2008 年翻了一番。2008 年全省农村家庭人均文化娱乐消费支出 86 元，

2018 年达到 217 元，十年间全省农村家庭人均文化娱乐消费支出年均增长 9.7%。

在营业收入方面，2014 年陕西省规模以上文化企业实现营业收入 459.6 亿元，占全国比重为 0.6%；2018 年达到 962.7 亿元，同比增长 23.2%，增速较上年提升 3.1 个百分点。2019 年前三季度，陕西省规模以上文化企业实现营业收入 698.6 亿元，增速比全国平均水平快 16 个百分点，比陕西省同期地区生产总值增长速度快 17.8 个百分点。其中，以内容创作生产、创意设计服务和文化装备生产为代表的新兴文化业态完成营业收入 254.8 亿元，占全部营业收入的 36.5%，比上年同期提升 12 个百分点。2019 年，陕西省规模以上文化企业实现营业收入 1070.9 亿元。

陕西省文化产业增加值从 2012 年的 364.36 亿元增至 2016 年的 569.64 亿元，年均增速 12.5%，2016 年文化产业增加值占地区生产总值的比重达到 2.99%。2020 年达到 693.94 亿元。在文化产业增加值高速增长的同时，其占全省地区生产总值的比重也在不断提高。2020 年陕西省文化产业增加值占地区生产总值的比重达到 2.67%。2008 年至 2020 年，全省文化产业增加值年均增长速度达到 12.8%。

2018 年，陕西文化产业实现营业利润 51.6 亿元，同比增长 36.6%，应缴增值税 17.2 亿元，同比增长 15.9%。其中，文化服务业实现营业利润 31.9 亿元，同比增长 71.0%，应缴增值税 7.3 亿元，同比增长 47.9%；文化批发和零售业实现营业利润 7.9 亿元，同比增长 30.6%，应缴增值税 3.6 亿元，同比增长 16.9%。2021 年，陕西省规模以上文化企业利润总额一举突破 70 亿元大关，达到 72.35 亿元。

陕西旅游资源十分丰富，尤其是周秦汉唐文化旅游资源，在世界上独一无二，不可替代。通过对旅游资源深度开发，陕西形成了一批享誉世界的热点旅游产品。截至2021年2月，全省共有各类景区502家，其中5A级景区11家、4A级景区131家、3A级景区318家。陕西坚持把旅游资源转化为产业优势和经济优势的思路，通盘布局，大手笔运作，使旅游成为开放型经济的先导产业，对全省经济快速发展发挥了带动作用。

2018年至2019年，全省开工建设文化旅游产业项目1100余个，完成投资1490亿元。2021年，陕西省研究制定《打造万亿级文化产业和旅游产业实施意见》，计划投资4700余亿元；将瓦窑堡会议重点展示园等7个项目纳入长征国家文化公园建设保护规划项目库；统筹省级旅游专项资金1.55亿元，支持数字文旅等建设项目240个。全省各地不断深入探索文化与旅游、商贸、制造、娱乐、餐饮、休闲等相结合的新路子，策划建设文化和文化相关产业项目，以文化内容消费为核心的文化产业链正逐渐形成，规模和效益不断提升。陕西文化产业正向着支柱产业的目标稳步迈进。

2014年陕西省规模以上文化及相关企业单位553个，占全国比重达到1.2%；2018年数量比2014年翻一番多，达到1205个，占到全国比重的2.1%。2019年，陕西省规模以上文化企业增加到1544个；2020年增加到1570个；2021年达到1609个。2014年末，陕西规模以上文化企业从业人员70641人。2019年末，陕西规模以上文化企业从业人员110072人，同比增长5.5%。2021年，全省规模以上文化企业从业人员达到11.95万人，同比增长6.5%。

6. 对外文化交流日益频繁

小康社会促进对外文化交流，对外文化交流也有利于全面建成小康社会。在文化发展过程中，陕西持续推动对外文化交流，积极实施“走出去”和“请进来”战略，不断加强文化陕西国际传播力和建设，提升文化陕西的全球影响力。借助“一带一路”契机，一个包容多元的文化陕西阔步前行。

2013 年以来，依托文化部原海外“欢乐春节”品牌，陕西精心打造了“国风 · 秦韵——陕西传统文化周”系列展演活动，先后组派文化交流团赴美国、俄罗斯、澳大利亚、日本、德国、意大利、法国、奥地利、丹麦、土耳其等数十个国家和地区开展形式多样的文化交流活动，将中国民乐、陕西皮影、陕西秦腔、陕西剪纸、西安鼓乐、安塞腰鼓等一批优秀非遗精品项目在海外进行宣传与推广，为传承和弘扬中华优秀传统文化，提升中华文化国际影响力作出了陕西贡献。

2013 年 11 月 17 日，陕西推出的“从长安到罗马——丝绸之路民族音乐会”在意大利成功举办；2016 年 9 月，舞剧《丝绸之路》应邀赴澳门演出；2017 年 1 月至 2 月，陕西与浙江两省联袂举办的“富春山居—丝路长安”民族音乐会在欧洲七国巡演引起轰动；2018 年 2 月，《大汉苏武》在新加坡滨海艺术中心成功进行交流演出。

2014 年 9 月，丝绸之路国际艺术节经党中央、国务院批准，由文化部与陕西省人民政府共同主办，每年举办一届，永久落户陕西，成为“一带一路”沿线的国家级综合性艺术盛会。为了促进“一带一路”沿线各国文化交流与合作，传承丝路精神，弘扬丝路文化，陕西和福建轮流主办的丝绸之路国际电影节，已打造成重要文化交流平台，陕西成功举办了第一、三、五、七届。

2016 年 6 月，陕西省在哈萨克斯坦国家博物馆举办“陕西文化遗产图片展”；2017 年 6 月，陕西首次在哈萨克斯坦国家博物馆

第七届丝绸之路国际电影节开幕式（张辰 摄）

举办“中国秦始皇兵马俑文物展”；2017 年 11 月，联合哈萨克斯坦、吉尔吉斯斯坦在中国香港举办“世界遗产丝绸之路展”；2018 年 5 月，陕西历史博物馆引进匈牙利“17—19 世纪匈牙利贵族生活展”和“哈萨克斯坦珍宝艺术展”；2018 年 8 月在斯洛文尼亚举办“明万历皇家金器展”，不断加强文化遗产国际交流，极大提升了陕西在国际上的知名度和影响力。陕西通过一系列文物外展邀请了美、英、法、德、意、日、韩、新等国家近百批次客商来陕洽谈投资合作。

近年来，陕西省在沙特阿拉伯成功承办“中阿丝绸之路文化之旅——中国文化周”与“青年汉学家研修班”活动；在新加坡举办“陕西文化周暨西安鼓乐专场音乐会”；在哈萨克斯坦陕西村成立“陕西文化之家”艺术中心；首次将国家级非遗——秦腔推向丹麦国际歌剧节舞台，文化陕西新形象有效彰显。

旅游是跨文化交流的一种重要方式。为了持续加强“一带一路”文化旅游品牌建设，2014 年至 2019 年，陕西连续举办了六届“西安丝绸之路国际旅游博览会”，累计吸引了 175 个国家和地区参展，内地 31 个省（自治区、直辖市）和港澳台的旅游行业主管部门参会。

以“中华根脉 文化陕西”整体形象建构为统领，以“了解中国从陕西开始”为海外推广语，深耕国际旅游市场，精准营销、专业营销，陕西在国际上不断扩大“丝绸之路起点、兵马俑的故乡”等标识性品牌影响力。借助“中美旅游年”“中澳旅游年”“中加旅游年”“中欧旅游年”等旅游外交、国际展会和对外经贸活动开展旅游宣传营销，几年来陕西累计在 29 个丝路沿线国家和地区举办陕西旅游重大推介活动 100 余次，每年邀请和接待境外旅行商和媒体 10 多批次，深度体验陕西旅游产品和服务。

陕西为了不断拓宽旅游营销宣传渠道，由陕西省委宣传部、省文化和旅游厅、陕西日报社发起主导，百家主流媒体、自媒体携手打造了全国最权威、覆盖面最大、传播力最广的全域旅游全媒体联席会；全面与国内外 OTA 等互联网企业合作，与携程集团共同举办的世界文化旅游大会，永久会址落户西安，让陕西优质旅游产品和服务走出去、形象树起来。

2020 年，陕西省充分发挥“部省合作”机制作用，先后组派艺术团赴 4 个国家进行了 14 场“欢乐春节”演出。同时，陕西省通过海外中国文化中心、驻外旅游办事处、驻外使馆等平台举办线上“秦 QIN—兵马俑的前世今生”现代艺术展、“云・游中国”陕西旅游图片暨视频展播活动、“云音乐会”国庆庆祝活动等；举办线上“中国陕西—美国怀俄明州经贸旅游文化产业合作对接会”等线上推广活动，创新外宣模式，向境外游客积极宣介陕西文化旅游资源，展示中华文化气魄。

2021 年，陕西省在日本、尼泊尔、塞尔维亚等国家及港澳地区举办线上线下非遗技艺、饮食文化、书画联展等活动 70 余场，持续打造“文化陕西”“国风秦韵”品牌；良性运营境外 6 大社交媒体 12 个账号，“游陕西”多语种境外社交媒体账号累计曝光 2.15 亿次，“文化陕西”品牌影响力位居全国第一方阵。

陕西，拥有丰厚的文化底蕴，脚踏着时代的旋律，激发出奋斗的力量。站在新的历史起点，陕西将继续牢记“扎实加强文化建设”的嘱托，肩负时代重任，整装前行，奋力谱写高质量发展新篇章。

（三）安居乐业　社会民生保障有力

民生是人民幸福之基、社会和谐之本。要坚持以人民为中心的发展思想，扎实办好民生实事。经过 70 多年的砥砺前行、奋发图强，陕西走过了一条从贫穷到富强的不平凡之路，逐步走上了全面建成小康社会的大道；从计划经济体制下的统购统销到充满活力的社会主义市场经济；从物资短缺、商品供应不足到丰衣足食、消费需求不断满足；从温饱不足到迈入小康社会。

1. 创业就业不断显现新成效

就业是民生之本、安国之策。从新中国成立初期的计划用工制度，到党的十八大以来“劳动者自主就业、市场调节就业、政府促进就业和鼓励创业”的基本方针，陕西就业服务由以城镇劳动者为主体向城乡统筹转变，群众就业不断朝着实现更高质量和更充分就业的目标阔步前进。

党的十八大以来，陕西省坚持创新引领发展，强化创业引领就业，加大创业培训、创业担保贷款、创业扶持补贴等支持力度，支持龙头企业、高校、科研院所围绕优势细分领域建设专业化众创空间，支持大中专院校（含技工院校）毕业生、返乡农民工、登记失业人员、就业困难人员等群体创新创业，支持引进国内外高层次人才来陕创业集聚，全面营造有利于创新创业创造的良好发展环境，有力地推进了大众创业、万众创新。创业成为拉动就业新引擎，从自谋职业到鼓励创业，创业带动就业的倍增效应不断显现。

陕西先后创建3个全国创业先进城市、6个省级创业型城市、6个国家创业工程试点县和28个省级农民工返乡创业示范县。2012年至2016年，全省累计发放贷款369.69亿元，直接扶持就业35.64万人，带动就业112.85万人。积极实施大学生创业引领计划，全省共有6.4万名大学生享受了政府“埋单”的创业培训，2.2万人享受了政府贴息的小额担保贷款，3.5万人实现自主创业。

2015年，陕西省人社厅发布《关于支持农民工等人员返乡创业的实施意见》，全面落实扶持农民工、大学生和退役士兵等人员返乡创业政策，重点实施7个“行动计划（2015—2017年）”，大力支持返乡创业。7个“行动计划（2015—2017年）”从创业服务、创业园区、农业农村资源、基础设施、电子商务、创业培训、创业与创新对接等角度着手，提出了 20 条措施，创新了 15 项政策。

2018 年，陕西省实现省、市、县、乡、村五级公共就业服务平台全覆盖，“网格化”“一站式”的公共就业服务体系基本建成。新社区工厂、“龙头企业 + 培训”等就业扶贫模式全面推广，越来越多的贫困群众正在依靠双手脱贫致富。陕西省劳动就业取得前所未有的辉煌成就。

通过连续不断的举措，陕西省就业总量伴随经济增长不断扩大，就业结构逐步合理，就业人员素质逐步提高，城镇登记失业率得到有效控制。城镇非私营单位年末从业人数从 2007 年的 342 万人增加到 2018 年的 494 万人，年均增加 15.2 万人。陕西非公有制经济从无到有、由弱变强，成为吸纳就业的蓄水池，2018 年吸纳全省城镇就业人数达到 916.6 万人，占城镇企业就业人数的比重为 80.5%。

总体上，从 2013 年至 2019 年，陕西城镇累计新增就业 292.86 万人，登记失业率始终维持在 3.3% 左右，全省就业局势总体良好。2020 年陕西省城镇新增就业 43.25 万人，高于 38 万人以上的预期目标；城镇登记失业率 3.63%，低于年度控制目标任务 0.87 个百分点。全年城镇失业人员再就业 15.63 万人，困难人员实现再就业 6.23 万人。2021 年，全省城镇新增就业 44.56 万人。

2. 居民收入连续登上新台阶

收入是民生之源，收入关乎百姓的幸福与尊严。新中国成立以来，陕西城乡居民收入持续增加，尤其是随着改革开放的不断深化和陕西经济社会持续快速发展，城乡居民收入连续登上新台阶。

党的十八大以来，陕西省认真贯彻落实党中央、国务院决策部署，始终坚持“稳中求进”工作总基调，坚决落实高质量发展要求，贯通落实“五个扎实”“五项要求”，统筹推进稳增长、促改革、调结构、惠民生、防风险等各项工作，经济持续健康发展，城乡居民增收渠道持续拓宽，收入稳步增长，收入结构不断优化。工资性收入稳步增长，稳就业保民生工作不断发力，最低工资标准持续上调，企业工资增长机制逐步健全，全体居民工资性收入累计增长 39.6%，年均增长 8.7%，对人均可支配收入贡献率达 51.9%，是拉动居民增收的最主要动力。

近年来，陕西营商环境不断优化，民营经济加快发展壮大，人均经营净收入累计增长 28.6%，年均增长 6.5%。人居环境日益改善，住房租赁价格不断提高，投资渠道多元化，房租、红利等收入成为拉动居民增收新动力，人均财产净收入累计增长 23.6%，年均增长 5.4%。陕西统筹区域、城乡一体化协调发展，深入推进精准扶贫和乡村振兴战略，农村经济持续快速发展，农村居民收入年均增长速度平均快于城镇居民约 1 个百分点。

据调查显示，2017 年陕西城镇居民人均可支配收入首次突破 3 万元大关，2018 年城镇居民人均可支配收入达到 33319 元，比 2008 年增长 1.6 倍，年均增长 10.2%；2017 年陕西农村居民人均可支配收入突破万元大关，2018 年农村居民人均可支配收入达到 11213 元，比 2008 年增长 2.3 倍，年均增长 12.8%。2019 年陕西城镇居民人均可支配收入达到 36098 元，同比增长 8.3%，扣除价格因素，实际增长 5.3%；农村居民人均可支配收入 12326 元，同比增长 9.9%，扣除价格因素，实际增长 6.8%。

随着经济社会的不断发展，陕西城乡居民可支配收入在快速增长的同时，四大项收入构成也发生改变，收入来源不断拓展，收入结构逐步多元。城镇居民人均工资性收入、经营净收入、财产净收入和转移净收入占比从1998年的68.2%、1.5%、5.1%、25.2%，变为2018年的58.1%、7.7%、7.4%、26.8%；农村居民四大项收入占比从1998年的25.6%、67.2%、2.3%、4.9%，变为2018年的41.2%、31.3%、1.8%、25.7%。

2020年，全省城镇居民人均可支配收入达到37868元，比上年增长4.9%，高于全国平均水平1.4个百分点；农村居民人均可支配收入13316元，比上年增长8.0%，高于全国平均水平1.1个百分点。农村居民人均可支配收入增速连续11年快于城镇居民，城乡居民收入比由2019年的2.93∶1缩小为2020年的2.84∶1。2021年，陕西居民人均可支配收入28568元，其中，城镇居民人均可支配收入达到40713元，比2012年增加了20444元；农村居民人均可支配收入14745元，比2012年增加了8460元。城乡居民收入差距缩小，农村居民收入增速快于城镇居民，城乡居民可支配收入比由2012年的3.22∶1缩小到2021年的2.76∶1。

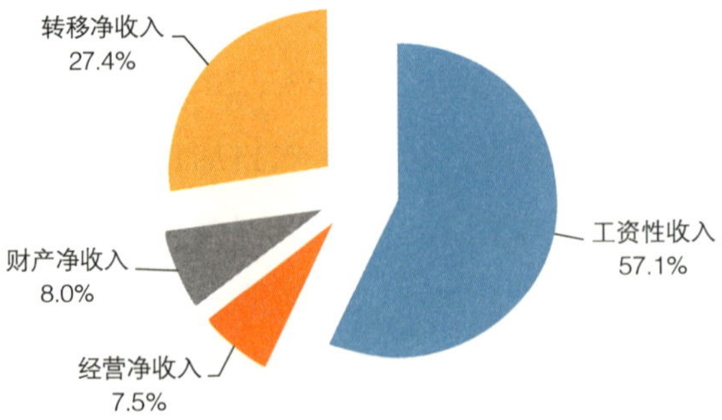

2021年陕西省城镇居民人均可支配收入构成

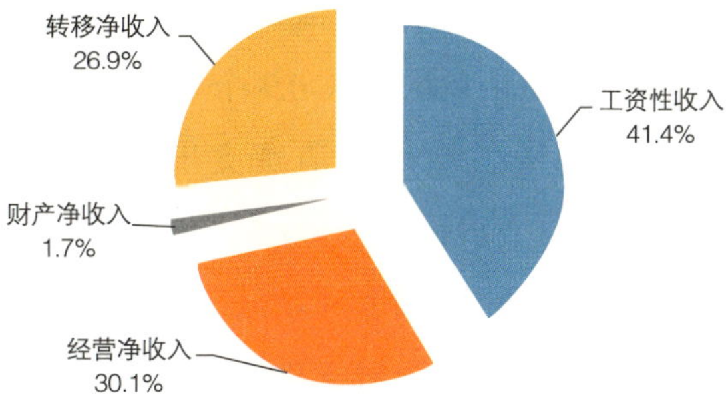

2021 年陕西省农村居民人均可支配收入构成

3. 居民消费结构不断多元化

城乡居民收入的大幅度提高，为人民生活的改善奠定了坚实的基础，三秦百姓日常生活一改缺吃少穿、物资短缺的窘境，从吃饱穿暖、衣食无忧一步步走向追求时尚新潮、多元化高品质生活，幸福指数越来越高。

从新中国成立到改革开放，特别是党的十八大以来，陕西城乡居民生活水平不断提高。从城乡居民消费水平来看，2017 年陕西农村居民消费支出达到 1649.59 亿元，城镇居民消费支出达到 5419.08 亿元，人均消费支出达到 14899 元。陕西城乡居民消费水平逐年提高，2017 年农村居民消费水平为每人 9819 元，城镇居民消费水平达到每人 20388 元。

2017 年全省实现社会消费品零售总额 8611.22 亿元，是 1978 年的 258 倍，1979 年至 2017 年年均增长 15.3%。随着消费市场规模持续扩大，消费占经济总量的比重有所增加，商业经济整体实力增强，在消费不断扩大的基础上，批发和零售业、住宿和餐饮业为经济增长发挥了积极作用。2017 年批发和零售业行业增加值达到 1606.74 亿元，是 1978 年的 294 倍，1979 年至 2017 年年均增长 11.2%，比国内生产总值年均增速快 0.7 个百分点。

2019 年，陕西居民人均生活消费支出 17465 元，同比增长 8.1%，扣除价格因素，实际增长 5.0%。其中，城镇居民人均生活消费支出 23514 元，同比增长 7.0%，扣除价格因素，实际增长 4.0%；农村居民人均生活消费支出 10935 元，同比增长 8.6%，扣除价格因素，实际增长 5.5%。农村居民人均生活消费支出名义增速高于城镇居民 1.6 个百分点，实际增速高于城镇居民 1.5 个百分点。

2020 年，陕西居民人均生活消费支出 17418 元。其中，城镇居民人均生活消费支出 22866 元；农村居民人均生活消费支出 11376 元。

2021 年，陕西居民人均生活消费支出 19347 元，比 2020 年增长 11.1%，比 2019 年增长 10.8%，两年平均增长 5.2%。其中，城镇居民人均生活消费支出 24784 元，比 2020 年增长 8.4%，比 2019 年增长 5.4%，两年平均增长 2.7%；农村居民人均生活消费支出 13158 元，比 2020 年增长 15.7%，比 2019 年增长 20.3%，两年平均增长 9.7%。2021 年，陕西社会消费品零售总额达到 10250.50 亿元，是 2012 年的 2.16 倍，2012 年至 2021 年年均增长 10.9%。按经营地分，2021 年城镇消费品零售额 8997.77 亿元，比上年增长 5.3%；乡村消费品零售额 1252.72 亿元，比上年增长 17.9%，其中限额以上企业（单位）消费品零售额 4984.18 亿元。

随着城乡居民收入持续增加，陕西民众消费潜能不断释放，在消费水平提高的同时，消费结构不断优化升级，从过去的温饱型逐渐转向数量型和品质型。特别是党的十八大以来，陕西城乡消费结构升级换代明显加快，追求消费品质、健康环保，尤其对新型科技产品的需求更为强烈，居民消费呈现个性化、时尚化的特点，消费热点和亮点不断涌现。食品消费实现由“温饱”向“健康饮食”的跨越；服饰消费也由款式单一、色彩单调向美观时尚、亮丽多彩转变，追求多元化和个性化。城乡居民生活质量不断提升。

从衣食住行来看，改革开放40多年来陕西城镇居民恩格尔系数由55%下降至28.4%，农村居民恩格尔系数由62.8%下降至26%，温饱问题彻底解决；衣着服装则由颜色种类单一、一衣抵四季向多款色、分季节变化；居住向面积扩大、环境改善、智能化、现代化发展。据调查，2017年陕西省城镇居民人均住房建筑面积达到32.7平方米，农村居民达到46平方米；出行更是趋向便捷、高速、省力。从家庭耐用品拥有量看，私人汽车拥有量由2012年的261.53万辆增加至2019年的614.08万辆，彩电、冰箱、热水器已成为家庭的生活必需品，且不断更新换代。

随着居民收入的不断提高，陕西居民消费更加注重品质，消费观念发生转变。一是在外用餐需求增加，2019年陕西居民人均饮食服务支出达到1246元，比上年增长25.7%；二是精神文化生活不断丰富，旅游娱乐意识逐渐增强，2019年陕西居民人均景点门票支出比上年增长20.6%，人均电影、话剧演出票支出比上年增长29.8%；三是对自身外形重视程度不断提高，2019年陕西居民人均购买化妆品支出比上年增长29.9%，人均美容、美发、洗浴支出比上年增长28.5%，人民对美好生活的向往正在不断实现。

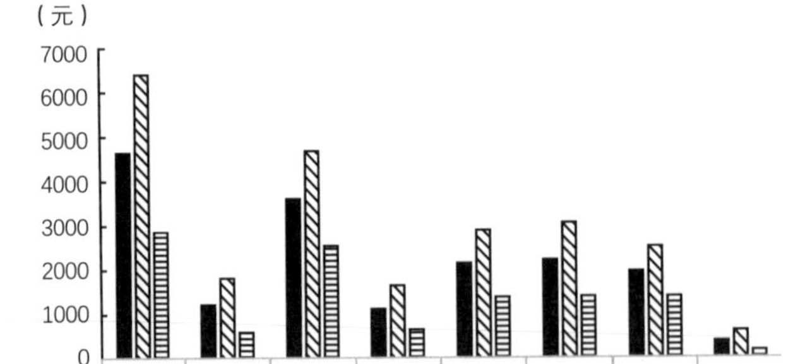

	食品烟酒	衣着	居住	生活用品及服务	交通通信	教育文化娱乐	医疗保健	其他用品和服务
■全体居民	4672	1228	3625	1151	2155	2243	1978	413
▨城镇居民	6376	1816	4641	1611	2891	3037	2528	614
▤农村居民	2832	592	2529	655	1360	1387	1383	197

2019 年陕西居民人均生活消费支出

4. 医疗卫生事业持续发展

没有全民健康，就没有全面小康。在全面建成小康社会的过程中，陕西各级政府高度重视医疗卫生健康事业发展，持续加大投入，全省医疗卫生机构基础设施不断改善，一座座现代化的医院拔地而起，一个个标准化村卫生室投入使用，卫生资源不断优化，服务规模不断扩大，服务能力不断提升，服务水平显著提高，就医环境大大改善。百姓就医从过去靠“听诊器、血压计、体温表”老三样，到今天高精尖设备如 B 超、螺旋 CT、血气分析仪、核磁共振、生化免疫流水线 PCR……从过去的“赤脚医生”，到今天的院士门诊、“互联网 +”、远程会诊、国内外专家无缝对接、机器人手术……从过去的乡村诊所、一号难求，到今天的“超级医院”、网上预约、人工智能缴费、看病无忧……以“最美医生”路生梅为代表的广大医护人员见证了陕西从缺医少药，到病有所医，再到全民健康水平不断提升，人民生命健康得到有效维护的全过程。三秦百姓就医经历了巨变，获得感满满。

党的十八大以来，随着医疗、医保、医药事业等改革举措的不断落地，陕西逐步建立起了分级诊疗制度，全民医保体系稳步健全，为人民健康撑起牢固有效的保障网，有效缓解了人民群众看病贵、看病难的问题，全面提升了三秦百姓医疗健康服务的水平；在全省实行了 65 岁以上老人免费体检和农村孕产妇免费住院分娩制度，建立起省、市、县三级全民健康信息互联互通平台，省内实现异地就医直接结算、跨省就医结算并逐步被推广到全国。

2020 年，全省卫生健康机构 34975 个（包括村卫生室 22976 个），其中，医院比上年增加 10 所，为 1219 所；门诊部 507 所，比上年增加 20 所；中医医院 183 家，中医门诊部 66 个；专科疾病防治院（所、站）7 个、健康教育所（站、中心）8 个、急救中心（站）5 个、采供血机构 11 个、妇幼保健院（所、站） 118 个。全省实有

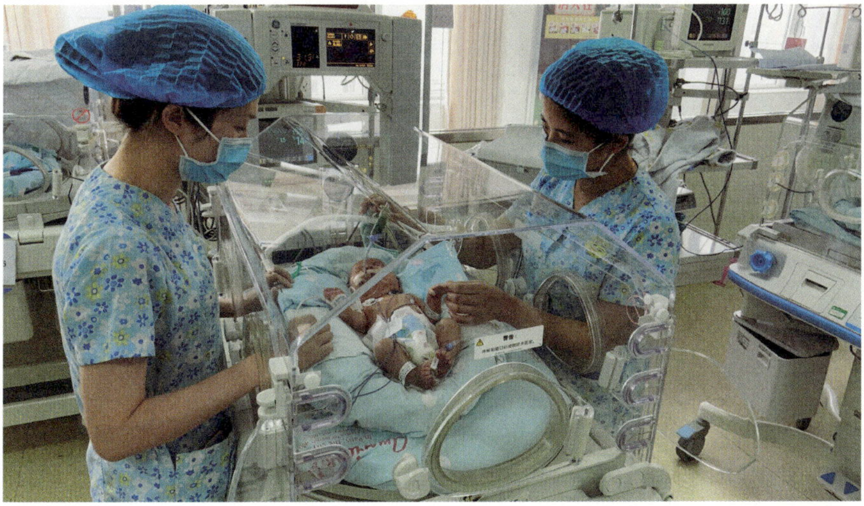

西北妇女儿童医院新生儿重症监护室（陈宁 摄）

床位数272424张，较上年增加6610张，其中，医院病床增加3444张、社区卫生服务中心（站）病床增加183张、妇幼保健机构病床增加1447张。全省共有卫生健康人员445299人、卫生技术人员363490人，其中，医院卫生技术人员236097人、医院执业（助理）医师66761人、医院注册护士115830人。全省平均每千人口床位数6.89张，平均每千人口卫生技术人员数9.2人，其中，平均每千人口执业（助理）医师2.88人，平均每千人口注册护士3.93人。

2021年全省卫生健康机构34971个（包括村卫生室22394个），其中，医院1270所、社区卫生服务中心（站）741个、卫生院1531个。全省共有床位28.44万张，其中，医院病床23.35万张、卫生院病床3.58万张。全省共有卫生健康人员44.59万人，其中，卫生技术人员36.86万人、卫生技术人员中执业（助理）医师12.05万人、注册护士15.94万人。

截至2021年，陕西省共创建国家卫生城市13个、国家卫生县城65个、国家卫生乡镇123个。通过开展国家卫生城镇创建，全省城乡环境卫生面貌得到持续改善，城镇的服务功能显著增强，人民群众的获得感和幸福感大幅度提升。

陕西省长期贯彻“预防为主”的卫生工作方针，逐渐建立起各级防疫防治专业机构，建立健全相应的管理体制和制度，认真落实各项疾病监测防控措施，重大传染病得到有效控制。目前，陕西已建立全省预防接种服务体系，每年免费为1600余万名儿童接种免疫疫苗，全省儿童免疫规划疫苗接种率达到95%以上。通过加强预防接种门诊规范化建设，预防接种服务形式以村级接种为主转变为以乡级集中接种为主，并实现百度地图在线查询，方便了广大人民群众就近接种，促进了免疫规划工作的落实。

2020 年 2 月 4 日，在空军军医大学唐都医院，陕西首例新型冠状病毒感染患者治愈后与陕西省医疗救治组组长连建奇击肘庆祝出院（刘潇　摄）

从成功应对非典型肺炎疫情、甲型 H1N1 流感疫情、人感染 H7N9 禽流感等多起突发公共卫生事件，到圆满完成“5・12”汶川大地震、“4・14”玉树地震、2020 年新型冠状病毒肺炎疫情等多起突发事件的医疗救援，陕西快速组织，妥当处置疫情，全力开展救援，在应对疫情、保护人民生命健康安全方面成效显著，积累了大量经验。

5.“十四运”带动全民健身热潮

党的十八大以来，陕西不断加大体育改革步伐，城乡体育基础设施明显改善，体育惠民工程稳步推进，全民健身活动蓬勃开展，体育公共服务水平不断提升，竞技体育综合实力显著提高，全省体育事业的快速发展为全运会的成功申办奠定了坚实基础。

2015 年 12 月 29 日国务院办公厅发函同意陕西省承办 2021 年第十四届全国运动会。以筹备全运会为契机，陕西大力推进全民健身。

陕西省统筹资金 10 多亿元，在渭河、延河、汉江、丹江全流域建设了上万个基层体育健身项目，建设陕北红色健身步道、国家 1 号步道等，共扶持建设县级公共体育场 53 个，县级全民健身中心 22 个，雪炭工程 54 个，全民健身示范区（带）工程 72 个，全民健身活动中心 7 个，全民健身路径工程 265 个，社区健身器材配送工程 2320 个，乡镇农民体育健身工程 1297 个，村级农民体育健身工程 16952 个，陕南移民搬迁安置点器材配置工程 200 个。这些工程项目直接或间接惠及群众上千万人，受到普遍欢迎，产生了良好的社会反响。

同时，陕西省着力推动体质监测、设施惠民、科学健身、赛事促进、协会引领、三级联创等六大工程落实落地。2018 年底全省人均体育场地达到 1.67 平方米，全省共有省级体育社会组织 89 个、市级体育社会组织 274 个、县区级体育社会组织 1153 个，拥有各类青少年体育俱乐部 132 个，城市社区建有各种晨晚练站点达 9111 个，平均每万人拥有晨晚练站点 2.4 个。2015 年至 2018 年陕西省累计举办省级以上（含省级）群众体育赛事活动 219 场次，参与群众超过 2000 万人次。全省经常参加体育锻炼的人数达到 1568 万人。全省每千人公益性社会体育指导员达到 1.8 人。

2019 年 5 月，省政府办公厅印发《陕西省全运惠民工程实施方案》，进一步协同推进健身设施、组织服务、科学指导、体育赛事、健身活动、体育文化、场馆开放、智慧平台等全运惠民“八大工程”建设，“十四运”组委会群众体育部指导督促各市执委会贯彻

全民健身

“全民全运、全运惠民”理念，扎实推进“八大工程”实施落地。

在“八大工程”中，全省开工建设了710多个群众身边的健身设施工程项目，确定40个全运惠民示范工程、46个重点工程。全省共成立体育社会组织2000余家，省级协会达到61个。各市（区）积极开展体育健康行“五进”活动，并在新冠肺炎疫情期间开展“抗击疫情居家健身”网上接力活动。各级政府线上线下相结合，组织开展“我要上全运”系列赛事活动681场次，280万人次参与。省群众足球三级联赛和篮球、羽毛球城际联赛圆满完成。各市区打造了一系列品牌赛事，点燃了全民运动健身热情，也丰富了人民群众文化生活。全省积极落实公共体育场馆开放要求，

中华人民共和国第十四届运动会场馆（林全 摄）

满足群众就近参与体育健身的需求，免费、低收费开放大型体育场馆46个，中小型场馆118个，累计落实公共体育场馆开放补助资金4570万元。

2021年9月15日至27日，中华人民共和国第十四届运动会在陕西省成功举办，习近平总书记出席开幕式并宣布运动会开幕。全省体育战线围绕“简约、安全、精彩”办会要求，全面融入、全员参与、全力以赴，竞赛组织高效有力，安全顺畅承办竞技体育31个大项、358个小项的4128场比赛和群众赛事活动4个大项、47个小项的1431场比赛以及展演类4个大项、43个小项的决赛评审，举办了一届精彩圆满的体育盛会。“十四运”举办活动组织严密，“双先”系列活动完美呈现，市场开发收入15.6亿元，创历届之最，宣传报道氛围浓厚，“全民全运 同心同行”深入人心。国家体育总局给予了“场馆设施一流、竞赛组织一流、重大活动一流、接待服务一流、新闻宣传一流、安全保卫一流、市场开发一流、综合保障一流”和“成绩最好、影响最大、社会关注度最高”的高度评价。陕西实现了“办赛精彩、参赛出彩、发展添彩”的承诺。

6. 立体化交通运输网惠及民生

在全面建成小康社会过程中，陕西高度重视基础设施建设，建成水陆空立体化交通运输网络，综合运输能力大幅度提高，人民群众出行大为便捷。

陕西的高速公路建设长期位于西部前列、全国第一方阵。多年来，依据“米”字形主骨架，“三纵四横五辐射”以及“两环三纵六辐射七横”规划，陕西高速公路建设实现跨越式发展。

在秦巴山区，桥梁连着隧道，穿越崇山峻岭，有的路段桥隧比例达到 90% 以上；在黄土沟壑区，创建了一批举世瞩目的高墩大跨桥梁与黄土隧道群；在湿陷性黄土区，强夯换填出坚实的路基。随着一个个技术难题的攻克，一批世界级工程应运而生。陕西建设了规模世界第一的包茂线秦岭终南山特长隧道，获 20 余项重大技术创新，确立我国公路隧道建设世界先进水平地位；包茂线榆靖高速填补了我国沙漠高速公路建设技术空白，获得鲁班奖；京昆线西汉高速以环保理念穿越秦岭自然保护区，形成一条与自然和谐共生的生态走廊。

2020 年，陕西省新增通车里程 578 公里，实现县县通高速公路目标，构筑起各县与周边中心城市的“一日交通圈”。全面取消高速公路省界收费站，大力推广 ETC 收费，实现了“一次通行、一次扣费、一次告知”。陕西高速公路认真落实通行费优惠政策，

宝巴高速（宝鸡—巴中）和十天高速（十堰—天水）在汉中市褒河交会，形成东西南北的交通枢纽，犹如一个巨大的“中国结”，对汉中经济发展发挥了非常重要的作用（杨庆 摄）

累计减免通行费100.5亿元，其中新冠肺炎疫情期间免收67.3亿元。2021年，陕西省新增通车里程313公里，总里程达到6484公里。

党的十八大以来，陕西建成宝兰、西成、西银高铁和浩吉、神靖、宝麟等普速铁路，西安北至机场城际铁路开通运营，全省铁路营业里程突破6000公里。陕西高速铁路实现从无到有，先后建成郑西、西宝、大西、宝兰、西成等高速铁路，高铁网已连通4个方向、通达6个地市，基本形成“两纵五横三枢纽”的骨架网。目前，西安至延安高铁开工建设，西安至十堰、西安至安康、延安至榆林高铁前期工作加快推进。西安至法门寺等4条城际铁路控制性工程有序推进。

西安咸阳国际机场从小到大，2018年全年起降航班超过33万架次，旅客吞吐量达到4000多万人次，跃居全国第七位，货邮吞吐量超过31万吨，旅客吞吐量、国际旅客量、货邮运输量三项指标均实现排名进位。截至2019年8月底，航线网络通达能力居全国第一，已开通直飞伦敦、马德里、洛杉矶、迪拜等航线，国际（地区）航线累计达74条，通达全球32个国家、60个主要枢纽和经济旅游城市。2020年，在水路方面，陕西省建成首条国家高等级航道——汉江安康至白河段。

党的十八大以来，陕西省完善提升农村公路超过7万公里，实施深度贫困村通组路4645公里，整治通村公路“油返砂”路段1.6万公里，新增通客车建制村2494个，创建四星级以上汽车站10家，创建美丽干线公路5832公里，创建“四好农村路”国家和省级示范县36个。目前，陕西广大农村地区逐步形成以县城为中心、向城镇多点辐射、覆盖乡村的农村公路网络，全省农村公路总里程达到15.7万公里，实现了所有县（市、区）通二级公路、所有乡镇

陕西“米”字形高铁网加快建设，群众出行更加便捷。图为西安北客站高铁编组站（雷建　摄）

和所有行政村通沥青（水泥）路，不仅解决了广大农民群众出行难的问题，也助推农民不断增收致富，为农村居民幸福感的提升奠定了坚实基础。

2011 年 9 月 16 日，西安地铁 2 号线一期工程运营，陕西进入“地铁时代”。2018 年末，西安地铁运营里程达到 126.7 公里，地铁客运量达到 74624.64 万人次，是 2012 年的 12.6 倍。随着城市交通立体网络的形成，公交、出租车、地铁、公共自行车等出行工具使得公共出行越来越方便快捷，为西安“缓堵保畅”作出了突出贡献。截至 2020 年底，西安市轨道交通运营 8 条线路，包括西安地铁 1 号线、2 号线、3 号线、4 号线、5 号线、6 号线、9 号线和机场线，线网运营总长度 244.3 公里，轨道站点 153 个。2020 年，西安地铁客流年度总量 72561 万人次，位列全国第八。2021 年，西安地铁开通 14 号线北客站站至灞桥区贺韶站，全网运营里程达到 258 公里。

7. 社会保障体系建设迈大步

改革开放以来，特别是党的十八大以来，陕西省社会保障体系建设不断迈出大步。

党的十八大以来，陕西逐步建立起全覆盖的以养老保险和医疗保险为核心的社会保险制度，两项保险参保率均达到 98% 以上，全省企业退休人员基本养老金人均水平达到每月 2715 元。2018 年底，全省参加城镇职工养老保险人数达到 991.8 万人，比 2008 年增加 558.5 万人，增长了 1.3 倍，比养老保险制度实施初期（1999 年）增长了近 4 倍。同时，全省参加城镇职工基本医疗保险人数达到 674.4 万人。全省 107 个县（市、区）均实行了新型农村合作医疗，参合人数 2534.25 万人，参合率达到 98.7%。

针对社会保障中的“空白点”，陕西省实施社会保险全覆盖行动方案，不断扩大人群覆盖面。除了出租车司机群体，还将“八大员”、环卫工人等群体也纳入养老保险范围，逐步建立兼顾全省各类人员的养老保险待遇正常调整机制，同时不断完善城镇职工基本养老保险和城乡居民基本养老保险制度，完善失业、工伤保险制度。在政策“阳光”照耀下，越来越多的三秦百姓被纳入了温暖的“社保网”。截至 2019 年 6 月底，全省基本养老、失业、工伤保险参保人数分别为 2748.42 万人、404.57 万人、551.25 万人。社会保障网更密更实，兜底保障更加牢靠，以制度保障了老有所养、弱有所扶、难有所帮、困有所助。

2019 年，陕西省企业退休人员养老金实现 16 连调，月人均基本养老金从 2005 年的 648 元提高到 2019 年的 2853 元；城乡居民基本养老保险待遇从制度建立之初的每人每月 55 元，增加到 2018

年的月人均139元；失业保险金最低标准从1999年的135元提高到2019年的1440元；工伤保险待遇中一级至四级伤残职工月伤残津贴从2002年的300元提高到2019年的3257.25元。

陕西省还建立了以最低生活保障制度为核心的社会救助制度体系，涵盖特困人员供养、医疗救助、临时救助、教育资助、家庭困难中学生资助、残疾人两项补贴、困难失能老人护理补贴以及分类施保等多项保障与救助制度，并形成了与经济社会发展相一致的标准动态调整机制。

2018年陕西省累计下拨中央和陕西省困难群众救助补助资金共计63.48亿元；下拨基本建设投资和省级福彩公益金8234万元，资助特困人员供养服务机构建设项目19个；下拨城乡困难群众冬季取暖费2.11亿元，保障城乡困难群众温暖过冬。2019年以来，陕西省累计下拨中央和陕西省困难群众救助补助资金68亿元，保障城乡低保对象108.7万人、城乡特困人员12.8万人；保障未脱贫建档立卡低保对象34.45万人；保障未脱贫建档立卡特困人员10.29万人，建立完善“一纵四横”的脱贫攻坚兜底保障大数据核对管理系统。

党的十八大以来，陕西省高度重视保障性安居工程，至2020年全省累计开工建设保障性安居工程174.66万套。2014年，陕西在全国率先开展保障性住房“和谐社区 · 幸福家园”创建活动，不仅让保障性安居工程项目成为城镇的一道亮丽风景线，更使入住群众感受到与住商品房小区同等的尊严和舒心。目前，全省已有279个保障房小区被命名为“和谐社区 · 幸福家园”。截至“十三五”末，陕西省累计分配入住各类保障性住房145.35万套，其中保障新市民住房困难家庭31.22万户、中等以下收入家庭

70.49 万户、低收入家庭 28.83 万户、低保家庭 14.8 万户，有效解决和改善了中低收入群体的住房困难问题。

针对农民工薪资拖欠等问题，陕西省建立了源头预防、动态监管和失信惩戒相结合的制度体系，加快推进在建工程项目农民工实名制管理、工资保证金、工资专用账户等制度落实，覆盖率同比均有大幅度提升；建立了保障农民工工资支付考核制度，并对各市（区）工作进行实地考核评比；加大欠薪失信联合惩戒和案件查处力度，欠薪案件数、涉及人数、涉及金额同比实现“三下降”。

在全面建成小康社会过程中，陕西社会保障体系逐步健全，城乡低保标准不断提高。2020 年，全省参加城镇职工基本养老保险 1156.95 万人，参加城镇职工医疗保险 742.21 万人；社会福利收养性单位 834 个，社区服务机构和设施 12902 个；年末纳入城市低保 11.06 万户，人均月保障标准 740 元；纳入农村低保 49.4 万户，人均年保障标准 4827 元；财政支出中社会保障和就业支出、卫生健康支出和教育支出分别比上年增长 16.3%、9.3% 和 5%。

2021 年，全省社会福利收养性单位有 862 个，床位 11.5 万张，收养人数 6.2 万人；社区服务机构和设施有 13897 个，社区养老服务床位 9.8 万张，服务人数达 196.6 万人次。截至 2021 年底，全省共有城市低保 10.4 万户 18.6 万人，平均保障标准每人每月 651 元；农村低保 50.9 万户 115.9 万人，平均保障标准每人每年 5329 元。农村特困人员救助（五保） 12.5 万人，其中，集中供养对象约 3.8 万人，基本生活标准每人每年 6279—15840 元，照料护理标准根据特困人员生活自理能力，分别不低于当地最低工资标准的 10%、15% 和 25%。1 月至 12 月，临时救助 71.4 万人次。

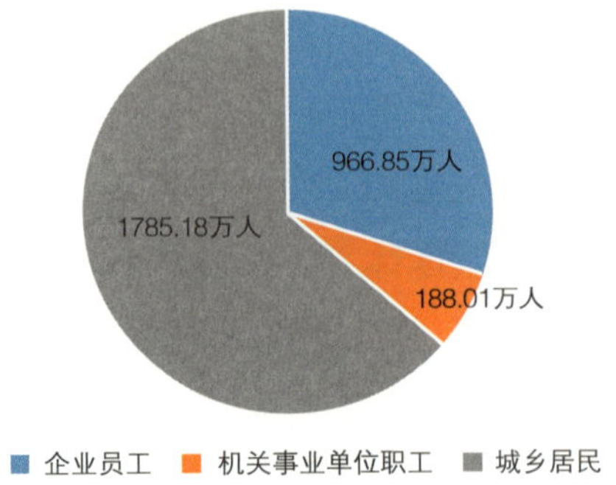

2020 年陕西省基本养老保险参保情况分布图

2021 年末，陕西省参加城镇职工养老保险 1225.09 万人，其中参加企业基本养老保险职工 812.19 万人，企业离退休人员 216.99 万人；参加失业保险 468.90 万人；参加工伤保险 629.61 万人；参加基本医疗保险 3891.64 万人，其中参加城镇职工医疗保险 783.80 万人，参加城乡居民医疗保险 3107.84 万人；参加生育保险 560.24 万人。

新冠肺炎疫情对经济社会发展带来巨大影响，为确保疫情期间经办不间断、服务不停歇，陕西省建立了疫情防控养老保险待遇支付保障机制，确保养老金按时足额发放；向全社会发布城镇职工养老保险“不见面”服务清单，方便企业和群众足不出户办理业务；积极提供补充办、延期办服务，确保参保登记、缴费申报、关系转移、待遇支付等业务畅通办理。

（四）绿色发展　生态环境持续好转

良好生态环境是全面小康最亮丽的底色。习近平总书记指出：“生态环境保护是功在当代、利在千秋的事业。”“要把生态环境保护放在更加突出位置，像保护眼睛一样保护生态环境，像对待生命一样对待生态环境。”陕西持续推进生态文明建设和生态环境保护，绿色版图不断变大、野生动植物不断变多、生态防线不断变牢。在迈向小康社会的过程中，陕西实现了“由黄到绿”的历史性转变。

1. 榆林治沙，荒漠变成绿洲

陕西北端的榆林市，地处毛乌素沙漠南缘，曾经是全国土地荒漠化和沙化危害严重的地区之一。新中国成立后，在党和政府的领导下，榆林人民积极防沙治沙，植树造林，取得了一系列成绩，不断续写着绿色传奇，成为中国治沙的一面旗帜。

党的十八大以来，榆林大力践行“绿水青山就是金山银山”理念，紧紧围绕生态文明建设和“三大目标”要求，继承发扬“榆林治沙精神”，系统推进山水林田湖草沙系统治理，启动国家森林城市创建工作，开展“三年植绿大行动”“全面治理荒沙行动”“林业建设五年大提升”，不断加大财政投资力度，创新发展思路，活化造林体制机制；号召能源企业参与造林绿化，聚焦破解资源富集与生态脆弱矛盾，围绕全面建成小康社会目标，深入推进生态脱贫攻坚，开展大规模国土绿化行动，实施环榆林城区百万亩绿化生态圈建设、城镇绿化、绿色通道建设、村庄绿化、沙化土地治理提升等十大林业重点工程，建设国家生态保护与建设示范区，持续改善生态环境。

根据北部、中部、南部不同地理条件，榆林创新治理路径，北部重点推进以樟子松为主的常绿树种规模化建设；中部重点打造宜产宜业、宜居宜游城镇生态经济带，把生态建设与产业、文化、旅游、脱贫攻坚等有机结合起来，创造更多的生态衍生品；南部重点打造黄土高原生态文明示范区，贴近实际进行生态治理和修复。榆林市将农村产业结构调整和群众脱贫致富贯穿于防治荒漠化全过程，完善扶持政策，拓宽资金渠道，推动建立荒漠生态效益补偿制度和防沙治沙奖励补助政策，大力发展生态经济型林业，提升群众治沙造林的积极性。近年来，榆林建设了樟子松、长柄扁桃、沙棘等百万亩基地，推广油用牡丹、长柄扁桃、樱桃等经济林新品种，实现沙里淘金。2019 年，榆林经济林面积达到 400 多万亩，拉动全市农业人口年均增收 1900 元。

第五次荒漠化和沙化监测结果显示，榆林市沙化土地治理率 93.24%，荒漠化土地面积比 1999 年减少 472 万亩。沙尘暴少了，满地黄尘不见了，乡下有了越来越多的绿水青山和幽静如画的村

榆林榆溪河公园

庄，城区有了越来越多的绿林草坪和美丽的花园。榆林市植被覆盖面积占陕西全省的20.9%，林草覆盖面积占20.4%，分别列全省第一、第二位。2017年，榆林空气质量优良天数达到285天，空气质量指数连年位居陕西前列。

通过一代又一代人的努力，榆林市林木保存面积从原来的60万亩提高到现在的2157万亩，林木覆盖率从0.9%提高到33%。治理沙化面积2.44万平方公里，使境内860万亩流沙全部得到固定或半固定。陕西的绿色版图因此向北推进了400余公里，陕西成为我国第一个完全“拴牢”流动沙地的省份。

曾经风沙肆虐的不毛之地已成为人与动植物的宜居之地。榆林现有470种野生植物、90多种新引进栽培绿化植物、37种国家二级以上野生保护动物。湿地面积69万亩，位列陕西省第二；建立了各级森林公园、湿地公园、沙漠公园，沙漠绿洲成为生态乐园。

塞上榆林这座昔日的“沙漠之城”正昂首阔步走向“绿色之城”。

2. 退耕还林，掀起“绿色革命”

《黄土高坡》这首风靡20世纪80年代末的歌曲，从侧面反映了陕西过去水土流失严重、生态脆弱的情况——曾经水土流失面积达13.75万平方公里，占总面积的66.8%。严重的水土流失导致生态恶化，使群众生活长期贫困，经济社会发展受到极大制约。特别是陕北地区树木稀少，风一刮起来就是黄沙满天，二三十米内都很难看清人影。

恶劣的环境让人们渐渐意识到环境保护的重要性。一项产生于陕西、成熟于陕西，并从陕西走向全国的生态建设新政策——退耕还林，20多年前开始在陕北萌芽。1998年，延安吴旗县开启了退耕还林的先河。陕西在陕北地区率先开展了退耕还林试点，经过艰苦卓绝的努力，退耕还林取得了显著成就。退耕还林为三秦大地生态环境和农民生活的改善作出了突出贡献，也为全国生态环境和农民生活的持续改善提供了样本。

党的十八大以来，党中央对退耕还林工作高度重视。习近平总书记在中央财经领导小组第五次会议上强调，要扩大退耕还林、退牧还草，有序实现耕地、河湖休养生息，让河流恢复生命、流域重现生机。党的十八届三中全会又将稳定和扩大退耕还林范围作为全面深化改革的 336 项重点任务之一大力推进。

随着新一轮退耕还林在全国各地全面启动实施，陕西紫阳县抢抓政策机遇，将贫困村产业增效、林农增收作为新一轮退耕还林工程建设的主战场，以打造生态旅游观光园和农事体验园为退耕还林工程建设的主要方式，逐步改变过去农业单一的生产功能，向休闲功能拓展，在造林树种的选择上，着眼长远，注重农旅融合综合功能开发。至 2018 年底，紫阳县共计完成新一轮退耕还林工程 5.6 万亩，涉及 17 个镇、81 个行政村、14723 个退耕还林主体。新一轮退耕还林工程的实施助推每户退耕贫困户直接增收 3179 元，转移劳动力外出务工 2.2 万人，退耕还林在紫阳县生态脱贫工作中发挥了重要作用。

如果说紫阳县是陕西新一轮退耕还林产业增效、林农增效的缩影，反映了退耕还林过程中综合开发的重要意义，那么退耕还林后，开展配套项目建设也是利农惠农的重大举措。至 2020 年底，陕西省商洛市累计完成退耕还林工程任务 343.95 万亩，惠及全市 40.7 万农户 155.51 万人，兑现政策补助 38.12 亿元，户均 0.94 万元。同时，该市积极争取退耕还林后续产业示范基地建设项目、补植补

陕西大规模实施退耕还林，绿色向生态脆弱的陕北地区延伸了 400 多公里。图为吴起县铁边城镇三谷窑村 1984 年（上图）与 2012 年（下图）退耕还林前后对比

造、农民技能培训等配套项目 60 多个，总投资 5.63 亿元。

通过退耕还林，陕西省有效治理水土流失面积 9.08 万平方公里，绿色向生态脆弱的陕北地区延伸了 400 多公里，昔日的“黄土高坡”如今变得天蓝了、山绿了、水清了、人富了。森林植被的增加，促进了野生动物的繁衍生息。野生动物种类增多，大熊猫、朱鹮等珍稀动物种群扩大，在一些地方已消失多年的狼、狐狸、金钱豹、鹰等飞禽走兽重新出现，生物链正在得到修复。

退耕还林后农民从事设施农业、林果业、草畜业和劳务输出等的收入已占到农户总收入的 70% 左右，特别是经济林果业得到快速发展。全省退耕还林发展核桃、红枣、茶叶等经济林总面积1000多万亩，基本形成了秦巴山区以核桃、板栗为主，渭北旱塬区以核桃、花椒、柿子为主，黄土高原区以红枣、山地苹果为主的区域经济林发展格局。广大退耕农户生产方式快速转变，并形成了一大批经济林专业村、专业户，为群众脱贫致富奠定了坚实基础。全国劳动模范张莲莲一家三代接续栽树20万棵，并创办生态农场发展林下养鸡业，搞起农养结合、产供销一条龙的万只土鸡生态农场，带动群众脱贫致富。退耕还林实现了“国家要被子，农民要票子”的“双赢”目标。

20多年间，陕西省累计退耕还林还草4106万亩，成为全国退耕还林还草“第一省”。全省生态环境得到极大改善，延安以北实现由“黄”变“绿”的绿色革命，陕北黄土高原成为全国增绿幅度最大区域。至2020年底，陕西森林覆盖率达45%以上，“绿色陕西”已初步建成。

3. 陕西“天保”，保护好天然林

陕西是天保工程启动最早的省份之一。2000年，陕西天保工程一期启动；2011年，陕西天保工程二期实施。两期工程县（局）级实施单位均为119个，天然林管护面积由11034.6万亩扩大到21489.67万亩。

党的十八大以来，为“争取把所有天然林都保护起来”，陕西成立省、市、县三级天然林资源保护工程领导小组，设立专职工作机构，推行天保工程政府和林业主管部门“双线目标责任制”，在国有林区设林业局、林场、管护站三级管护，在集体林区设县、乡、村、组四级管护，将管护责任全部落实到山头地块。全省基层“天

保”管护站（点）达到 4089 处，“天保”护林员 3 万多名。采用人工和无人机辅助巡护、远程视频监控等方式，陕西全面管护公益林 17762.2 万亩、商品林 3727.5 万亩，彻底遏制了工程区偷砍盗伐、毁林开荒和非法占用林地的局面，全省森林资源管护达到全覆盖。

在天然林保护工作中，陕西省宁东林业局、延安桥北林业局等单位，先后自主研发或吸收引进地理信息系统、电子档案系统与智能林云系统等网络信息化手段对森林进行管护。汉中市镇巴县、安康市岚皋县开发了“天保”管护云平台等，并迅速在所在市得到升级推广，为全省天保工程防火、防盗、防虫和快速处理毁林案件进行了成功探索与实践。

20 多年来，陕西一直是国家天然林资源保护工程重点实施省份之一，工程覆盖除西安市中心城区外所有的县（市、区）及省属

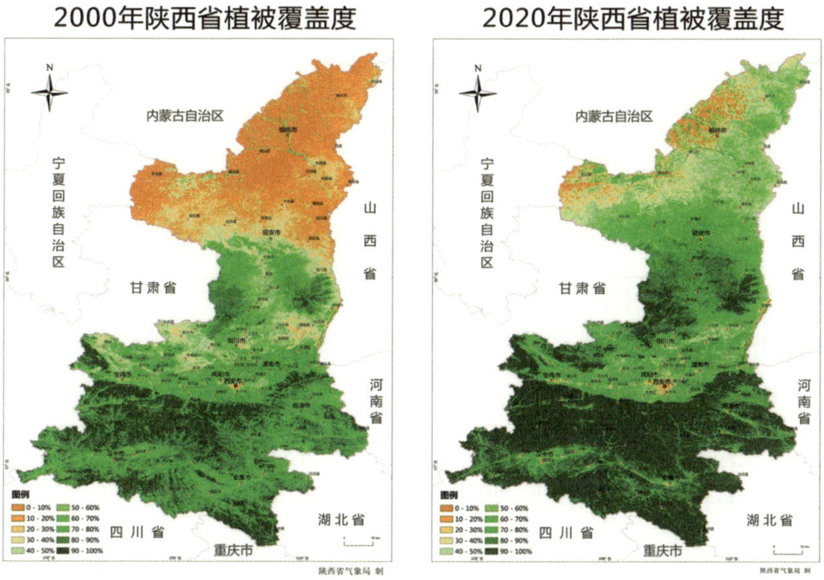

2000 年、2020 年陕西省植被覆盖度遥感图对比

林业局（原森工企业、国有林场）、自然保护区管理局，有县（局）级实施单位 119 个，是中央财政投资陕西林业生态建设主渠道之一。近年来，“天保”中央财政投资持续增加，2018 年达到 22.6 亿元，约占全省林业年度中央财政总投资的一半。

据统计，天保工程实施以来陕西累计完成公益林建设任务 3628.89 万亩，占同期全省营造林面积的 45%；全省天然林从 7000 多万亩增加到近亿亩，完成天保工程森林抚育任务 784 万亩；全省森林覆盖率由 1999 年的 32.55% 增长到 2014 年的 43.06%；森林蓄积量由 1999 年的 30775.77 万立方米增加到 2014 年的 47866.7 万立方米。森林火灾受害率始终控制在 0.5‰以下，森林病虫害成灾率始终控制在 4.8‰以下。

在促进产业发展和保障林区职工生活方面，天保工程起到了重要作用。陕西各天保工程县（局）级实施单位，尤其是省属（原森工企业）各林业局，依托优质森林、地理与人文资源，开展林下种养、森林旅游、森林康养及生态文明教育。全省累计建成国有种苗基地 282 个，育苗 188 万亩，产苗 179 亿株，采集各类林木种子 1.3 万吨。林麝养殖存栏数超过 1.2 万只，年产值 2.35 亿元。森林公园和自然保护区每年接待游客超过 2000 万人次，年旅游收入超过 8 亿元，吸纳包括国有林业职工在内的从业人员超过 4.5 万人。另外全省建成国家级和省级生态文明教育基地 16 处，成为全国天保工程转型发展的典型省份。

4. 保护秦岭，当好生态卫士

秦岭是长江、黄河的分水岭，中国南北的分界线，也是“天然中药库”和“世界生物基因库”，具有调节气候、保持水土、涵养水源、维护生物多样性等诸多功能，素有“国家中央公园”之称，是我国重要的生态安全屏障之一。2020 年 4 月，习近平总书记来陕考察，第一站来到秦岭牛背梁国家级自然保护区，强调秦岭和合南北、泽被天下，是我国的中央水塔，是中华民族的祖脉和中华文化的重要象征。保护好秦岭生态环境，对确保中华民族长盛不衰、实现“两个一百年”奋斗目标、实现可持续发展具有十分重大而深远的意义；把秦岭生态环境保护和修复工作摆上重要位置，履行好职责，当好秦岭生态卫士。

2018 年，陕西省深入开展了专项整治工作，并先后出台《关于全面加强秦岭生态环境保护工作的决定》和《秦岭生态环境保护行动方案》，修订了《陕西省秦岭生态环境保护条例》，原划定的禁止开发区、限制开发区和适度开发区，转变为核心保护区、重点保护区和一般保护区，旨在用最严格的制度、最严密的法治保护好秦岭生态环境，秦岭保护进入全面加强保护措施、全方位抓实扎牢的“高质量保护阶段”。

2019 年，陕西省林业局发布实施《秦岭生态空间治理十大行动》，围绕“生态保护、生态恢复、生态重建、生态富民、生态服务、生态安全”六条战线精准施策。同年 5 月，国家林业和草原局（国家公园管理局）派出考察队深入秦岭实地考察，将秦岭国家公园纳入国家公园总体布局。11 月，大熊猫国家公园陕西省管理局正式挂牌，与陕西省林业局合署办公。大熊猫国家公园陕西秦岭区位于秦岭的核心区域，涉及西安、宝鸡、汉中、安康等 4 市 8 县。

人不负青山，青山定不负人。近年来，秦岭生态持续向好，野生动植物种群数量连年扩增。秦岭大熊猫栖息地“岛屿化”现象不断被消除，大熊猫种群数量已由第三次调查时的 274 只增加至 345

大熊猫（马亦生 摄）

朱鹮（刘齐轩 摄）

金丝猴（马亦生 摄）

羚牛（马亦生 摄）

厚植秦岭生态底色，筑牢生态安全屏障（薛智刚 摄）

只，朱鹮种群活动范围由最初在汉中市洋县约 20 平方公里的区域扩大到汉中、安康、宝鸡等地，数量超过 2000 只，国家一、二级保护植物珙桐、独叶草、秦岭冷杉、太白红杉、红豆杉等物种数量不断增加，不少地方重新出现狼、狐狸、金钱豹、鹰、明鬃羊、梅花鹿、锦鸡、猫头鹰等消失多年的飞禽走兽。

根据国家卫星气象中心和陕西省气象局的研究，秦岭陕西段生态环境质量显著变好，2019 年秦岭优良等级面积超过 96%，植被覆盖度持续上升，东北部的部分地区改善幅度达 30% 以上；土壤湿度逐年增加，秦岭中部和南部的部分地区增幅达 50%。

2020 年，秦岭网格化监管平台正式上线，2510 个网格单元实现动态监管，子午峪等 31 个峪口实现智慧化管理。“互联网 +”被

广泛应用于秦岭生态保护的探索和实践中，更加措施到位、防范到位、保护到位，从而使“数字秦岭”迈出坚定步伐。

“绿水青山就是金山银山。”随着陕西不断加快保护步伐，新时代秦岭保护“一体两翼”格局基本形成，厚植秦岭生态底色，筑牢生态安全屏障，让秦岭的绿水青山成为永续发展的金山银山。

5. 全面治水，滋润三秦大地

多年以来，陕西省始终把治理水土流失、改善生态环境作为重要工作。依托国家重点项目，陕西全面实施丹江口库区及上游水土保持、渭河流域综合治理、淤地坝建设“三大重点工程”，年均治理水土流失面积 6500 平方公里，综合治理小流域 200 条，累计建成淤地坝3万多座，位列全国第一。在工作中，陕西坚持人工治理与生态修复相结合，基本形成了“治理一方水土、改善一方生态、发展一方产业、造福一方百姓”，实现了生态环境由“整体恶化、局部好转”向“总体好转、局部良性循环”的根本转变。

渭河是陕西的“母亲河”，曾因污染严重，被称为关中“下水道”。为此，陕西省下大力气进行水污染防治，先后投入215亿元，通过专项整治和综合治理，渭河的生态环境发生了根本转变。“十二五”期间完成了渭河综合整治一期工程，两岸630公里堤防全线贯通。2018年、2019年，渭河潼关出境断面水质保持Ⅲ类；2020年，渭河入黄河断面水质提升到Ⅱ类，水质达到20年来最好。通过水生态治理，渭河生态区累计整治滩区17.58万亩，形成水生态修复及水面景观3.65万亩，建成支流堤防67.42公里。渭河由“一条大河、两个大堤”提升到“千里最美家乡河，一方水域生态区”，已成为全国最大的河流生态公园，荣获首届全国“最美家乡河”称号，人民群众对水环境的获得感和满意度普遍上升。斗门水库试验段完工形成水面700余亩；渼陂湖生态工程建成渼阳湖东湖700亩水面；卤阳湖生态水系建设形成湖面1600余亩。这些河湖纷纷成为城乡群众周末、节假日的休闲目的地。

“十三五”以来，陕西全面加快汉江、丹江、延河、无定河等河流综合治理，黄河粗泥沙来源区水保治理等水生态工程。汉江综合治理工程汉中段累计新建加固堤防护岸260公里，安康段县城防洪工程基本完工，新修堤防护岸41公里。丹江综合治理工程完成新建堤防8.25公里。延河综合治理工程累计治理河道170.7公里，新建加固干支流堤防46.5公里、河道清淤28.6公里，建成绿色生态岸线27.6公里。结合水生态治理项目，陕西建成省级以上水利

作为渭河生态区的一部分，华州区少华湖水利风景区是按照“关中留水、柔性治水”的理念打造的以水利防洪、水生态修复、文化体验、水上娱乐为特色的风景区，既改善了当地人居生态环境，又带来良好经济效益。图为少华湖中嬉戏的天鹅和水鸟

风景区 80 家，其中国家级水利风景区 38 家。

为落实绿色发展理念，解决水安全、水环境、水生态问题，陕西全面推行河长制、实施湖长制，于 2017 年 6 月底建立省、市、县、乡四级河长制工作和责任体系，并向村级延伸，制定出台系列配套制度。2018 年 6 月底，陕西全面建成河长制，河长体系实现全覆盖；12 月底，全面建成湖长制。由省委书记、省长分别担任总河长、总湖长，省委副书记、分管副省长任副总河长、副总湖长，8 位省级领导分别担任省内 8 条重要河流的省级河长。

全省共设河长、湖长 3.53 万名，并形成全社会关爱河湖、珍惜河湖、保护河湖的大好局面。在治理中，深入开展河湖“清四乱”专项行动、“倒垃圾排污水采砂石设障碍”专项整治行动；开展河湖违法陈年积案“清零”活动，河湖水生态环境明显改善；开展“河道无垃圾、河道无违章、河床无淤塞、河中无障碍、污水无直排、生态无破坏”“六无”目标示范河湖和示范县乡创建活动，共清理污染水域面积 3865.61 亩，清理污染和非法占用河道 524.36 公里，清理生活垃圾、建筑垃圾 48.95 万吨，河流状况明显改善，垃圾减少、水质提升。

在水生态治理过程中，2016 年起陕西省在关中平原“以点成线、以线成面”全面铺开农村涝池水生态修复整治工程，“十三五”期间，全省投入 22 亿元，共修复整治涝池 9070 座。其中，防洪排涝型涝池 2470 座，人文景观型涝池 2861 座，蓄水灌溉型涝池 2320 座，水系连通型涝池 1018 座，生态湿地型涝池 401 座，新增蓄水容积 2120 万立方米。

统计显示，陕西省已建成运行污水处理厂 122 座，实现县级以上污水处理设施全覆盖，设计处理规模每天 452 万吨，城镇污水处理率达到 85.1%。其中，西安新增城镇污水处理能力每天 10 万吨，宝鸡市新增每天 2 万吨，咸阳市新增每天 3.5 万吨，三市建成区城市生活污水收集率分别达到 100%、95% 和 94.7%；西咸新区新增每天 29.98 万吨，收集率达到 86.4%。全省生活污水处理向村镇进一步延伸，其中安康市建成恒口镇等10个镇级污水处理厂。

6. 南水北调，陕西奉献担当

南水北调是我国的一项战略性工程，分东、中、西三条线路，中线工程起点位于汉江中上游丹江口水库。2014年12月12日，历时11年建设的南水北调中线一期工程正式通水。

丹江口水库位于湖北省丹江口市和河南省南阳市淅川县，水域横跨鄂豫两省，但是它的水源分别由发源于陕西省宁强县的汉江、发源于陕西省商洛市商州区的丹江和发源于河南省洛阳市栾川县的淅水组成。

汉江、丹江在陕西境内流域面积为6.27万平方公里，涵盖陕南地区的汉中、安康和商洛3市28个县（市、区），占整个中线水源地面积9.52万平方公里的66%。丹江、汉江年均入库水量284.7亿立方米，占丹江口水库年均入库水量408.5亿立方米的70%。为了确保一泓清水永续北上，陕西人民作出了巨大的贡献和牺牲。

作为南水北调中线工程核心水源涵养地，守护河湖水源安全已经成为陕南地区的全民共识。守护一泓清水永续北上，这是陕西人民的一份荣耀、一份自豪，更是一份沉甸甸的责任和使命。

陕南3市全面实施最严格的污染物总量控制和排污许可证制度；最大力度实施移民搬迁，减少人类活动对水源地生态的影响和破坏。为了杜绝垃圾对河湖的污染，汉中市城固县柳林镇小营村600户农民签订了垃圾不乱丢责任书。安康瀛湖终结了自建湖以来的渔业养殖，用5个月的时间，拆掉了3万多个渔业养殖网箱。陕南3市全部取缔了单家独户的养猪产业，以减少粪便对河流的污染。为保护丹江水质不受污染，商洛市对水源涵养区内的 6.9 万户 26 万人进行了移民搬迁。

为防止水源污染，陕南 3 市大力整治高污染高能耗产业，对原有的化工、煤矿、有色金属等许多优势产业，实施产业结构调整和综合整治，关停并转迁不符合国家产业政策、污染严重的企业和矿产资源开发项目数百个。

为了确保一泓清水永续北上，陕南 3 市一方面大力取缔污染企业，另一方面加大环保投入。陕南 3 市在陕西都属于经济体量比较小的市，财政收入非常有限，但仍增加投入，系统推进水环境综合治理。汉中市设立了 2573 名河长和湖长，还设置有河湖警长、检察长、护河员、义务监督员，使每条河和每一处湖泊都有了管护人。安康市投资近 20 亿元建成 22 个城市污水、垃圾处理厂和安康

安康瀛湖，南水北调中线工程重要的水源涵养地（邵向东 摄）

市医疗废物处置中心。仅汉江安康段综合整治一项，总投资就高达108亿元，大大改变了山区农村“垃圾靠风刮、污水靠蒸发、门外脏乱差”的面貌。

同时，陕南地区深入推进水生态修复与综合治理，分层次划定水域和沿岸生物多样性保护优先区域，推进跨界流域联防联控，建立沿岸协同保护机制，实施丹江口库区及上游水土保持工程，建设沿干流生态林带，加强涉河建设项目和河道采砂管理，深入开展流域水生态环境综合治理，提升重点流域水环境质量，确保汉江、丹江出境断面水质稳定达标。累计治理小流域470条，治理水土流失1.3万平方公里，新修整修基本农田31.2万亩，营造水土保持林和经济林405万亩，退耕还林超1000万亩。

所有这些举措，换来了陕西6.27万平方公里汉江、丹江流域的河湖环境大大改善，保证了汉江、丹江出陕断面水质常年保持在国家地表水Ⅱ类标准。

7. 铁腕治霾，全力守护蓝天

陕西是个以煤炭为主要能源的省份，且所用煤炭含硫高，由于地理因素，容易形成“煤烟型”大气污染。随着陕西工业化的深入，形势更加严峻，直至出现“雾霾”。

2013年以来，陕西从百姓普遍关心、感受深切的蓝天保卫战入手，按照党中央生态环保重大决策部署和国务院出台的《大气污染防治行动计划》（即“大气十条”），陆续出台了《陕西省大气污染防治条例》等一系列法规政策，多措并举，全面实施保卫蓝天行动计划，在全国首家出台“治污降霾·保卫蓝天”五年行动计划（2013—2017年）、大气污染防治地方性法规和重污染天气应急预案；在全国率先出台省级监测网络建设方案，建成具有国内先进水平的预警预报系统，承担中国环境监测总站西北地区预警预报工作；出台了严于国家标准的火电、挥发性有机物、建筑施工扬尘等重点行业大气污染物排放地方标准。

为了铁腕治霾，打赢蓝天保卫战，陕西省先后于2017年、2019年对《陕西省大气污染防治条例》进行了修正。陕西各地也频频“出招”：西安市累计投入3000台纯电动公交车，推广规模位居西北第一；汉中市在燃煤锅炉拆改上，市级补贴资金居全省之最；铜川市在转变发展方式上求突破，痛下决心向传统支柱产业“开刀”；渭南市要求市级各有关部门“一把手”直接督办大气治理项目……

“十三五”以来，陕西省强化铁腕治霾、科学治霾、协同治霾，强化区域联动和部门协作，加强重污染天气应急响应和管理，组织专家队伍实施“一市一策”指导帮扶各市（区）精准治霾，全面落实减煤、控车、治源、抑尘等措施。

在一系列强有力举措的推动下，全省空气质量改善明显。2017年，13个市（区）空气质量同比改善情况好于全国平均水平。其中，优良天数238.5天，同比增加8.3天，PM10同比下降8.0%，PM2.5同比下降8.1%。

按照中央环保督察发现的问题、提出的要求，陕西及时查找问题，进行整改。同时，陕西省委深入推进环保督察，通过对13个市（区）开展省级环保督察，全省的环境质量得到改善，区域产业结构进一步优化。

2017年初，《陕西省“铁腕治霾·保卫蓝天”2017年工作方案》和9个专项行动方案发布。年底，《陕西省2017年秋冬季大气污染综合治理攻坚行动方案》与巡查执法、专项督察、预警预报、量化问责、宣传与信息公开 5 个配套方案发布，共同形成全省秋冬季大气污染防治“1+5”的“组合拳”，明确对钢铁、焦化、煤化工等行业实行错峰生产。

2018 年 2 月 24 日，农历新年过后不久，全省当年第一个高规格、高层次、高起点的环保工作会——铁腕治霾工作视频会召开。会议开到了市县一级。2019 年 7 月 1 日起陕西提前实施机动车国六排放标准；10 万千瓦及以上煤电机组全部实现超低排放，综合整治“散乱污”企业 2.7 万户。

铁腕治霾，蓝天白云下的咸阳湖美如画（王保卫　摄）

经过持续治理，全省空气质量逐步提升。与 2015 年相比，2019 年陕西省空气质量综合指数改善 19.8%。2020 年，陕西省 10 个国考城市 PM2.5 平均浓度 43 微克 / 立方米，比上年下降 10.4%，全省优良天数平均 287.8 天。2021 年全省 PM2.5 平均浓度 35 微克 / 立方米，同比下降 14.6%，优良天数平均达到 295.4 天。

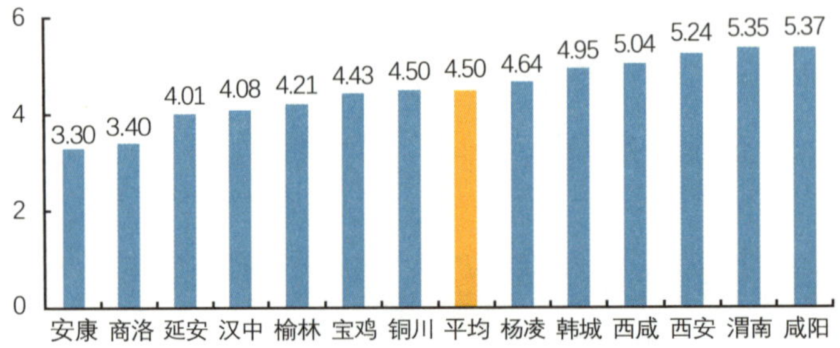

2020 年陕西省各市（区）空气质量综合指数

蓝天保卫战让陕西的“蓝天白云”越来越多，湛蓝的天空正在成为三秦大地最美丽的风景。

（五）创新驱动　科教强省成效显著

党的十八大以来，陕西立足“科教强省、人才兴省”战略，坚持“优先发展、育人为本、改革创新、促进公平、提高质量”的教育工作方针，深化教育体制机制改革，积极推进教育公平和体制创新，各级各类教育协调发展，取得了可喜的成就。义务教育公平与高质量发展步伐加快，全省 107 个县（市、区）全部达到国家县域义务教育发展基本均衡评估认定标准；幼儿教育和特殊教育得到快速发展；高中阶段教育普及程度提高，结构更加合理；高校在校生规模继续扩大，培育质量显著提高，“双一流”建设稳步推进，高端人才培养能力显著增强。教育发展为经济社会发展提供了人才和智力支撑，有力支持了陕西经济建设，促进了社会进步。

1. 科技实力不断显现成效

全省拥有科研机构 1176 个、国家和省级实验室 172 个，工程技术研发中心、企业技术中心等国家级创新平台数量位居西北各省（自治区）第一。目前在陕两院院士共有 72 人，其中中国科学院院士 28 人、中国工程院院士 44 人，数量位居全国前列。国家“千人计划”人选 173 人，享受国务院政府特殊津贴专家 1832 人、省有突出贡献专家 1059 人、重点科技创新团队 115 个、青年科技新星 517 人，均位居西部前列；国家级重点实验室 22 个，省级重点实验室 89 个，省部共建重点实验室 3 个；国家级工程技术研究中心 7 个，省级工程技术研究中心 166 个；省级产业技术创新战略联盟 38 个。国家级高新技术产业开发区 7 个，省级高新技术产业开发区 17 个。强大的科技创新能力和源源不断的高质量人才供给，使陕西充满自主创新的勃勃生机，科技成果大量涌现，专利授权量增速位居全国第一，每年荣获的国家科学奖项位居全国前列。西安交通大学牵头组建的“高端制造装备协同创新中心”和西安电子科技大学牵头组建的“信息感知技术协同创新中心”入选国家“2011 协同创新中心”；西安交通大学发起成立了“丝绸之路大学联盟”，来自 20 余个国家和地区的 100 余所海内外知名高校加盟。

陕西深入实施创新驱动发展战略，围绕产业链部署创新链、围

西安高新技术产业开发区（李念 摄）

绕创新链布局产业链，加速创新型省份建设。2020 年，陕西省综合科技创新水平指数达到 68.39%，排名全国第九位，其中科技活动产出指数 75.97%，位居全国第四；科技进步贡献率达到 59.2%。科创板企业上市数量位居西部首位；技术合同交易额突破 1500 亿元，位居全国前列。陕西省连续四年因“实施创新驱动发展战略、推进自主创新和发展高新技术产业成效明显”受到国务院表彰激励。2021 年，陕西省综合科技创新水平指数为 67.86%，排名保持在全国第九位。从科技创新环境指数看，陕西科技创新环境指数为 69.71%，在全国排第八位；从科技活动产出指数看，陕西科技活动产出指数为 77.39%，排名全国第四位；从高新技术产业化指数看，陕西高新技术产业化指数为 66.36%，高于全国平均水平。陕西省研发投入强度保持西部地区第一位，科技活动产出在全国处于领先水平，高新技术产业化进一步提升，高新技术产品出口额占商品出口额的比重保持全国第一位。

在装备制造、电子信息、新材料、人工智能等领域取得了一批突破性科技成果。法士特自主研发的最新一代集成式16挡AMT变速器，打破国外先进技术壁垒，填补了国内产品空白。西安电子科技大学攻克了5G通信用高性能氮化镓射频功率放大器关键技术，实现了关键基础元器件的国产化。西部超导公司针对“奋斗者”号深潜器大深潜的严苛要求，研制了载人球舱支撑结构用特种钛合金材料，为万米下潜成功提供了关键材料支撑。西北农林科技大学将自主选育的苹果新优品种“瑞香红”以1100万元转让苗木生产经营权，刷新了苹果新品种转让价格全国纪录。新冠肺炎疫情暴发以来，陕西快速反应部署的应急专项研究提出的多项诊疗措施被纳入全国诊疗方案，多项科研成果应用于抗疫一线。

陕西加快推动重点实验室组建工作，获批全国首批国家应用数学中心，2个省部共建国家重点实验室列入会商事项，新建3个省级重点实验室和1个陕西省应用数学中心。部署先进金属材料、高端集成电路与先进半导体器件、新能源与智能网联汽车、苹果产业转型升级4个科技重大专项，专项实施总数达到6个；启动重点产业创新链27条、创新点274个。陕西组建本省先进稀有金属材料技术创新中心，新建省级工程技术研究中心7个、“四主体一联合”新型研发平台20个。省中小企业研发服务平台注册研发机构430家、企业6600家。“嫦娥”探月、珠峰“测高”、“北斗组网”、“华龙一号”首堆投入运行均体现了陕西的科技担当。

陕西新增“双创”示范基地4个、国家级科技企业孵化器4家、国家级众创空间18个。2020年，陕西省创新型企业数量大幅增长，科技型中小企业入库数量达到8069家，入库企业数和增幅均创历

国测一大队成立于 1954 年，主要从事大地测量工作，自成立以来，完成了珠穆朗玛峰高程测量、南极重力测量、汶川地震灾后重建测绘等工作，曾受到国务院通令嘉奖，被授予“功勋卓著、无私奉献的英雄测绘大队”称号。2015 年 7 月 1 日，习近平总书记给参加当年珠峰测高任务的邵世坤等 6 位老队员、老党员回信，充分肯定国测一大队爱国报国、勇攀高峰的感人事迹和崇高精神，勉励广大共产党员在党爱党、在党为党，心系人民、情系人民，忠诚一辈子、奉献一辈子，以自己的实际行动，团结带领亿万人民为实现“两个一百年”奋斗目标、实现中华民族伟大复兴的中国梦而共同奋斗。图为 2005 年，国测一大队登上珠峰峰顶进行高程测量

史新高。高新技术企业认定评审实现“常年受理、无纸申报、网络评审、系统管理”，数量突破 6100 家，新增 1800 家，同比增长 41.8%。科创板上市企业和过会企业达 6 家。西安高新区获批全国首个硬科技创新示范区，全省高新区特色产业基地达到 8 个。2020 年，西安获批国家新一代人工智能创新发展试验区，西安、宝鸡、汉中 3 个创新型城市和安康、渭南、榆林、杨凌示范区的 4 个高新区入选科技部“百城百园”行动。

2021 年陕西省新增高新技术企业 2199 家，总数达到 8397 家，科技型中小企业总数达 11189 家，新增科创板上市企业 7 家，登记技术合同成交额 2343.44 亿元，首次认定 191 家瞪羚企业和 98 家潜在瞪羚企业。

2. 加快打造西部创新高地

2013 年 12 月 30 日，陕西成为继江苏、安徽之后全国第三个创新型试点省份。2015 年 2 月，习近平总书记来陕考察时强调，努力在创新驱动发展方面走在前列。陕西深入实施创新驱动发展战略，加快实施统筹创新工程，走出一条从科技强到产业强、经济强、区域强的发展道路，为高质量发展提供了有力支撑。

陕西综合科技实力位居全国前列，面对科技创新成为区域经济竞争新赛场的新形势，陕西以科技创新为核心，瞄准战略前沿领域强化原始创新、集成创新和引进消化吸收再创新，增强自主创新实力，打造先发优势，攻克了一批关键核心技术，助力了一批国家重大战略工程，服务了陕西经济社会建设，支撑了民生事业发展，展现了陕西科技担当，创新驱动高质量发展的效能进一步凸显。

陕西加大科研经费投入，2015 年至 2019 年，全社会研发经费投入从 393.17 亿元增加到 584.58 亿元，年均增长 9.8%；研发经费投入强度由 2.2% 增长到 2.27%，创 10 年来新高，位列全国第七。党的十八大以来，陕西已有 319 项科技成果荣获国家科学技术奖励。2013 年至 2016 年，荣获国家自然科学奖的数量均居全国第三位。在 2017 年度国家科学技术奖励大会上，陕西以占授奖总数 13.28% 的 36 项获奖科技成果再次证明了科技的强劲实力。2018 年，陕西省 33 项科技成果获国家科学技术奖励，占 2018 年度全国三大奖（国家自然科学奖、国家技术发明奖、国家科学技术进步奖）授奖总数的 11.87%，获奖科技成果在数量和质量上继续保持全国领先水平。2019 年，陕西省 28 项科技成果获国家科学技术奖励，占 2019 年度三大奖授奖总数的 9.46%。2020 年，陕西省 26 项科技成果获国家科学技术奖励，占 2020 年度三大奖授奖总数的 9.85%。企业也重视技术创新，不断加大投入。2012 年至 2020 年，陕西企业研究与试验发展经费投入年均增长 16.7%，占比由 44.3% 上升到 52.5%；技术合同成交额中，企业技术合同成交额超过 60%；企业专利授权量占全省总量的 39%，占全省职务专利授权量的 57%。

为了加快实施创新驱动发展战略，陕西在全省复制推广西北有色金属研究院、中国科学院西安光学精密机械研究所（以下简称“中科院西安光机所”）科技创新典型经验，即“一院一所”模式。“一院模式”是指西北有色金属研究院实践探索出的“科研、中试、产业化三位一体，母体控股，股权激励，资本运作，市场导向”的创新模式;“一所模式”是指中科院西安光机所“开放办所、专业孵化、择机退出、创业生态”的模式。西北有色金属研究院探索形成基础研究、工程化和产业化三足鼎立的发展格局，组建了 14 个研究所及中心、23 个国家和省级研究中心及平台，发起组建了 28 家控股参股的高新技术企业，共获得 1100 余项科研成果奖、1045 项专有与专利技术、1 万多项新产品，仅 2015 年全院综合收入就达到 94.33 亿元。中科院西安光机所 10 年成功孵化了 140 余家高科技企业，4 家企业挂牌“新三板”，引进 14 名国家“千人计划”人才、35 名“百人计划”人才、30 多个海外创新创业团队，吸引社会投资 7 亿元，实现产值 50 亿元，新增就业 4000 多人。国内首个“硬科技”众创空间——“中科创星”众创空间就落户于中科院

中国科学院西安光学精密机械研究所（李杰　摄）

西安光机所的研究生教育中心。两个院所通过转化科技成果、兴办高新技术企业，为区域经济转型发展和科技创新注入了新活力。2016 年，陕西确定 30 家试点单位复制推广“一院一所”模式，已取得积极进展。“一院一所”创新模式已经成为全省科研院所探索科技成果转化的新标杆。

通过实施创新驱动发展战略，陕西科技创新实力大幅攀升，发展高新技术产业成效明显。党的十八大以来，全省共有 319 项科技成果获国家科学技术奖励，取得了一批具有世界影响的重大原创成果，被广泛应用于产业发展、环境优化、城市建设等领域。在 3D 打印、机器人、无人机等战略性新兴领域取得持续突破，以互联网及移动互联网、新能源、智能制造等为核心的高新技术产业增长势头良好，装备制造、特高压输变电等重大技术装备已成为出口的生力军。面对新一轮科技革命和产业变革，陕西省启动了石墨烯、量子技术、生命科学等领域和重大基础交叉前沿科学方面的研发，加快培育新的经济增长点，为构筑具有先进技术基础的现代产业体系作出贡献。

2016 年 9 月，《陕西省实施创新驱动发展战略纲要》（以下简称《纲要》）发布。《纲要》明确提出，围绕主导产业抓创新，围绕创新资源培育产业，把陕西建设成为创新体系健全、创新机制高效、创新创业活跃、创新能力领先的西部创新高地。陕西大力实施创新驱动发展战略，不断加强基础科学研究，提升原始创新能力，加快推进产业共性关键技术研发和应用，推进创新链和产业链有效对接。陕西把“挖掘好、利用好、滋养好”陕西优势科教资源作为主要途径，深入实施创新驱动发展战略。2019 年，陕西实施“1155”工程，构建四级全链条产业技术创新体系，提出建设 10 个重点产业共性技术研发平台、100 个龙头骨干企业承载的新型研发平台，推动 500 个省级创新平台开放共享，建设 500 个专业化创新创业平台的目标。陕西不断发挥企业技术创新主体作用，产业技术创新体系更加健全。陕西聚焦制约产业发展的技术瓶颈和关键核心技术，围绕智能制造、能源化工等重点产业领域，启动实施省科技重大专项；把培育创新型企业作为推动科技和经济紧密结合的重要途径，加大科技型企业的精准培育和重点支持，落实鼓励企业创新优惠政策。陕西以西安全面创新改革试验区为牵引，以创新资源开放共享为突破，加快创新型省份建设，推动企业创新、人才创业、政府创优，促进科技与经济紧密结合、创新成果与产业发展密切对接，实现创新链、产业链、资金链、政策链有机融合，让创新成为驱动高质量发展的新引擎。陕西通过构建全链条技术创新体系、发

秦创原

展科技型中小企业、用双创推动成果转化，使科技创新的支撑引领作用不断显现。

秦创原创新驱动平台，是陕西省创新驱动发展总平台和创新驱动发展总源头，是打破科技优势与经济发展转化“堵点”的关键之举。2021 年 3 月 30 日，陕西省委、省政府在西咸新区举行秦创原创新驱动平台建设大会，宣告秦创原创新驱动平台正式授牌成立。以中国西部科技创新港和西咸新区为总窗口，立足于打造立体联动“孵化器”、成果转化“加速器”、两链融合“促进器”，陕西正加力加速推动秦创原创新驱动平台建设，提升聚合力、辐射力，培育更多科创项目、科创企业，以创新驱动高质量发展。2021年5月21日，陕西发布《秦创原创新驱动平台建设三年行动计划（2021—2023年）》及《秦创原创新驱动平台建设政策包（总窗口）》。秦创原进一步明确定位、聚焦突破，加快打造具有鲜明特色和竞争力的高水平平台，让创新成为陕西高质量发展的强大引擎。

党的十八大以来，陕西不断完善科技成果转化政策体系，推行以知识价值为导向的分配政策，出台《陕西省促进科技成果转化条例》《陕西省促进科技成果转化若干规定》《陕西省促进科技成果转移转化行动方案》，形成了从法律规定、配套细则到具体部署的切合陕西实际的成果转化“三部曲”，推动了一大批科研成果落地生根，为高质量发展提供了坚强动力。2020年，陕西出台《关于创新驱动引领高质量发展的若干政策措施》，推出9个方面共38条政策措施，在聚焦提升企业创新能力、推动高新区创新发展、打造双创“升级版”等方面打出了一系列政策“组合拳”，出台“硬核”举措；健全全链条创新服务体系，鼓励高校、企业建立“一院一所”模式，以西部创新港、翱翔小镇等为核心，发展“创新中心+孵化器+科创企业”型创新创业体系；建立科技成果转化市场价值评估机制，提高科技成果转移转化成效，实行科研项目“揭榜挂帅”和科研经费“包干制”等制度，赋予科研人员更大人、财、物支配权，推进科技计划、项目、资金等一体化配置；建设知识产权大数据公共服务平台，加强知识产权保护。

3. 努力办好人民满意教育

陕西全面贯彻党的教育方针，坚持教育优先发展战略，大力推进《国家中长期教育改革和发展规划纲要（2010—2020年）》实施意见的贯彻落实，教育事业取得显著成就，为促进经济发展、社会和谐、文化繁荣作出重要贡献。

党的十八大以来，陕西不断加大教育、医疗等社会事业领域的建设力度，着力增强人民科学文化和健康水平，让人民群众共享高质量发展成果。各级各类教育普及程度明显提高。截至2020年，全省共有各级各类学校15330所，各级各类学校及教育机构在校生8319173人，专任教师525911人。全省共有幼儿园8204所，学前教育入园幼儿501347人，在园幼儿1413426人。全省共有义务教育阶段学校6251所，招生913913人，在校生4060324人，其

延安杨家岭福州希望小学（韩玉东　摄）

2018 年 3 月 22 日，渭南市合阳县城关中学，学生们课间进行篮球主题活动（崔正博 摄）

中小学 4610 所，在校生 2892019 人，毕业生 398105 人，小学学龄儿童净入学率 99.97%，生师比 16.33：1；初级中学 1641 所，招生 399767 人，在校生 1168305 人，毕业生 353880 人。全省共有特殊教育学校 70 所，在校生 19361 人。全省共有高中阶段教育学校 694 所，在校生 934235 人，其中普通高中 464 所，在校生 654448 人，毕业生 241318 人；中等职业教育学校 230 所。全省共有各类高等教育学校 110 所，其中普通高等学校 96 所（含普通本科院校 57 所，高职［专科］院校 39 所），成人高等学校 14 所。全省共有培养研究生机构 50 个，其中普通高等学校 28 个，科研机构 22 个。

2020 年，全省各类高等教育在学学生总规模 1904431 人。学前教育毛入园率超过 97%，普惠性幼儿园占比达到 91.33%。提前一年于2019年整省通过国家义务教育发展基本均衡县（区）评估验收。30万以上人口的县实现特殊教育学校全覆盖。高中阶段教育毛入学率达到98.09%，高等教育毛入学率达到60.83%。8所高校入选国家“双一流”建设高校，位居全国第四。8所高职院校入选国家“双高计划”建设院校，其中4所入选“高水平学校”，位居全国第四、中西部第一。

高等教育继续保持优势地位，高校服务创新发展能力不断增强。国家级教学成果、教学名师、教学团队、精品资源共享课程等居全国第三至第五位，有博士学位授予权和硕士学位授予权的高校分别达到19所和35所。全省高校获得国家自然科学奖、国家技术发明奖和国家科学技术进步奖三大奖171项，有大学科技园区4个、国家重点实验室11个，位居全国前列。深入开展创新创业教育，毕业生就业率稳定在88%以上。民办高等教育健康发展，继续教育持续发展，构建终身教育体系、建设学习型社会取得新进展。

陕西实施学前一年免费教育，对家庭经济困难幼儿和城镇低保家庭子女接受学前教育进行资助；全面落实普通高中、中等职业教育国家助学金政策，逐步提高省级补助标准；完善大、中、小学生资助政策体系，确保每一名学生不因家庭经济困难而辍学；建立和完善义务教育阶段留守儿童档案登记制度、代理家长制度和教育动态监测机制，保障义务教育阶段随迁子女免试就近入学，落实符合条件的进城务工人员随迁子女在陕参加中高考政策；实施农村贫困地区定向招生政策，提高“地方重点高校招收农村学生专项计划”投放比例；促进特殊教育事业发展，全省三类残疾儿童少年义务教育入学率达到90%以上，义务教育阶段特殊教育生均公用经费达到6000元标准，特殊教育教职工特教津贴提高到基本工资的 50%。按照国务院统一部署，陕西自 2012 年春季学期开始，在周至等 43 个国家试点县（区）全面启动实施了营养改善计划，同时决定将已实施两年多的“蛋奶工程”与国家营养改善计划并轨运行。到 2014 年底，陕西实现了营养改善计划在全省农村义务教育阶段学生全覆盖的既定目标。延安市、神木县、府谷县还将全部的高中学生纳入营养改善计划实施范围。全省总体实施规模位居全国前列。2016 年，陕西率先实现全省 107 个县（市、区）营养改善计划全覆盖，共惠及义务教育阶段学生 226 万名，占全省义务教育阶段学生总数的 74%。

教育生均拨款（公用经费补助）标准逐步提高到学前一年 1300 元、中小班 400 元、小学 800 元、初中 1000 元、普通高中 800 元、高职 9000 元、本科 12000 元，基本实现各级各类教育全覆盖，教

孩子们的“蛋奶工程”。图为 2012 年 5 月 8 日安康市汉滨区五里镇民主九年制学校的学生在课间吃鸡蛋、喝牛奶（王拥 摄）

育支出成为陕西最大的公共财政支出。2015 年，陕西省教育经费总投入达到 1119.84 亿元，其中国家财政性教育经费投入 879.02 亿元。全省中小学宽带网络接入率达到 100%，校园网覆盖率达到 50% 以上，多媒体教学终端“班班通”覆盖率达到 30%。高校校园网络体系功能进一步完善，启动高校“跨校选课、学分互认”机制和平台建设，汇聚全省 600 余万教育人口的基础数据库初步建成。“三通两平台”（“宽带网络校校通”“优质资源班班通”“网络学习空间人人通”和教育资源公共服务平台、教育管理公共服务平台）建设目标全面推进，全省“校校通宽带，班班可应用，人人可接入，处处可学习”的信息化环境趋向成熟。

4. 巩固利用高教资源优势

陕西形成中央和省政府两级管理，以省政府统筹管理为主、条块结合的新的高校体制框架，为构筑 21 世纪西部人才高地、建设西部高教强省奠定了基础。其中，西北大学是中华人民共和国教育部与陕西省人民政府共建的综合性全国重点大学；西安交通大学是中华人民共和国教育部直属的综合性研究型全国重点大学，由教育部与国家国防科技工业局共建；西北工业大学是中华人民共和国工业和信息化部直属高校，中央直管副部级建制高校；西北农林科技大学是中华人民共和国教育部直属高校，中央直管副部级建制高校；陕西师范大学、西安电子科技大学是中华人民共和国教育部直属高校；长安大学直属于中华人民共和国教育部，是教育部和交通运输部、自然资源部、住房和城乡建设部、陕西省人民政府共建高校；西安工业大学是陕西省人民政府与国家国防科技工业局、中国兵器工业集团、中国兵器装备集团共建高校；西安理工大学2020年7月成为工业和信息化部、陕西省人民政府共建高校；西安建筑科技大学是教育部与住房和城乡建设部、陕西省人民政府共建高校；西安科技大学是应急管理部和陕西省人民政府共建高校；西安石油大学是陕西省人民政府和中国三大石油公司共建高校；陕西科技大学是陕西省人民政府与中国轻工业联合会、中国轻工集团公司共建高校；西安邮电大学是工业和信息化部与陕西省人民政府共建高校；西安体育学院是国家体育总局和陕西省人民政府共建高校。

陕西高校加强教学基础地位，提高人才培养质量，植牢学校发展根本。为此，陕西高校不断深化本科教育教学改革，实行产学研用协同育人，推行模块化通识教育，促进文理交融；不断推动按照不同层次、不同类型人才培养的特点，修订人才培养方案，构建科学的课程体系和学习支持体系；不断强化实践育人环节，广泛实行与企业、行业、科研机构、社区等合作育人，增加实践教学比重；认真落实教授为本专科生上课制度，建立约束激励机制，调动教师投入一线教学积极性；开展研究生教育综合改革试点，分类推进研究生培养模式和机制改革，完善以提高创新能力为目标的学术型研究生培养模式和以提升职业能力为导向的专业学位研究生培养模式。

按照“固优、强特、扶需”的思路，陕西加强高校优势特色学科和特色专业、专业群建设，巩固高校工学学科领域的全国优势地位，加强高校理学学科的建设力度。陕西以“一带一路”建设为契机，扶持高校人文社科等薄弱学科以及新兴交叉学科建设。全省有博士学位授予权的单位31个（其中普通高校15个、军队院校4个、科研院所12个），硕士学位授予权的单位57个（其中

西安交通大学研究生开学典礼在中国西部科技创新港举行（刘昱 摄）

普通高校 29 个、军队院校 6 个、科研院所 22 个）。有博士学位授予权的一级学科 176 个，有硕士学位授予权的一级学科 282 个，涵盖了哲学、经济学、法学、教育学、文学、历史学、理学、工学、农学、医学、军事学、管理学、艺术学等 13 个学科门类，有专业学位授予权的学科 186 个，形成了门类齐全、结构趋于合理的学科体系。

陕西教育资源密集，是高层次人才和技能型人才成长的“摇篮”，尤其是陕西拥有的“985”和“211”高校数量分别居全国第三位和第四位，具有领先优势。陕西共有“211 工程”院校 8 所，分别是西安交通大学、西北大学、西北工业大学、西安电子科技大学、空军军医大学、长安大学、西北农林科技大学、陕西师范大学。西安交通大学、西北农林科技大学、西北工业大学是陕西域内的3所“985工程”院校。教育部和财政部自2006年开始建设优势学科创新平台项目，项目从属于“211工程”但不属于“985工程”建设的高校中选择。西安电子科技大学“先进军事综合电子信息系统优势学科创新平台”和“先进雷达技术优势学科创新平台”、长安大学“公路建设与交通运营保障科学与技术优势学科创新平台”、陕西师范大学“教师教育优势学科创新平台”等4个“985工程”优势学科创新平台获批准建设。

首轮“双一流”建设于2016年启动，至2020年结束。陕西有8所高校入选，分别是西北大学、西安交通大学、西北工业大学、西安电子科技大学、长安大学、西北农林科技大学、陕西师范大学、空军军医大学。2021年，在第二轮“双一流”高校建设评选中，西北大学（考古学、地质学）、西安交通大学（力学、机械工程、材料科学与工程、动力工程及工程热物理、电气工程、控制科学与工程、管理科学与工程、工商管理）、西北工业大学（机械工程、材料科学与工程、航空宇航科学与技术）、西安电子科技大学（信息与通信工程、计算机科学与技术）、长安大学（交通运输工程）、西北农林科技大学（植物保护、畜牧学）、陕西师范大学（中国语言文学）、空军军医大学（临床医学）入选。

陕西持续发挥现有平台影响力，继续办好丝绸之路教育合作交流会、丝绸之路国际产学研用合作会议等重大教育国际会议，支持丝绸之路大学联盟、“一带一路”职教联盟、丝绸之路农业教育科技创新联盟开展活动，进一步深化与共建“一带一路”国家的教育合作交流。拓展教育合作领域，陕西支持举办多层次、高水平的中外合作办学项目和机构，提升高校国际化办学水平。陕西支持高校加强国别区域研究及应用，及时为重大决策事项贡献陕西智慧。

陕西依托本省历史文化及教育资源优势，办好陕西省中外人文交流系列活动，提高合作交流质量，以教育交流促宣传推广，讲好陕西故事；统筹省内高校教育资源，培养国家急需的非通用语种人才和国别区域研究人才及具有国际视野的高素质、复合型人才，强化人才支撑和储备；做强教育国际交流合作“陕西品牌”和“留学陕西”品牌，支持共建“一带一路”国家学生、专家学者来陕西学习培训、参访进修，培育知华、友华力量。

陕西省积极实施人才强省战略，推进人才队伍建设，高端人才的引领作用正在显现。加大人才培育引进力度，大力实施高层次人才特殊支持计划，陕西产学研相结合的协同育人模式不断成熟。陕西聚集“高精尖缺”人才，统筹推进以高层次创新人才和高技能人才为重点的各类人才队伍发展，着力培养科学家队伍、工程师队伍、技师队伍；实施“三秦学者计划”（2017 年提升为“三秦学者创新团队支持计划”）、“三秦工匠计划”、“百人计划”（2017 年提升为“千人计划”）、“115 人才工程”和“新世纪三五人才工程”，在重点领域培养和引进一批高端领军人才、青年科技骨干和急需紧缺人才，为基层培养了一大批医疗卫生人才和农业科技推广人才。在培育高层次创新人才队伍方面，陕西 2012 年启动引进海外优秀人才的“百人计划”和“三秦学者计划”，省财政每年安排 2 亿元专项资金，集中用于实施高层次创新创业人才工程，大力引进重点领域急需紧缺的高层次人才和专门人才。在培育高技能人才方面，陕西实施“三秦之光”基层人才培养计划，面向市县科技、教育、卫生、农林水等行业领域和企业，选拔推荐 1000 名左右扎根基层生产管理、教学、医疗和科研一线，且具有发展潜力的技术骨干到省内外相关单位进行为期 1 年的研修学习，给入选者每人提供 4 万元研究经费。

（六）党的领导　全面小康根本保证

党的十八大以来，党中央把精准脱贫作为决胜全面建成小康社会的三大攻坚战之一摆在治国理政的突出位置。越是“国之大者”，越要强化组织保证。陕西省委、省政府深入学习习近平总书记关于全面建成小康社会和扶贫工作的重要论述，特别是来陕考察发表的重要讲话重要指示，扛起“国之大者”的政治责任，始终将脱贫攻坚作为重大的政治任务、头等大事和第一民生工程，作为增强“四个意识”、坚定“四个自信”、做到“两个维护”的现实检验。按照党中央部署，陕西各级党委充分发挥总揽全局、协调各方的作用，全面夯实各级责任，选优配强攻坚队伍，狠抓工作作风，强化督导检查，使全省贫困人口收入水平大幅提高，贫困地区生产生活条件显著改善，经济社会发展明显加快，全省 56 个贫困县（区）全部摘帽，全省脱贫攻坚取得全面胜利。

1. 以高度政治站位确保各项工作有力推进

办好中国的事情，关键在党。党的十八大以来，党中央明确提出，全面建成小康社会最艰巨、最繁重的任务在农村，特别是在贫困地区。没有农村的小康特别是没有贫困地区的小康，就没有全面建成小康社会。党中央把脱贫攻坚摆在治国理政的突出位置，把脱贫攻坚作为全面建成小康社会的底线任务，组织开展了声势浩大的脱贫攻坚人民战争。陕西坚持以习近平新时代中国特色社会主义思想为指导，深入贯彻习近平总书记来陕考察重要讲话重要指示，从战略和全局的高度，深化思想认识，扎扎实实做好各项工作，确保把中央的决策部署落到实处。

依据中共中央办公厅、国务院办公厅印发的《脱贫攻坚责任制实施办法》，陕西省委、省政府落实脱贫攻坚领导责任制，陕西省委办公厅、省政府办公厅印发《陕西省脱贫攻坚责任制实施细则》，加强组织领导，强化责任担当，构建省、市、县三级责任清晰、各负其责、合力攻坚的责任体系，为脱贫攻坚、全面建成小康社会提供组织保障。

各级党委、政府把打赢脱贫攻坚战作为头等大事、首要政治任务和第一民生工程，增强政治担当、责任担当和行动自觉，切实履行好党委、政府的主体责任和主要领导的第一责任人责任。党政主要负责同志签署脱贫攻坚责任书，立下军令状，对标时间表、路线图，建立健全横向到边、纵向到底的责任体系，形成五级书记抓扶贫、全党动员促攻坚的局面，汇聚起脱贫攻坚的强大合力；建立了省级现任领导每人包抓一个深度贫困县或片区县工作制度，推动责任落实。同时，陕西深入开展以比责任落实、比尽锐出战、比精准举措、提升脱贫质量为内容的“三比一提升”活动，夯实各级党委、政府主体责任和党政主要负责同志第一责任人责任，落实行业部门责任。

陕西完善责任体系，明确省、市、县三级分工。省级承担政策供给、资源保障和督查考核等职责；市级承担资源配置、政策配套、协调指导等职责；县级承担政策落实、工作落实、责任落实等职责。脱贫攻坚任务重的市级党委每季度至少专题研究一次脱贫攻坚工作，贫困县党委每月至少专题研究一次脱贫攻坚工作。召开县委书记脱贫攻坚推进会，着力发挥县委书记“一线总指挥”作用，针对贫困县，引导县委书记坚持以脱贫攻坚统揽全县经济社会发展全局，把本地经济社会发展和党的建设全部工作纳入脱贫攻坚的“大盘子”，在规划编制、项目布局、资金安排、人力调配等方面向脱贫攻坚聚拢，要求贫困县党政正职每个月至少要有 5 个工作日用于扶贫。实施五级书记遍访贫困户行动，省委书记遍访贫困县，市委书记遍访脱贫攻坚任务重的乡镇，县委书记遍访贫困村，乡镇党委书记和村党组织书记遍访贫困户。

围绕全面建成小康社会、高质量打赢脱贫攻坚战，陕西省注重解决体制性的深层次障碍，克服机制性的梗阻问题，进行顶层设计，抓住贫困群众最关心、最直接、最现实的利益问题，改革创新扶贫体制机制，推出一批见效快的创新性政策和更有针对性的改革举措，为全面建成小康社会提供了制度保障。

根据陕西省委、省政府《关于贯彻〈中国农村扶贫开发纲要（2011—2020 年）〉的实施意见》，2014 年，省委办公厅、省政府办公厅印发《关于创新机制扎实推进全省农村扶贫开发工作的实施意见》，提出创新扶贫开发考核机制、建立精准扶贫工作机制、健全干部驻村联户扶贫机制、改革财政专项扶贫资金管理机制、完善金融服务机制、创新社会参与机制等六大机制，在全省范围内整合配置扶贫开发资源。2015 年，陕西召开全省脱贫攻坚工作会议，省委、省政府印发《关于贯彻落实〈中共中央、国务院关于打赢脱贫攻坚战的决定〉的实施意见》，提出脱贫攻坚目标任务和政策举措，全面打响脱贫攻坚战。党的十九大把打好精准脱贫攻坚战作为三大攻坚战之一作出部署，陕西全省上下全力推进。2017 年，省委、省政府印发《关于加快深度贫困地区脱贫攻坚工作的实施意见》，全力攻克深度贫困堡垒。2018 年，省委、省政府印发《关于打赢脱贫攻坚战三年行动的实施意见》，进一步细化实化脱贫攻坚政策举措。2019 年，陕西省脱贫攻坚领导小组印发《关于聚焦“两不愁三保障”切实提高脱贫质量的实施意见》，压实部门和地方责任，全面摸排“三保障”和饮水安全突出问题。2020 年，陕西省委、省政府印发《关于深入学习贯彻习近平总书记来陕考察重要讲话重要指示精神全面打赢脱贫攻坚战的意见》，全力以赴决战决胜脱贫攻坚。

各地市、各部门也相继出台了一系列政策文件或实施方案，打出了政策组合拳，有效解决了许多“老大难”问题。如贫困地区的教育保障、医疗保障、安全住房、安全饮用水问题等；如精准落实项目资金，扶贫项目审批权限全部下放到县，建立县级脱贫攻坚项目库，实施扶贫资金公告公示制度，严肃查处违规违纪案件。同时，在兜底保障、产业就业、生态脱贫、基础设施建设等方面也以改革创新为动力，出台了一系列配套文件，确保政策举措更加有效、更加精准。

2. 以打造过硬干部队伍提供坚强组织保障

各级领导干部是全面建成小康社会的领头雁和火车头，高度重视各级领导干部的重要作用就是牵住了这项重要任务的“牛鼻子”。陕西始终围绕实现全面建成小康社会目标，将脱贫攻坚作为全部工作的重中之重，省委书记、省长多次到深度贫困地区调研指导工作，其他省级领导也多次深入贫困地区指导工作。全省各级领导干部主动担当责任、层层压实责任，着力解决全面建成小康社会中存在的突出问题，这种冲锋在前的工作干劲，在全省上下成为一种常态。

决胜全面建成小康社会时间紧、任务重、难度大，关键在人，关键在干部。因此，抓好领导班子建设，是保障工作落实的最根本、最关键的措施。脱贫攻坚战打响以来，陕西始终重视选优配强贫困地区领导班子，为全省打赢脱贫攻坚战、决胜全面建成小康社会提供坚强保障。

根据实现全面建成小康社会目标的实际需要，陕西综合各级领导干部的德才表现，及时进行调整优化，选优配强各级领导班子，拓宽选人用人视野，从省直部门、省属企业和高校择优选拔了一批熟悉扶贫开发、金融经济、外经外贸，且具有专业能力和开拓创新精神的干部交流到贫困地区领导班子。同时，注重就地择优选拔一批政治素质过硬、工作能力较强、熟悉“三农”工作的干部，以加强班子力量。适时研判贫困地区领导班子的运行状况，把打赢脱贫攻坚战、实现全面建成小康社会的目标作为贫困地区领导班子历练成长的重要平台，把脱贫攻坚成效作为贫困地区领导班子提拔使用的重要依据，引导贫困地区领导班子把主要心思和精力用在决战决胜脱贫攻坚、全面建成小康社会的主战场上。另外，加大对贫困地区干部支持力度，将组织部门、帮扶单位等选派的政治素质过硬、能力水平高、工作责任心强的挂职干部全部安排到贫困地区担任驻村第一书记和驻村帮扶工作队员。结合贫困村、贫困户需求，2019 年全省从省直单位选派 65 名优秀年轻干部到村担任第一书记，切实做到了尽锐出战，发挥好“尖兵”的作用，使第一书记和驻村帮扶工作队员在基层广阔的舞台上发挥才智、锻炼能力、提高素质。

党员干部接受红色教育，增强使命担当

充实驻村帮扶干部队伍，全面提升帮扶成效。驻村帮扶工作是联结参扶单位、帮扶干部和贫困村、贫困户的纽带，是落实精准扶贫和实现全面建成小康社会目标的具体举措。按照中央统一部署，陕西不断加大驻村帮扶工作力度，尤其是脱贫攻坚战打响以来，积极组织动员各级党政机关、企事业单位和社会各界等参与脱贫攻坚。陕西累计向贫困地区选派驻村干部 86566 人，有力促进了脱贫攻坚责任落实、政策落实、工作落实。为确保驻村队伍稳定，陕西省明确驻村帮扶力量攻坚期内不再轮换。2020 年再次强调年内到期人员原则上自动延期到年底，切实做到队伍不撤、驻村队员不减。截至 2020 年 12 月 31 日，陕西省共有驻村工作队 10677 支、驻村帮扶干部 37526 人（其中第一书记 9455 人），分别较上年增加 8 支、1500 多人。陕西省 6462 个建档立卡贫困村每村都有驻村工作队，146 万余户建档立卡贫困户每户均有帮扶责任人。驻村干部发挥优势精准帮扶，脱贫攻坚步伐明显加快。2019 年以来，各级驻村干部协调单位直接投入和引进各类帮扶资金 40.8 亿元，帮助贫困地区销售农产品达 12 亿元。陕西省贫困人口从 2015 年底的 316.72 万人，减至 2019 年底的 18.34 万人，累计减贫 298.38 万人，贫困发生率从 12.43% 降至 0.75%。2020 年，56 个贫困县（区）全部摘帽，陕西历史性地告别绝对贫困。

实现全面建成小康社会目标任务既是磨砺和检验干部的“大熔炉”，也是考察识别干部的“试金石”、干部干事创业和成长成才的“大舞台”。近年来，陕西把打赢脱贫攻坚战、全面建成小康社会作为选拔任用干部的主渠道和培养锻炼干部的主阵地，在推进全面建成小康社会目标与“三项机制”的深度融合上下功夫，把“三项机制”改革红利精准加注到全面建成小康社会目标任务中，激励和引导干部在全面建成小康社会中担当作为。

2019 年，为夯实深度贫困县攻坚责任，陕西将脱贫攻坚在年度目标责任考核中的权重由 5 分提高到 20 分，实行最严格的考核评估制度。针对领导班子和领导干部管理、监督、考核方面的薄弱环节，对现行考核制度进行重新审视研究，在实践运用中不断完善已试行的办法和细则，对切实可行、行之有效的条款认真执行，对不够严谨、有明显缺陷的方面及时进行补充、修订和完善，对实际需要但还未涵盖的方面进一步研究补充，做到不留“死角”“断层”和“盲区”，推动脱贫攻坚与考核工作深度对接，继而推进全面建成小康社会目标与“三项机制”深度融合。

陕西将完成全面建成小康社会目标任务作为考察干部素质的“试金石”，坚持把脱贫攻坚实绩作为了解干部、识别干部、检验干部的重要标尺，鼓励广大干部大胆尝试、勇于创新，积极探索适合本地区实际的脱贫方法，统筹用好用活政策资源；坚决破除在脱贫攻坚中少数干部存在的“干与不干一个样、干好干坏一个样”的不良思想，对工作不在状态、推动脱贫攻坚不力的坚决进行组织调整，对调整岗位的不提拔、不重用；同时，秉持实事求是、宽严相济的原则，提醒纠错在前，宽容改革创新中出现的失误，旗帜鲜明地为敢于担当的干部担当，为敢于负责的干部负责，使一些真正有想法、敢作为的干部能够在脱贫攻坚工作中脱颖而出，为全面建成小康社会贡献自己应有的力量。

陕西还把“三项机制”作为选拔任用干部的“指挥棒”，进一步健全和完善干部问题信息档案、同一层级干部量化评价模型等制度，明确提出在各级班子换届中全面落实“三项机制”，对符合鼓励激励标准的干部，该表彰的大力表彰，该使用的大胆使用。为此，陕西出台了《关于激励关爱脱贫攻坚一线干部的实施办法》等政策，对受到中央和省级表彰、连续两年年度考核优秀的扶贫干部，优先提拔使用；对挂职期间享受派出单位同类同级人员各项工资福利待遇，落实健康体检、经费补贴、抚恤救助等政策，为扶贫干部购买人身意外保险等进行了规定。2019 年，陕西省共提拔重用驻村帮扶干部 1215 名，省脱贫攻坚奖表彰大会上 13 名驻村干部受到表彰。在脱贫攻坚一线识别选拔干部，彰显出陕西选人用人的正确导向，鼓舞了脱贫攻坚一线干部的干事劲头，促进了全面建成小康社会取得实质进展。

致富不致富，关键看干部。在全面建成小康社会过程中，各级干部尤其是基层一线干部具有重要作用。因此，强化责任担当、提高干事创业能力，就是干部教育培训工作的重中之重。2018 年以来，陕西坚持超前谋划，精心组织，压实责任，创新方式，针对不同部门、不同岗位的干部开展全方位、多层次、大规模的教育培训，确保新选派的驻村干部和新上任的乡村干部全部轮训一遍，全面提升全省干部的政治素质和专业化能力，确保打赢脱贫攻坚战，全面建成小康社会。

在培训内容方面，陕西按照“干什么学什么，缺什么补什么”的思路，立足扶贫干部不同岗位职责，设置了不同培训内容。培训突出精准扶贫精准脱贫专业化能力培养，加强精准扶贫基本知识和操作技能培训，强调面对不同对象各有侧重；在培训对象方面，以贫困片区为重点区域，以五类人员为主要对象，根据脱贫攻坚工作机制和干部管理权限，对全省扶贫干部进行分级分类培训；在培训的目标任务方面，要让贫困地区干部和扶贫干部的政策水平、专业技能、执行能力和担当精神明显提升，科学扶贫、精准扶贫和推动区域发展的本领显著增强；在培训的具体实施方面，实行统筹安排、分级负责、分类实施、整体联动，将联责任务分解到各级各相关部门，使培训不仅是学习提能的途径，也是推进专项扶贫工作的抓手。

3. 以严实作风确保各项工作落到实处

社会主义是干出来的，全面小康也是干出来的。决战脱贫攻坚、实现全面建成小康社会目标任务，必须立足于实干，坚决克服形式主义。陕西省委、省政府拿出自我革命的勇气、决心和魄力，坚决向形式主义顽瘴痼疾开刀，确保集中整治不走过场、不做虚功，确保取得人民群众看得见、摸得着的实际成效，为决胜全面建成小康社会提供优良作风保证。

陕西把脱贫攻坚当“头等大事”抓，拿出干头等大事的气魄、干劲和激情；当“政治任务”抓，言必信、行必果，说了就干；当“关键战役”抓，拿出决战决胜的勇气、决心和智慧，向贫困宣战，向困难宣战；当“综合体现”抓，将脱贫攻坚看作促进经济社会发展、全面提升工作水平的总抓手系统推进。

陕西省贯彻落实中共中央办公厅《关于解决形式主义突出问题为基层减负的通知》、国务院扶贫办《关于脱贫攻坚收官之年克服形式主义官僚主义问题的通知》等文件精神，强化党风廉政建设，提出主官必须主责、主官必须解剖“麻雀”、干部必须配硬、标准必须严格、考评必须严格、过程必须纪实、信息必须公开、暗访必须常态、监督必须有力、奖罚必须分明等“十条铁规”和系统推进、敢于担当、求实求效、深入实际、抓铁有痕、协同发力、精打细算、严督实考等“八种硬作风”；同时，陕西积极发挥党组织牵头抓总作用，深入开展全省扶贫领域作风问题专项治理，深刻汲取秦岭北麓西安境内违建别墅问题教训，认真查摆本地区本部门本单位存在的形式主义、官僚主义主要表现、突出问题和成因。

陕西坚持省委常委班子带头，党政一把手牵头，分管领导具体负责，各级各部门各司其职，层层召开专题民主生活会，针对整改问题深挖问题根源、制定针对性举措，较真碰硬整改，做到整改一个、销号一个。在脱贫攻坚战中，陕西针对在具体工作中一些干部出现的作风问题，以小见大、举一反三，提出：靠系统推进的过硬作风，彻底解决就事论事的问题；靠敢于担当的过硬作风，彻底解决失责缺位的问题；靠求实求效的过硬作风，彻底解决弄虚作假的问题；靠深入实际的过硬作风，彻底解决本领恐慌的问题；靠抓铁有痕的过硬作风，彻底解决工作漂浮的问题；靠协同发

2020 年 7 月 31 日至 8 月 15 日，陕西省以案促改警示教育展在西安曲江国际会议中心举办，展示省委坚决有力惩治腐败的坚定决心，释放以零容忍态度惩治腐败的强烈信号，持续推动陕西全面从严治党向纵深发展

力的过硬作风，彻底解决各自为战的问题；靠精打细算的过硬作风，彻底解决资金保障的问题；靠严督实考的过硬作风，彻底解决层层衰减的问题。

陕西省贯彻落实中央纪委《关于 2018 年至 2020 年开展扶贫领域腐败和作风问题专项治理的工作方案》等文件精神，持续深入开展扶贫领域腐败和作风问题专项治理，深刻汲取秦岭北麓西安境内违建别墅问题教训，扎实开展以案促改，坚决克服形式主义、官僚主义，坚决抵制政绩工程、面子工程和民生领域奢侈浪费。按照省纪委监委的部署和要求，全省各级纪检监察机关突出治理重点，紧扣贯彻中央重大决策部署、“五级书记抓扶贫”、职能部门履职尽责、巩固成果防止返贫以及全面抓好中央专项巡视“回头看”整改等方面强化监督。此外，专项治理呈现以下特点：建立专门台账，对扶贫领域腐败和作风问题线索实行动态管理，强化跟踪问效，督促及时处置，确保年度清零；对性质恶劣、情节严重、较为典型的基层腐败和作风问题，提级办理，直查直办；加强典型问题公开通报曝光力度，注重用身边人身边事开展警示教育，以案为鉴，以案促改；对问题反映比较集中或问题线索较多但查处不力的市、县，深入一线进行督查；严肃纠治工作过度留痕、检查考核过多过滥、重复填表报数加重基层负担等问题。

4. 以严格监督确保各项工作扎实开展

自打响全面建成小康社会脱贫攻坚战以来，陕西各级纪检监察机关和广大纪检监察干部迎难而上、奋勇前行，一以贯之学习贯彻习近平新时代中国特色社会主义思想，一以贯之督促党员、干部自觉做到“两个维护”，一以贯之贯彻落实全面从严治党方针和要求，全力攻坚克难，动真碰硬，一抓到底，从严从实推进脱贫攻坚督查巡查反馈问题整改，确保全面小康得到群众认可，经得起历史和实践检验。

为了加强整改工作的政策保障，陕西出台了一系列脱贫攻坚督查巡查制度，提高了督查巡查工作的制度化水平，确保全面小康社会建设过程扎实开展。

2016 年 10 月，陕西省出台《陕西省脱贫攻坚督查巡查工作实施办法》，明确了督查巡查重点内容，即：脱贫攻坚责任和任务落实情况，专项规划和重大政策措施落实情况，减贫任务完成情况以及扶贫项目实施、扶贫资金使用等情况；省级有关单位脱贫攻坚责任落实情况，扶贫任务分解下达、政策措施执行和扶贫项目资金安排落实情况；干部在落实脱贫攻坚目标任务方面的作风、工作成效等情况。2018 年 6 月 8 日，陕西省印发《陕西省脱贫攻坚督导督查工作实施办法（试行）》，明确了督导督查工作的重点：中央及国家有关部委反馈交办的陕西脱贫攻坚存在的问题整改落实情况，省委、省政府及省脱贫攻坚领导小组、省脱贫攻坚指挥部关于脱贫攻坚重大决策部署落实情况，各市、县党委政府和省级部门脱贫攻坚责任、政策及工作落实情况，各市、县年度减贫计划执行情况，扶贫领域作风和腐败问题专项治理开展情况。同时，为了加强整改工作的政策指导，陕西省扶贫办专门成立了政策咨询组，负责各市、县和省级相关部门整改工作的政策解答和工作指导。2019 年 6 月 5 日，陕西省印发《陕西省脱贫攻坚问题整改工作导则》，明确了主要整改范围：中央脱贫攻坚专项巡视、扶贫成效交叉考核、第三方评估、财政绩效评价、审计、民主监督调研、媒体暗访、督查巡查等反馈的各类问题；省级层面组织的巡视、考核、第三方评估、审计、调研督导等发现的各类问题；承担脱贫攻坚任务的省级部门查摆、市县层面自查的各类问题。2019 年 8 月 16 日，陕西省脱贫攻坚领导小组印发《关于强化脱贫攻坚巡回督促指导工作的意见》，明确了督导重点："两不愁三保障" 解决不到位的问题；巩固脱贫成果和防止返贫方面存在的问题；反馈问题整改不扎实、走过场的问题；责任落实、政策落实、工作落实有空档、有偏差的问题。

陕西根据全面建成小康社会目标和任务开展督导督查，明确每次督导工作主题，坚持以综合督导与专项督导相结合、明察与暗访相结合、干部访谈与入户调查相结合等多种方式开展督导。为了尽快落实陕西省委、省政府对脱贫攻坚问题整改工作作出的总体部署，加快对中央反馈问题、省级查摆问题和市县自查问题的整改工作，2018 年省脱贫攻坚指挥部分两轮对各市、县和各重点部门脱贫攻坚问题整改工作进行督导检查。同时，省脱贫攻坚指挥部专门派出暗访组，对各市、县整改工作进行暗访督查，随机深入到村到户，实地查看问题整改是否深入、是否彻底、是否到位。

陕西要求在整改中不仅要把中央通报指出的问题和国务院扶贫办给各省反馈的问题整改到位，还要把全国共性问题作为整改内容，对照问题，全面自查，举一反三。2018 年督导 120 个（次）县（区），2019 年督导 112 个（次）县（区），2020 年督导 110 个（次）县（区）。为了让督导督查见实效，陕西不断探索完善方式方法。每次督导前通过集中培训、视频培训、印发资料等方式，对督导干部进行培训，提高督导干部业务水平；通过开展县际交叉检查，让各县之间相互交流、相互学习，推动各县工作质量提升；按照督查对象和督查内容分别建立计划摘帽县工作台账、国家考核工作台账、调研督查发现问题整改台账等 10 余类台账，实现量化管理，逐项逐类抓推进；通过发督办单、督办函等方式，不定期督促各市、县和省级有关部门及时整改、推动工作落实。截至 2020 年底，全省累计向各市、县及省级有关部门印送督办单（函）共 300 余份，且对督办问题及时跟进，适时督促，确保工作落实到位；通过现场指出问题、严肃通报问题，充分运用督导结果，层层传导压力。

围绕全面建成小康社会各项目标任务，陕西省深化政治巡视，采取常规巡视和专项巡视相结合的方式，发现并推动解决一批脱贫攻坚中存在的具体问题、突出问题，为决胜全面建成小康社会保驾护航。

陕西省委紧紧围绕“精准”二字，聚焦被巡视党组织脱贫攻坚政治责任，强化政治监督，开展政治体检，查找政治偏差，做到精准发现问题、精准把握政策、精准报告问题，最终精准推动解决问题。

为提高巡视精准度，陕西省委巡视办针对不同层面承担的不同责任，定制个性化巡视方案。脱贫攻坚专项巡视紧盯省级部门单位党组织协助落实“省负总责”情况，紧盯市县党委、政府履行“抓落实”主体责任，紧盯基层纪检监察机关落实监督责任和相关职能部门落实监管责任，紧盯已有监督检查反馈问题整改落实等情况，精准发现和推动解决不同层面存在的突出问题。

2020 年，陕西省委 7 个巡视组按照省委统一部署，启动对 12 个省级脱贫攻坚职能部门和部分县区的脱贫攻坚专项巡视“回头看”。巡视“回头看”采取重点县区“驻点解剖麻雀”、非重点县区“定点巡诊把脉”、省级脱贫攻坚职能部门“巡回机动扫描”的方式，紧盯重点机动灵活开展巡视。本轮巡视重点监督检查被巡视地区和单位党组织落实党中央脱贫攻坚方针政策和省委部署要求情况，落实脱贫攻坚政治责任情况，落实抓组织建设促脱贫攻坚工作情况，落实巡视、成效考核和各类监督检查发现问题整改情况。

陕西省委坚持把助力脱贫攻坚作为增强“四个意识”、做到“两个维护”的具体实践，先后对 10 个承担脱贫攻坚牵头任务的省直部门和 52 个贫困县（区）开展脱贫攻坚专项巡视，实现全省脱贫攻坚专项巡视“全覆盖”，为陕西打赢脱贫攻坚战、全面建成小康社会提供了有力保障。

陕西省委巡视机构围绕压紧压实各级党委、政府的政治责任，抓好对巡视和各类监督检查中发现的问题的整改工作。每轮巡视后，各巡视组既列出问题清单，又提出整改意见，要求被巡视单位不仅要照单全收，更要照单全改，并从反馈之日起就启动巡视整改日常监督。

陕西按照梳理问题、及时交办、制定方案、建立台账、跟踪督办、逐一销号、上报结果的工作流程，有序推进问题整改工作；建立了问题整改进度预警监测制度，每两周收集研判整改进展情况，对进度明显滞后的市和部门预警提醒；依托脱贫攻坚大数据平台，随时将工作中发现的具体问题点对点发送相应部门和市县，时时监测，及时提醒相关部门和市县对标整改销号。

脱贫攻坚战打响以来，陕西省先后发布了《2016 年度脱贫攻坚存在问题整改情况报告》《2017 年度脱贫攻坚存在问题整改情况报告》《2018 年国家脱贫攻坚督查巡查反馈问题整改情况报告》《中央第四巡视组对陕西省脱贫攻坚专项巡视反馈意见整改落实进展情况报告》等一系列整改情况的报告，推动各项整改落实到位。省委书记主动担起整改第一责任人的责任，领导班子成员按照分工承担分管领域的整改责任，把巡视整改与脱贫攻坚工作有机结合，建立健全稳定脱贫长效机制，形成整改常态化、长效化的机制。

5. 以强化基层党建引领作用凝心聚力

全面建成小康社会，是我们党的第一个百年奋斗目标，而打赢脱贫攻坚战，是全面建成小康社会的标志性指标。只有坚决完成脱贫攻坚任务，才能确保完成全面建成小康社会的底线任务。脱贫攻坚关乎全面建成小康社会全局和陕西发展大局。

基础不牢、地动山摇，围绕决战决胜脱贫攻坚持续建强基层战斗堡垒，着力增强基层党组织政治功能和组织能力。

陕西优化村级党组织设置，因地制宜建设产业引领型、公共服务型、园区带动型等“功能型”党组织，推进地域相邻、产业相近、资源互补的村以中心村为主联建党组织，实现基层组织一体构建、产业发展一体规划、基础设施一体实施、公共服务一体推动。同时，陕西加强非公企业和社会组织党的建设，推进党的组织和党的工作全覆盖，不断提高党的建设的质量。

陕西积极整顿软弱涣散党组织，坚持不设比例、不定指标、应整尽整，紧盯脱贫攻坚工作滞后，村党支部书记不胜任、不尽职等重点村，排查整顿软弱涣散村党组织，调整清理不合格、不胜任村干部。

陕西推动党建、脱贫互融互促，依托党员精准扶贫示范工程，用活财政支农资金、社会捐助资金、产业发展资金，探索创新产业带动型、资源开发型、股份合作型、异地置业型多种经营模式，增强党组织“造血”功能，提高群众自我发展能力，助推脱贫攻坚和乡村振兴。省级层面先后扶持 49 个县、1566 个重点村先行先试，先后培育出柯小海、郭占武等一批优秀村党支部书记，形成输血变造血、先富带后富的生动局面。

决战脱贫攻坚、实现全面小康，领导干部是关键。陕西牢固树立“打硬仗当用‘硬’干部”的理念，制定了《关于抓党建促脱贫攻坚工作的指导意见》，将加强脱贫地区领导班子建设作为一条“硬”措施，紧扣扶贫需求和小康目标选拔基层干部，让“一把手”成为“一把能手”“一把好手”，成为领导和推动脱贫攻坚实现全面小康的责任人。

陕西以“四个不摘”稳定基层领导队伍，政策的持续落实、人员的持续跟进是保证脱贫攻坚任务落实、促进全面小康实现的基本前提。为避免因政策和人员的变动带来的脱贫效果减弱、脱贫任务执行不力的局面，陕西积极落实中央提出的“摘帽不摘责任”“摘帽不摘政策”“摘帽不摘帮手”“摘帽不摘监管”的“四个不摘”政策，牢牢守住脱贫攻坚期内贫困县党政正职“不脱贫不调整、不摘帽不调离”的政策底线，对拟提拔的贫困县党政正职一律不予调离继续兼任，对最需要调整的乡镇党政正职一律先报备后任免，对不符合规定的报备人选一律不予受理。同时，陕西对56个贫困县（区）党政领导班子进行定期研判和谈心谈话，确保了各级党政正职牢牢守住“主阵地”。

乡镇是脱贫攻坚的战斗前沿，任务重、困难多、问题杂，对干部有着较高的要求。陕西对承担脱贫攻坚任务的吃劲岗位，实行班子优先配备、人员优先补充、人才优先引入。为此，陕西先后在农业、金融、科技等领域选派110名专业干部挂职扶贫副县长，争取中组部、团中央博士服务团成员共5批78名优秀人才来陕挂职锻炼，推动1019名新招录的乡镇事业单位工作人员、993名选调生到农村参与扶贫，在全国率先实现1133名大学生“村官”全部事业身份兜底，为决战脱贫攻坚、实现全面小康奠定了坚实的组织基础。

陕西为充分调动基层干部的积极性和主动性，以实绩论英雄，将“鼓励激励、能上能下、容错纠错”三项机制贯穿扶贫工作全过程，推动脱贫攻坚与目标责任考核、领导干部考核评价、书记抓党建述职评议三个方面紧密挂钩。全省依据脱贫攻坚考核和专项研判结果，对表现优秀、实绩突出的24名县委书记予以提拔，各市、县、乡累计提拔和进一步使用脱贫攻坚工作中表现优秀的干部3014人。

2014年起，各地对原有驻村干部统筹整合，统一为驻村工作队，到2015年底，实现了对贫困村全覆盖。图为咸阳郴州市水利局派驻义门镇弥家河村扶贫工作人员向贫困户宣讲扶贫政策

陕西紧紧抓住对口帮扶、精准派驻，围绕管理和保障等关键环节，努力将每支驻村队伍建成一个坚强有力的战斗组，精锐尽出，决战脱贫攻坚，合力奔小康。针对基层党组织存在的领导不力、组织涣散、队伍不强等问题，陕西通过派驻第一书记、驻村队员、包村干部，推动党务干部进弱村、经济干部进穷村、政法干部进乱村、科技干部进产业村，派出单位同步实行人员选派、项目跟进、资金配套、责任落实“四个打包”，充分整合人力、财力和物力，形成建设小康的合力。

为了让派驻干部工作安心、生活顺心，一心一意搞工作、全心全意谋帮扶，消除不必要的顾虑，陕西运用组织部门牵头、扶贫部门配合、乡镇党委抓总、选派单位支持、村两委协同的管理机制，指导各地建立健全驻村帮扶干部建档备案管理、日常考勤登记、重大事项报告、定期选派轮换等管理制度，制定《关于激励关爱脱贫攻坚一线干部的实施办法》，落实经费保障、生活补贴、提拔重用、人文关怀等措施，激发了派驻人员工作的积极性，提高了派驻工作的效果。

陕西积极树立扶贫先进典型，一个典型就是一面旗帜、一个标杆，具有较强的示范带动作用。为营造基层脱贫攻坚和实现全面小康的比、学、赶、超局面，陕西省每年树立一批脱贫攻坚奔小康的先进典型。先后受表彰的优秀第一书记达 5100 余名，其中省级表彰 268 名。同时，依托《当代陕西》、“陕西先锋”微信公众号等，陕西对扶贫一线奋斗者进行宣传报道，促进了基层干部之间的相互学习、相互竞赛。

加强党员教育培训、锤炼过硬攻坚本领，是决战脱贫攻坚、实现全面小康的前提基础。陕西坚持把培养“最能打的人”作为决战脱贫攻坚、实现全面小康的先决条件，充分发挥全省干部培训资源优势，通过构建体系，狠抓培训，保证干部来之能战，战之能胜。

延安精神是确保完成决战脱贫攻坚目标任务、决胜全面建成小康社会的强大精神力量。陕西以延安精神为抓手，对干部加强思想教育，确保基层干部始终牢记第一身份是共产党员，积极为党工作、为民服务，带领群众把日子越过越好。2018 年为脱贫攻坚作风建设年，陕西坚持问题导向，集中力量解决脱贫领域“四个意识”不强、责任落实不到位、工作措施不精准、资金管理使用不规范、工作作风不扎实、考核评估不严格等突出问题，强调这是一场硬仗，越到最后越要紧绷这根弦，不能停顿、不能大意、不能放松，为脱贫攻坚的最后胜利进行了思想和作风上的准备。

陕西脱贫攻坚巡视紧盯基层纪检监察机关落实监督责任和相关职能部门落实监管责任，紧盯基层党组织已有监督检查反馈问题整改落实等情况，精准发现和推动解决基层存在的突出问题，确保基层党组织整改落实巡视问题。同时，陕西督促指导市县巡察机构采取直接巡村的方式，强化对村（居）党组织延伸巡查。

陕西扎实开展专项治理，加强作风和能力建设。在脱贫攻坚后期，突出强调要决战决胜，一鼓作气，坚决克服新冠肺炎疫情影响，防止松劲懈怠，提高脱贫质量，巩固脱贫成果，确保高质量完成目标任务。

三、摆脱贫困　小康百姓

全面小康是全体人民的小康，没有贫困人口的脱贫，没有贫困地区的小康，就没有全面建成小康社会。2017 年，习近平总书记在党的十九大报告中指出，“让贫困人口和贫困地区同全国一道进入全面小康社会是我们党的庄严承诺”。陕西曾经是全国贫困面大、贫困人口多、贫困程度深的省份之一，全国集中连片特困地区涉及陕西的有 3 个（秦巴山区、六盘山区、吕梁山区），107 个县（市、区）中 96 个有扶贫任务，56 个是贫困县（区），其中深度贫困县（区）11 个，16962 个行政村中有 6462 个贫困村。2020 年 4 月，在决胜全面建成小康社会、决战脱贫攻坚之年，统筹推进新冠肺炎疫情防控和经济社会发展工作的关键时刻，习近平总书记来陕西考察并发表重要讲话，其间对脱贫攻坚工作作出重要指示，为陕西夺取脱贫攻坚战全面胜利、推动陕西高质量发展指明了前进方向，提供了思想武器，注入了强大动力。

党的十八大以来，陕西全省上下认真贯彻落实习近平总书记关于扶贫工作的重要论述和来陕考察重要讲话重要指示，始终把脱贫攻坚作为全省头等大事、第一民生工程和重要政治任务，坚持精准扶贫、精准脱贫方略，举全省之力尽锐出战，一鼓作气，敬终如始，以“不破楼兰终不还”的坚定决心，啃下了一个个难啃的“硬骨头”，攻下了一个个难攻的“贫困堡垒”。脱贫攻坚力度之大、规模之广、影响之深，前所未有。2019 年 5 月，延安在全国革命老区中率先实现脱贫；2019 年底，全省 11 个深度贫困县（区）全部脱贫摘帽，482 个深度贫困村全部出列。2020 年底，陕西如期完成脱贫攻坚目标任务，56 个贫困县（区）全部摘帽，465 万农村贫困人口全部脱贫，实现安居乐业。陕西打赢脱贫攻坚战，实现了全面建成小康社会的目标，三秦百姓实现了摆脱贫困、全面小康的历史性跨越，3900 万三秦儿女共同享有幸福美好的小康生活。

（一）攻坚克难　啃下脱贫“硬骨头”

“脱贫攻坚本来就是一场硬仗，而深度贫困地区脱贫攻坚是这场硬仗中的硬仗。我们务必深刻认识深度贫困地区如期完成脱贫攻坚任务的艰巨性、重要性、紧迫性，采取更加集中的支持、更加有效的举措、更加有力的工作，扎实推进深度贫困地区脱贫攻坚。”2017 年 6 月 23 日，习近平总书记在深度贫困地区脱贫攻坚座谈会上作出重要指示，为脱贫攻坚战向深度贫困进军发出“总动员令”。陕西深入学习贯彻习近平总书记重要讲话精神，迎难而上，全面启动了《关于打赢脱贫攻坚战三年行动的实施意见》，持续加大政策倾斜力度、强化资金要素保障、补齐基础设施短板、做实产业就业扶贫、大力推进叠加帮扶，以更加集中的支持、更加有力的行动，采取超常规举措攻克深度贫困。

表 3—1　陕西省深度贫困县（区）（11 个）

所在地级市	深度贫困县（区）
汉中市	略阳县、镇巴县
安康市	汉滨区、紫阳县、白河县、岚皋县
商洛市	山阳县、镇安县、丹凤县、商南县、柞水县

表 3—2　陕西省深度贫困村分布情况（482 个）

所在地级市	所在县（区）	深度贫困村数量（个）
宝鸡市	千阳县	4
	陇　县	6
咸阳市	永寿县	2
	长武县	1
铜川市	耀州区	7
渭南市	白水县	2
	合阳县	3
	富平县	1
榆林市	佳　县	3
汉中市	南郑县	5
	城固县	19
	洋　县	8
	西乡县	9
	勉　县	17
	宁强县	14

续表

所在地级市	所在县（区）	深度贫困村数量（个）
汉中市	略阳县	28
	镇巴县	10
安康市	汉滨区	45
	汉阴县	20
	石泉县	5
	宁陕县	5
	紫阳县	35
	岚皋县	17
	平利县	8
	旬阳县	7
	白河县	26
商洛市	商州区	34
	洛南县	25
	丹凤县	26
	商南县	21
	山阳县	30
	镇安县	15
	柞水县	24

1. 加大政策倾斜力度

2017 年 9 月，陕西印发了《关于加快深度贫困地区脱贫攻坚工作的实施意见》，相继出台《陕西省财政厅财政支持深度贫困地区脱贫攻坚若干政策》《加快推进深度贫困地区产业扶贫精准脱贫工作的实施方案》《支持深度贫困地区农村危房改造方案》《深度贫困地区交通脱贫攻坚实施方案》《深度贫困地区水利扶贫行动计划》《关于进一步支持做好深度贫困地区移民搬迁工作的意见》《陕西省金融支持深度贫困地区脱贫攻坚十项政策措施》《陕西银行业助推深度贫困地区脱贫攻坚六条措施》《苏陕扶贫协作助推深度贫困地区脱贫攻坚实施方案》等27个配套政策文件，明确新增脱贫攻坚资金、项目、举措集中用于深度贫困地区，重点做到基础设施建设、易地扶贫搬迁、产业扶贫、就业扶贫、生态扶贫、健康扶贫“六个聚焦”，进一步落实加大资金投入、优化帮扶体系、激发内生动力、深化改革创新、强化组织领导等保障措施，为集中力量攻克深度贫困堡垒奠定了坚实基础。

2. 强化资金要素保障

2017年加快推进深度贫困地区脱贫攻坚工作以来，陕西持续加大对深度贫困县的资金支持力度，按照财政专项扶贫资金在正常投入增幅基础上再提高20%以上的要求，累计向11个深度贫困县（区）投入中央和省级财政专项扶贫资金81.38亿元，占该项资金总量的20.37%。同时，严格落实深度贫困县涉农资金集中整合用于脱贫攻坚项目，以及攻坚期内每个深度贫困村涉农整合资金投入不低于500万元的政策要求，11个深度贫困县（区）累计整合涉农资金190.46亿元，占56个贫困县（区）涉农扶贫资金的24.43%。11个深度贫困县（区）全部与江苏省经济强县结对，累计投入苏陕扶贫协作资金31.3亿元。

陕西用足用好土地增减挂钩政策，共安排11个深度贫困县（区）土地节余增减挂钩指标流转，累计跨省调剂增减挂钩指标2.84万亩，调剂资金85.2亿元。

陕西积极推进金融扶贫，在全国首创金融机构与深度贫困县“一对一”结对帮扶行动，在基础设施建设、产业扶贫、乡村振兴等七个方面开展合作。2018 年至 2019 年，11 家帮扶机构在深度贫困县投放贷款近 100 亿元，其中陕西省农村信用社联合社、中国建设银行陕西省分行、中国农业银行陕西省分行分别投放贷款 45.86 亿元、24.65 亿元、7.26 亿元，为深度贫困县脱贫攻坚提供了强有力的金融支撑。

陕西实施贫困地区企业上市绿色通道政策，2017 年 11 月推动商洛市柞水县盘龙药业成为全国首家深度贫困地区上市企业和陕西省贫困县第一家上市公司，直接带动 9000 余人脱贫致富。

3. 补齐基础设施短板

在交通、水利、电力等基础设施项目规划、资金安排方面，陕西优先向 11 个深度贫困县（区）倾斜。交通方面，陕西加快实施深度贫困县公路建设，推进贫困村村级道路建设，“十三五”期间深度贫困村建设通组路 4645 公里，全面改善深度贫困地区道路通行条件。水利方面，陕西对列入省“十三五”规划的深度贫困县的大中型水利工程项目优先开工，优先在深度贫困村实施农村饮水安全巩固提升工程、小流域治理、小型农田水利建设等项目。电力方面，陕西大力实施深度贫困地区农网改造升级工程，着力解决低电压、网架不合理、未通动力电等问题，全面提升深度贫困地区农村居民生活用电水平。截至 2019 年底，全省深度贫困村集中居住 30 户以上的自然村全部通沥青（水泥）路；482 个深度贫困村均实现通动力电和生活用电，电力入户率达到 100%；累计向深度贫困县安排农村饮水安全巩固提升资金 19.93 亿元，受益的建档立卡贫困

聚焦攻克深度贫困堡垒，陕西大力推进深度贫困县基础设施建设，陕南秦巴片区深度贫困县镇巴县交通条件得到极大改善

人口达 48.29 万人。其中，基础设施状况改善明显的陕南秦巴片区深度贫困县镇巴县紧紧围绕“两不愁三保障”核心指标，突出弥补水、电、路、医疗、通信等短板弱项，累计实施基础设施和公共服务项目 1360 个，完成投资 16.3 亿元，实现所有行政村（居委会）通水泥路、通班车，电力入户率、农户安全饮水达标率、标准化村卫生室和网络覆盖率均为 100%，贫困群众生产环境大幅改善，生活品质大幅提升。

4. 做实产业就业扶贫

加大对深度贫困县产业发展的政策倾斜力度，在 2017 年每县 500 万元产业帮扶资金的基础上，陕西省规定深度贫困县的产业帮扶资金逐年增加 10%，2020 年向 11 个深度贫困县（区）每县（区）

遍地黄花，致富之路。大荔黄花菜被誉为“西北特级黄花菜”，大荔沙苑地区群众在帮扶下走上种植黄花菜脱贫致富之路（李建朝 摄）

倾斜帮扶资金达到 850 万元，支持百万亩茶叶标准化生产，强化食用菌设施和菌袋生产，大力发展猕猴桃、中药材、魔芋、核桃、板栗等区域特色产业，全省有劳动力和发展意愿的贫困户家庭基本实现了每户至少有 1 个稳定增收产业，或至少 1 人稳定就业。

陕西多措并举开展电商精准扶贫，电子商务进农村综合示范项目覆盖 11 个深度贫困县（区），建成 315 个深度贫困村电商服务站点，电商产业为群众脱贫致富提供了广阔的空间。其中，山阳县以国家级电子商务进农村综合示范县创建为抓手，每年设立 1000 万元电商扶贫产业发展专项资金，先后建成镇级电商服务站 18 个、村级电商服务点 109 个，2019 年全年电子商务交易额达 7.8 亿元，电商产业链带动创业就业 4000 多人，带动贫困户 6200 多户 2.1 万多人增收。

陕西加大就业扶持力度，各地新增或补充的公益性岗位及各部门开发的公益专岗，优先安置深度贫困地区符合条件的建档立卡贫困劳动力。2017年以来，深度贫困县累计培育扶贫龙头企业585家，建设扶贫车间 708 间，吸纳贫困劳动力 26599 人，开发公益性岗位安置贫困劳动力 60118 人。

5. 大力推进叠加帮扶

为动员各类帮扶力量向深度贫困县聚集，2019 年陕西深入实施深度贫困县帮扶力量“六个一”，即每个深度贫困县有一名省级领导联系、一个省级部门牵头包抓、一个中型以上国有企业帮扶、一家城市三级医院帮医、一所高等院校扶智、一个平台融资。全省 11 个深度贫困县（区）驻村包联的省级参扶单位达 196 家，占全省省级参扶单位总数的三分之一，对口帮扶的省市公共卫生机构达 28 家。充分发挥省级社会组织示范带头作用，动员 304 家省级社会组织组建 12 个“助力深度贫困地区脱贫攻坚合力团”，对深度贫困县开展“一对一”精准帮扶，累计投入资金 1.74 亿元，实施帮扶项目 247 个，受益群众 7.74 万人。在合力团的带动下，全省 13770 家社会组织发挥优势，累计投入帮扶资金 53.6 亿元，帮扶贫困群众 428 万人，彰显了“1+1 ＞ 2”的叠加放大效应。

2019 年 5 月底，陕西统筹调配力量，组织西安市的 8 个经济强区和 8 个开发区、咸阳市的 2 个经济强区及杨凌示范区对 10 个深度贫困县（区）进行叠加帮扶，支持对口县做实做优产业扶贫、就业扶贫、消费扶贫等。其中，西安市 16 个区县、开发区对口帮扶陕南 8 个深度贫困县（区），签订帮扶协议 37 份，投入帮扶资金 5100 万元，派驻一线帮扶干部21名，围绕旅游、电商、富硒茶、药材种植、养殖等产业项目进行深度合作，助力陕南深度贫困地区高质量脱贫。

表 3—3　西安市、咸阳市、杨凌示范区对口帮扶深度贫困县（区）

深度贫困县（区）	帮扶区（开发区）
安康市汉滨区	西安市雁塔区、航天基地
安康市紫阳县	西安市未央区、航空基地
安康市白河县	西安市高陵区、西咸新区
安康市岚皋县	西安市新城区、高新区
汉中市镇巴县	西安市阎良区、经开区
汉中市略阳县	西安市灞桥区、国际港务区
商洛市山阳县	西安市莲湖区、浐灞生态区
商洛市丹凤县	西安市碑林区、曲江新区
商洛市商南县	咸阳市秦都区、渭城区
商洛市柞水县	杨凌示范区

（二）易地搬迁　搬出生活新气象

2020 年 4 月 21 日，习近平总书记在陕西平利县老县镇锦屏社区考察调研时强调，“易地搬迁是解决一方水土养不好一方人、实现贫困群众跨越式发展的根本途径，也是打赢脱贫攻坚战的重要途径”。易地扶贫搬迁是党和国家为从根本上解决生存条件恶劣地区贫困人口生存与发展问题而实施的一项“挪穷窝”“拔穷根”工程，也是脱贫攻坚的“头号工程”和标志性工程。历经“十二五”易地避灾搬迁、生态搬迁，再到“十三五”精准扶贫开展的易地扶贫搬迁，过去10年，陕西有316万群众摆脱险境、困境，搬出大山。

“十三五”期间，陕西始终坚持精准搬迁、精确施策和精细管理，完成24.9万户84.4万人的易地扶贫搬迁，加上同步搬迁16万户54.2万人，共计40.9万户138.6万人，占全省建档立卡贫困人口的30%，接近全国易地扶贫搬迁总量的10%，实现了搬迁群众“搬得出、稳得住、有就业、逐步能致富”，为全省高质量打赢脱贫攻坚战奠定了坚实基础。国家发改委先后9期转发陕西经验做法，2次上报中共中央办公厅、国务院办公厅，陕西先后5次在全国会议上交流介绍经验。中央电视台、《人民日报》、新华社等主流媒体多次推介宣传陕西易地扶贫搬迁的经验做法；原国务院扶贫办《扶贫信息》刊发了陕西促进易地扶贫搬迁群众稳定脱贫的经验做法；国家发改委综合评定2019年易地扶贫搬迁工作时，陕西在全国22个有搬迁任务的省份中位列第七，被通报表扬。

1. 多措并举实现安居梦

陕西在易地扶贫搬迁中认真落实中央要求，通过搬迁聚居人口、聚合要素、聚集产业，从规划选址、安置方式、项目建设、资金筹措、用地保障等方面，走出了一条具有地方特色的搬迁脱贫之路。

在搬迁选址上，陕西坚持做到“四避开”“四靠近”“四达到”，即避开地质灾害易发区、洪涝灾害威胁区、生态保护区和永久基本农田，靠近城市、集镇、园区和中心村，达到房产能升值、增收有保障、基础配套强、公共服务好，成为全国性范式。借助中央脱贫攻坚政策大好机遇，搬迁点依托村镇公路地利条件和产业集中活跃

陕西洛南县保安镇仓圣社区移民搬迁集中安置点（刘潇 摄）

优势，规划选址从根本上奠定了生产生活条件改善、后续稳定发展的良好基础。

在搬迁安置住房建设上，陕西坚持质量安全，严守项目管理规范，严格执行建设标准，依法实施项目招标，合理控制项目成本，切实增强项目质量，同步加强安全类、功能类、环保类等基础设施建设，加强义务教育、基本医疗等市民化公共服务配套，做到搬前精心谋、搬中配套建、搬后紧密跟，以促进人口聚集、资源集中、要素聚合，实现各类搬迁集中化和效益最大化。

在安置方式上，陕西坚持以集中安置为主，“十三五”期间完成易地搬迁集中安置22.6万户76.6万人，城镇安置17万户62.6万人，集中安置率和城镇安置率分别达到90.7%和73%。集中安置让搬迁群众享受到与市民一样的生活环境和公共服务，推动了新型城镇化建设。

在资金投入上，陕西依托陕西省移民搬迁集团进行统贷、统管、统还，履行筹措、拨付、监管、偿还的完全责任，用足用好新增，统筹整合存量，用活信贷金融，撬动社会资金。“十三五”期间，陕西共计筹措483亿元用于搬迁建设。其中全国脱贫攻坚奖奉献奖获得者卢效平配合易地扶贫搬迁安置，在建设长禄新村、社会公益救助、扶贫产业园项目等投入资金4.23亿元，彻底改变了长禄村贫穷落后的模样。

在土地投入上，陕西围绕脱贫攻坚大局、服从易地扶贫搬迁需要，全力保障、应保尽保。“十三五”期间，陕西共计审批易地扶贫搬迁及同步搬迁等安置项目用地13.8万亩。

2. 后续扶持推动稳就业

易地扶贫搬迁是一项系统而复杂的庞大工程，必须解决好“安居”与“乐业”两大问题。搬得出的问题基本解决后，后续扶持最关键的是就业，乐业才能安居。解决好就业问题，才能确保搬迁群众稳得住、能致富，防止返贫。陕西始终坚持先业后搬，以业促搬，以岗定搬，长治久安，全力推进产业培育、就业创业帮扶、公益性岗位开发等工作，让搬迁群众稳得住、能致富，更快更好地融入城镇生活。

陕西在推进易地扶贫搬迁过程中，坚持立足工业园区配置劳动密集型企业、立足农业园区培育现代农业、立足旅游景区发展配套服务业、立足转移就业开展技能培训、立足家庭创业搭建服务平台，加快培育产业，实现围绕产业发展提供充足劳动力和围绕就业增收提供充足岗位双向双赢，最终达到稳定脱贫、逐步致富的目的。“十三五”期间，全省依托安置社区共兴建新社区工厂 601 家，培育就业扶贫基地 134 家，吸纳贫困搬迁群众 10558 人。其中，安康市实施易地扶贫搬迁，聚合人口产业资源优势，通过毛绒玩具社区工厂找到了山区致富之路。截至 2020 年底，全市累计建成毛绒玩具企业 579 家（点），吸纳就业 11708 人，其中贫困人口 3100 人，累计实现产值 27.57 亿元，出口 1.09 亿元，毛绒玩具企业发放工资 2.44 亿元。安康承接毛绒玩具文创产业的典型做法先后获评“全国 2019 民生示范工程”“2020 年陕西省脱贫攻坚奖组织创新奖”，中央电视台、新华社、《人民日报》先后多次进行报道。

“十三五”期间，陕西以安置社区为中心，全面落实“三单一卡”（就业岗位菜单、就业状态清单、劳动力资源账单和搬迁对象脱贫明白卡），推进就业，形成了社区工厂式、依托园区式、依托景区式、劳务派遣式、公益岗位式、三产服务式等“社区 +”稳定脱贫模式。因地因企因人采取“点对点”支持返岗复工一批、网络招聘一批、企业线上培训一批、带贫企业解决一批、公益岗位安置一批等措施，帮助贫困劳动力返岗复工，全省易地扶贫搬迁贫困劳动力转移就业 30.65 万人。

通过建立健全易地扶贫搬迁安置点公共就业服务体系，陕西全省 243 个 800 人（或 300 户）以上大型易地扶贫搬迁安置点已全部设立公共就业服务站或窗口，转移就业组织化水平不断提升；通过组织当地国有企业和产业项目对接，大力拓展本地就业空间，省内转移就业贫困劳动力 19.84 万人；通过对农民工和贫困劳动力进行百日免费线上技能培训，累计培训易地扶贫搬迁贫困劳动力12.28万人；通过大力扶持创业脱贫，全省县、乡镇级标准化创业中心总数达581个，累计培育贫困村创业致富带头人2285人，扶持3115名贫困劳动力创业。全省21万户有劳动能力和有就业意愿的搬迁户实现每户至少1人就业创业。

陕西将“五个一批”脱贫措施统筹起来，把产业、就业、教育、健康、生态、社会兜底等项目、资金和帮扶政策叠加起来，确保“两不愁三保障”落到实处，确保多项脱贫攻坚政策措施最大限度地惠及搬迁群众。“十三五”期间，全省大力开发编制外新增或腾退用于安置建档立卡贫困劳动力就业的服务性、辅助性岗位，以建档立卡贫困劳动力为招聘对象，开发的岗位类型、用工条件等充分考虑贫困劳动力就业需求，公益性岗位在岗贫困劳动力3.02万人。其中，为有效解决农村就业困难人员和易地搬迁贫困群众就业增收问题，洛南县紧盯脱贫目标，把“稳就业、保就业”作为最大的民生，全方位开发扶贫公益性岗位，在全县16个镇238个村有效开发环境卫生保洁员、护林员、信息员、水管员等公益性岗位，吸纳安置贫困劳动力上岗就业，真正帮助搬迁贫困群众在家门口就业。

3. 网格化管理提升幸福感

易地扶贫搬迁，既要解决搬得出问题，又要解决能就业问题，更要全力提升搬迁群众的生活品质，促进搬迁群众融入新社区、新环境、新生活。为了真正让搬迁群众在新家实现经济能够立足、身份能被接纳、文化能够融入、权益能有保障，陕西在多个方面狠下“绣花”功夫。

在全面采集安置点党员信息的基础上，陕西采取单独、联合、挂靠、选派党建指导员等方式，合理设置基层党组织，建立健全基层党组织。陕西坚持党组织关系与居住地相一致原则，督促搬迁党员及时转接党组织关系，将其全部纳入安置点所属地党组织统一管理，通过就近遴选等方式选优配强社区党组织负责人，同步做好党员发展工作，壮大社区党员后备队伍，确保党的组织和党的工作全覆盖。陕西全面推行党员联系群众、干部代办制度，不断提升党组织服务群众的质量水平。按照“党员到哪里，组织覆盖到哪里”的要求，陕西在全省 2116 个移民安置点中，新组建基层党组织 189 个，挂靠或联合组建 479 个，成立党小组 232 个，选派党建指导员 1216 名；同步成立群团组织 86 个，深化志智双扶及新民风建设，有 143 名搬迁群众当选所在地“三委”委员和群团执委成员，做到了党的组织和工作“两个全覆盖”。

陕西全力推进安置点自治建设，通过合理划分自治单元，按照因地制宜、规模适度、便于融合和管理的原则，采取独建、挂靠、融合等形式，完成全省 2116 个易地扶贫搬迁安置点自治单元的划分设置。提升安置点公共服务能力是全力推进安置点自治建设的重要内容，“十三五”期间陕西累计下拨省级资金 1.03 亿元，支持搬迁安置社区服务中心建设。而提升安置点干部能力水平是全力推进安置点自治建设的内在要求，“十三五”期间陕西累计举办村（居）委会主任、易地扶贫搬迁社区干部省级示范培训班 10 余期，培训 1500 多人；市、县分级开展培训，实现全省易地搬迁村（社区）主任培训全覆盖。此外，陕西全面推进自治组织规范化管理，大力推广“枫桥经验”、集体报账法、村务公开周等典型经验，规范村级权力运行，不断提升搬迁群众的认同感和满意度。全省安置村（社区）认真实行村（居）务公开，修订完善村规民约，创新民主协商，促进社区融合，助力脱贫攻坚。

在推进安置点自治建设方面，安康市汉滨区按照新设、融合、挂靠三种形式，规范设置4个搬迁社区居委会、46个融合型社区及120个挂靠居民小组，推行网格化管理。截至2020年底，汉滨区共推选网格长700余名，建立文明实践站4个，开展道德讲堂170余场次，开展道德评议400余场次，群众自发成立“治安巡逻队”“义务清扫队”“文明新风宣传队”等各类志愿服务组织400余个，构建了联系无障碍、管理无盲区、服务无缝隙的“立体化”搬迁社区管理服务体系。

在易地扶贫搬迁过程中，陕西大力推进基础设施及配套设施建设，坚持高质量规划搬迁选址、高质量建设安置住房、高质量建设基础设施，同时向搬迁群众高质量提供均等化公共服务。全省2116个集中安置点基础设施和公共服务设施配套齐全，运转正常；安全饮水到户率、安置点道路通达率、生活用电覆盖率、广播电视覆盖率、通信集中覆盖率均达到100%；搬迁群众医疗保险覆盖率、就医改善率、子女就学率、就学改善率均达到100%。安置点周边共配建工业园、农牧业产业园区、商贸物流园区等各类园区3500余个，带动4.5万余名搬迁群众就近就业，配建780间扶贫车间（社区工厂），带动6500余名搬迁群众就业。

陕西为了促进搬迁社区文化融合、乡风融合、情感融合，开展文体活动，推进法治宣传，推进移风易俗，开展评选道德模范、最美家庭等活动，发挥社区服务中心大平台作用，为搬迁群众构筑幸福美好新家园。其中，白河县围绕让约占全县农业户口三分之二的2.8万户10.4万人的“搬迁大军”融入新社区，走向新生活，在易地搬迁安置社区实施了“文化融入、文明实践”行动，统筹推进社区文化建设、思想政治工作和新民风建设，全面提升了搬迁群众的文化素质和文明素养，在潜移默化中让文明新风尚落地生根、开花结果。

（三）产业扶贫　铺就小康致富路

打赢脱贫攻坚战，产业扶贫是根本。陕西始终把农民增收作为根本出发点和落脚点，坚持按照“产业是基础，精准是核心，关键在带动，根本在机制”的总体思路，实施农业特色产业“3+X”工程，贫困群众收入持续增加，贫困地区发展活力显著提升。截至2020年底，全省累计126.8万户409万贫困人口受益于产业帮扶，占全省建档立卡贫困群众的87%以上；贫困县（区）苹果种植面积达531万亩，奶山羊存栏147万只，设施蔬菜达83万亩，“小木耳、大产业”等，区域特色产业发展良好，有劳动能力、有发展意愿的贫困户全部参与到特色产业发展中。

1. 突出特色壮大富民产业

陕西坚持“管长远”和“利当下”，先后出台产业扶贫“三年行动”计划、《关于健全完善产业带贫益贫长效机制的指导意见》，对产业发展、主体带贫、农产品营销、合作社规范、集体经济壮大、资金使用等重点环节分类出台指导意见，形成了举措完备、针对性强、实用实效的政策指导体系。围绕“3+X”工程，制定印发《全省贫困地区精准发展优势特色产业助推脱贫攻坚指导意见》，

陕西千阳县采取“龙头企业 + 合作社 + 贫困户”模式，带动贫困户发展矮砧苹果产业。图为千阳县海升矮砧苹果示范园

建立全省产业扶贫项目库，为 56 个贫困县（区）提出产业发展菜单，指导各地依产业定项目，依项目强带动，形成了“大产业、大聚集”“小产业、广覆盖”的发展格局，30 多种特色产业集中在贫困地区布局，贫困群众通过产业增收空间广、渠道宽。

陕西果业勇挑产业扶贫重担，形成了“一亩园胜过十亩田”“小苹果，大产业”“一个产业链，脱贫一千万”的脱贫致富格局，对农民增收致富发挥了重要的支撑作用。其中，千阳县把发展产业作为脱贫攻坚的根本之策，紧抓矮砧苹果这一现代果业发展方向，以集约化、标准化、有机化、品牌化为方向，聚力发展矮砧苹果产业，成为全国最大的矮砧苹果生产基地和苗木繁育基地。同时，千阳县积极引导和鼓励农民带土地、资金、劳动力与新型经营主体建立合作关系，拿“租金”、赚“薪金”、领“股金”，全县10902户贫困户通过产业搭载、土地入股、园区务工、自主建园、育苗销售等方式，镶嵌到苹果产业链条的各个环节，实现了长期稳定增收。眉县探索形成了“政府支持＋主导产业＋贫困户”“龙头企业＋专业合作社＋贫困户”“村党支部＋互助组织＋贫困户”“技术团队＋职业农民＋贫困户”“电子商务＋帮扶干部＋贫困户”“集体经济＋扶贫基地＋贫困户”的产业脱贫“6+”模式，将贫困村、贫困户融入猕猴桃产业发展布局，嵌入产业链条，带动6897户贫困户依靠猕猴桃产业实现增收。其中全国脱贫攻坚奖奋进奖获得者付凡平和同村的9户人家共同成立了宜川云辛合作社，建设了上万亩绿色苹果基地，生产出了大量的优质苹果，并通过搭建“蒙恩优选”扶残助残电商公益平台，为贫困户、残疾人搭建技术和销售桥梁。

作为全国最大的奶山羊生产基地，陕西奶山羊产业助力群众脱贫、促进农民增收的作用不断凸显，包括陇县、富平、乾县在内的15个基地县大力推动奶山羊产业发展，带动7695户贫困户发展奶山羊，群众在念好“羊经”的同时发了“羊财”。富平县探索形成了自主发展、托管代养、粮改饲、劳务就业、扶贫资金代管、项目带动等产业扶贫带贫模式，通过奶山羊产业带动贫困户2078户，共养殖奶山羊1.78万只，户均年增收4625元，人均年增收1320元。陇县大力推行“入股分红、分户扩群、基地带动、饲草种植、就业务工、技术支撑”六种扶贫模式，把贫困群众嵌入产业发展链条，带动贫困户4861户，户均年增收1580元。

区域特色产业加快在贫困地区布局，精准覆盖，精准带动作用

陕西坚持全产业链开发，推动以奶山羊为代表的养殖业跨越式发展，助力脱贫攻坚，带动群众致富。图为咸阳市乾县优利士乳业现代化生产车间

凸显。陕西以秦巴山区汉中、安康、商洛三市为重点，大力发展特色产业，茶叶、木耳、食用菌、中药材、富硒农产品等特色产业优势不断增强。其中，茶叶产业已成为陕南秦巴山区群众脱贫致富的优势主导产业，实现了“一片叶子成就一个产业，富裕一方百姓”。截至2020年底，安康市茶园总面积达107.3万亩，茶综合产值达265.3亿元，惠及315个贫困村,3.9万户贫困户实现因茶脱贫增收；紫阳、平利两县上榜“2020年度茶业百强县”，分列全国第35位和第79位。汉中市西乡县在脱贫攻坚中落实茶产业优惠政策，精准施策发力，财政每年安排不少于1000万元的茶园建设专项资金，截至2020年底，全县贫困村种植茶园24.84万亩，占全县茶园总面积的73.4%，贫困户有茶园31336亩,8000多户贫困户因茶致富，户均年增收1690元。

2. 打造品牌拓宽营销渠道

围绕“3+X”工程，陕西走特色路、打特色牌，着力培育壮大区域公用品牌，推进贫困地区农产品出村进城。2017 年 5 月，在首届中国国际茶叶博览会上，汉中仙毫获中国优秀茶叶区域公用品牌;2017 年 9 月，在第十五届中国国际农产品交易会上，洛川苹果、眉县猕猴桃、大荔冬枣入选中国百强农产品区域公用品牌；2019 年 11 月，在第十七届中国国际农产品交易会上，洛川苹果、眉县猕猴桃、大荔冬枣、白水苹果、凤翔苹果、户县葡萄、铜川苹果、蒲城酥梨、铜川大樱桃、富平奶山羊、安康富硒茶、商洛香菇等 12 个特色农产品区域公用品牌入选中国农业品牌目录。截至 2021 年 4 月，全省共有 152 个名特优新农产品被纳入国家名录，陕西农业品牌的知名度得到提升，竞争力进一步增强。

为了加快现代农业发展，打造陕西特色农产品品牌，促进农产品销售，助力脱贫攻坚、农业增效、农民增收，自 2018 年开始，陕西深入开展“三年百市”品牌营销行动，通过百场活动、千家形象店、万家搭载网点，全方位多渠道促进贫困地区农产品销售。2018 年至 2019 年，陕西农产品走进全国 80 多个大中城市、参展 550 场次，参展企业累计超过 8700 家，展销水果、茶叶、畜产品、食用菌等特色农产品 200 多种，签订合同、有合作意向的协议 3600 余份，总金额超过 1200 亿元；在全国各地建立农产品品牌店、体验店、展示专柜 1691 个，同时搭载陕西特色农产品进入中石化全国易捷销售网点和中石油服务网点共 4.7 万家站点销售。举办陕西农业品牌设计大赛，《陕西日报》、人民网等 52 家媒体进行报道，有力地提升了陕西农业品牌社会关注度。陕西聚焦实施乡村振兴战

茶叶产业成为陕南群众脱贫致富第一产业。图为汉中市宁强县茶叶产业园

略、产业脱贫、“3+X”工程等，与中国移动陕西公司、中国电信陕西公司、中国邮政陕西分公司、陕西省大数据集团以及阿里巴巴、京东和拼多多三大电商平台签署战略合作框架协议，各大企业在平台搭建、产地仓存储、线上线下销售、物流覆盖、5G+VR 展示、技术培训、农业品牌、市场营销等方面为陕西省农业品牌建设和推广宣传提供强有力支持，共同推进特色产业高质量发展。与江苏省浙江商会签订农产品购销战略合作协议，商会每年定向认购、销售贫困地区农产品不少于 50 亿元，推动陕西特色农产品进入长三角地区。

3. 培育主体促进带贫益贫

陕西坚持把培育主体、精准带贫作为产业扶贫的关键举措，发挥市场主体带动作用，推动贫困群众精准嵌入产业链。陕西出台主体带贫增收的指导意见，按照“一业一龙头、一村一主体”思路，通过以奖代补、先建后补等方式，支持经营主体发展农产品加工，创建优势品牌，延长产业链条，增强扶贫带贫能力。2015 年至 2020 年，全省 56 个贫困县（区）新增龙头企业 739 家、农民专业合作社 1.6 万家、家庭农场 3716 家，从事产供销一体化经营的主体比重达 60% 以上，累计带动贫困群众 110 万人。陕西充分挖掘各类主体与贫困群众获益的方式差异和生产的内在联结，探索形成了“先借后还”“托管经营”等 22 种典型模式和 35 个成熟范例，以此带动全省各类经营主体与贫困户建立紧密的利益联结机制。

比如，陕西木耳产业通过“企业 + 合作社 + 贫困户”和“借袋还菇”“借袋还耳”“借棚还耳”等形式，带动 2.64 万户 6.55 万人，户均年增收 5000 元以上。

此外，陕西还大力发展茶叶产业，培育市场经营主体，现共有 1411 家市场经营主体，通过“龙头企业（专业合作社）+ 产业基地 + 贫困户”的方式，采取茶园托管、返租倒包、吸纳务工等模式，带动了 6.38 万户 19.98 万贫困人口增收。

4. 深化改革激发内生活力

2017 年 3 月，陕西下发了《关于稳步推进农村集体产权制度改革的实施意见》，作为全国第一个出台实施意见的省份，陕西以农村集体产权制度改革整省试点为抓手深化改革，促进村级集体经济发展壮大，不断夯实群众脱贫基础，构建稳定增收长效机制。在脱贫攻坚过程中，陕西紧紧围绕全省脱贫攻坚大局，以 56 个贫困县（区）为主，持续推进“百村示范、千村试点、万村推进”的“三变”（资源变股权、资金变股金、农民变股民）改革“百千万”

行动，启动集体经济发展示范村创建活动，探索创新控股直营、委托经营、入股参股、承包租赁、联合合作 5 种经营方式，总结提炼推广 20 多个典型案例，选派百人宣讲团培训 4500 余次、58 万人次，指导开展村集体经济审计，推进村集体经济规范化运行。全省村集体经济组织迅速发展壮大，越来越多的“空壳村”盘活了集体资产，村集体有了持续、稳定的收入来源。截至 2020 年底，共成立 1.7 万个集体经济组织，6462 个贫困村实现全覆盖；13538 个村

陕西省农村集体产权制度改革试点村——榆林市榆阳区古塔镇赵家峁村通过“三变”改革发展壮大村集体经济，建成现代养殖区、时令水果采摘区、新农村住宅区、旱作农业示范区、杏树文化观光区和文化旅游度假区六大功能区域，从原来的省级贫困村一跃成为全国脱贫攻坚先进集体

集体有了收益，有集体资产的村占比达到73.2%；5349个村集体实现年度分红，123.7万农民拿到分红，分红总额达4.8亿元。

2014年，榆林市榆阳区古塔镇赵家峁村被确定为省级农村集体产权制度改革试点村，拉开了榆阳区农村集体产权制度改革的序幕。赵家峁村在产权制度改革的推动下，大力发展合作经济，闯出了一条产业扶贫致富新路子。赵家峁村从原来的省级贫困村一跃成为全国脱贫攻坚先进集体、中国美丽休闲乡村、中国美丽宜居示范村，赵家峁村党支部荣获“全国先进基层党组织”称号。随后，榆阳区创造性地落实改革大政方针，在贫困村赵家峁改革试点成功的基础上，因地制宜整区推进农村集体产权制度改革，打通了城乡协调发展、要素高效流动、产业融合发展、农民增收致富的渠道，使集体经济真正走上了发展快车道。2019年3月，榆阳区被农业农村部确定为首批全国学习推广的农村集体产权制度改革试点典型单位，成为陕西省唯一入选的县区。通过改革，榆阳区有效解决了农村劳动力大量外流和土地撂荒问题，推动80个建档立卡贫困村和所有贫困户高质量脱贫。2020年，全区村集体经济总收入达到7.4亿元，农村常住居民人均可支配收入达到16628元，高于全省平均水平3300多元。“榆阳模式”成为全国首批推广的20个农村集体产权制度改革先进典型。

5. 搭建平台开展技术服务

2017年，为加强产业扶贫技术服务，陕西建立了省、市、县三级产业脱贫技术服务“110”指挥体系，推广普及性培训。技术帮扶“110”平台，吸纳2万多名有实招、接地气、受欢迎的土洋专家、“田秀才”进入帮扶队伍，采取“110”接警服务和主动上门相结合，深入田间地头，开展点对点、面对面、手把手技术帮扶，24 小时全天候解决贫困户的技术难题。全省还组织了 4000 名农业专家、1.2 万名技术干部、1.4 万个新型经营主体和 8000 多名职业农民的“四支队伍”，同步选聘 1.6 万名产业指导员，搞调研、抓培训、作指导，在农资服务、技术培训、就地创业多个方面主动带领贫困户发展优势特色产业。同时，陕西连续 4 年开展百名干部包市联县帮扶，抽调 100 多名干部深入 56 个贫困县（区），解剖“麻雀”、打造典型、树立样板，开展技术服务。2017 年以来，全省累计开展技术帮扶 350 万户次，群众满意率达 98% 以上，实现了传统技术培训向现场精准技术帮扶的根本性转变，确保了产业脱贫户技术服务全覆盖，为促进产业发展和决胜脱贫攻坚奠定了坚实基础。

（四）协作帮扶　携手同心齐发力

脱贫攻坚战打响以来，陕西持续深化中央单位定点帮扶和苏陕扶贫协作，大力实施国企合力团、校地结对“双百工程”等措施，组织开展“万企帮万村”等活动，广泛动员社会力量，构建专项扶贫、行业扶贫、社会扶贫“三位一体”的大扶贫格局，汇聚起全社会脱贫攻坚的磅礴力量。

1. 定点扶贫扎实有效

党的十八大以来，按照党中央、国务院决策部署，37 个中央单位对陕西省 50 个国家扶贫开发工作重点县（区）进行全覆盖帮扶，先后派出挂职干部428名，累计投入帮扶资金31亿元，实施扶贫项目3164个，惠及建档立卡贫困人口16.09万人，加快了陕西精准脱贫攻坚的步伐。

表3—4 中央、国家机关和有关单位定点帮扶陕西结对关系名单

序号	单位	定点帮扶的国家扶贫开发工作重点县(区)
1	中央办公厅	宁陕（秦巴山区、陕西）
2	中央宣传部	耀州（陕西）
3	中央网信办	佛坪（秦巴山区、陕西）
4	科学技术部	佳县（吕梁山区、陕西）； 柞水（秦巴山区、陕西）
5	国家卫生健康委员会	清涧、子洲（吕梁山区、陕西）
6	空军机关	延川（吕梁山区、陕西）
7	中国铁路总公司	勉县（秦巴山区、陕西）
8	中国人民银行	宜君、印台（陕西）
9	中国社会科学院	丹凤（秦巴山区、陕西）
10	中国证监会	延长（陕西）
11	中国银行	永寿、长武、淳化（六盘山区、陕西）； 旬邑（陕西）
12	中国建设银行	汉滨、紫阳、汉阴、岚皋(秦巴山区、陕西)
13	中国邮政集团总公司	商州、洛南（秦巴山区、陕西）
14	国防科工局	略阳、宁强（秦巴山区、陕西）
15	长城资产管理公司	陇县（六盘山区、陕西）
16	包商银行	富平（陕西）；佛坪（秦巴山区、陕西）
17	中国核工业建设集团公司	旬阳、白河（秦巴山区、陕西）
18	中国航天科技集团公司	太白、洋县（秦巴山区、陕西）

续表

序号	单位	定点帮扶的国家扶贫开发工作重点县（区）
19	中国航空工业集团公司	西乡（秦巴山区、陕西）
20	中国电子科技集团公司	绥德（吕梁山区、陕西）
21	中国华能集团公司	横山（吕梁山区、陕西）
22	中国大唐集团公司	澄城（陕西）
23	神华集团有限责任公司	米脂、吴堡（吕梁山区、陕西）
24	国家核电技术有限公司	延川（吕梁山区、陕西）
25	中国钢研科技集团公司	山阳（秦巴山区、陕西）
26	中国盐业总公司	定边、宜川（陕西）
27	中国航空器材集团公司	白水（陕西）
28	中国能源建设集团有限公司	镇巴（秦巴山区、陕西）
29	彩虹集团公司	镇安（秦巴山区、陕西）
30	中国西电集团公司	麟游（六盘山区、陕西）
31	中国人民保险集团股份有限公司	留坝（秦巴山区、陕西）
32	中国药科大学	镇坪（秦巴山区、陕西）
33	河海大学	石泉（秦巴山区、陕西）
34	西北农林科技大学	合阳（陕西）
35	西安电子科技大学	蒲城（陕西）
36	长安大学	商南（秦巴山区、陕西）
37	武汉理工大学	石泉（秦巴山区、陕西）

中央单位对陕西国家扶贫开发工作重点县（区）定点帮扶工作启动后，中央办公厅率先垂范、标杆引领，先后选派 8 批 24 名干部到宁陕县挂职扶贫，87 个支部结对帮扶 40 个贫困村，为宁陕脱贫出思路、引项目、领作风。在中央办公厅的帮扶下，宁石高速连

接线、梦阳药业、县中医院等重大项目落地，牵线宁陕与青岛胶州扶贫协作，促成阿里巴巴、京东集团对接扶贫合作，联系中民投、碧桂园等实力名企来宁陕县考察投资，组织北京各领域专家教授支教、义诊，动员爱心企业捐资助学，为宁陕脱贫汇聚了强大力量。

2016 年至 2019 年，科学技术部通过国家重点研发计划、中央引导地方科技发展专项支持柞水县实施科技扶贫项目 28 个，总投资 7050 万元；帮助柞水县引进院士、“三区”人才、科技特派员等 380 名，组织培训扶贫干部、贫困群众 3000 多人次；帮销木耳等农产品 200 余万元。

2016 年至 2020 年，中国银行以加强贫困乡村基础设施建设和产业发展为重点，向包括咸阳永寿县、长武县、淳化县、旬邑县“北四县”在内的贫困地区，累计投入和助其引进无偿帮扶的资金 6.95 亿元，实施扶贫项目 2000 余个，涵盖产业扶贫、基础设施建

中国银行光伏扶贫项目为咸阳市永寿县群众铺就致富路

设、教育培训、健康医疗等领域。

2012 年，中国药科大学与镇坪县结缘，至 2020 年，学校充分发挥药学特色，选派 7 名专家到镇坪县挂职，50 余名教授到县里交流，投入帮扶资金 1500 余万元，紧密围绕镇坪“巴山药乡”的自然资源禀赋，全力推动镇坪中药一、二、三产业融合发展，实现了产业因中药而强，百姓因中药而富，生态因中药而美。

2. 苏陕协作硕果累累

东西部扶贫协作是党中央、国务院为加快西部贫困地区扶贫开发进程、缩小东西部差距、促进区域经济协调发展作出的一项重要战略决策。苏陕两省紧密对接、携手共进，以完善机制为保障，以产业合作为重点，以项目带动为载体，加强人才交流，拓展合作领域，为陕西推进脱贫攻坚、巩固扶贫成果，加快新时代高质量发展注入了强劲动能。“十三五”以来，两省紧扣如期完成脱贫攻坚目标任务，持续推动协作项目落地实施，共计投入苏陕扶贫协作资金 74.13 亿元，支持项目 5104 个，带动脱贫 116 万余人。从项目建设、就业扶贫到产业合作、干部交流，两省从扶贫协作走向经济合作，携手加快了陕西高质量发展步伐。

苏陕两省高度重视扶贫协作，以高层级互访引领协作合作，建立起两省高层引领的全方位、多层次、常态化协作机制，省、市、县三级及时召开联席会、现场会、推进会，研究重点工作，落实资金安排，强化督促推进。省、市、县三级互访交流成为常态，横向协调、纵向延伸的省际协作机制形成并发挥作用。2017 年 11 月，江苏 52 个经济较强的县（市、区）与陕西 56 个贫困县（区）建立对口扶贫协作关系，实现了对陕西国定贫困县帮扶全覆盖。

“十三五”期间，陕西省、市、县各级主要领导累计赴江苏考察对接1267次，全省先后选派1352名党政干部和11615名专业技术人员赴江苏挂职学习，服务陕西；江苏300多名干部、3000多名“支农、支医、支教”人才来陕西服务陕西发展。

“十三五”以来，苏陕两省聚焦产业，以高质量项目夯实协作基础，坚持用好用足帮扶资金，推动项目通过产业、就业等多种方式带贫益贫，70%以上的苏陕扶贫资金投到产业扶贫，带动投资480多亿元，茶叶、食用菌、中药材、富硒农产品等扶贫产业不断发展壮大。句容草莓、毛绒玩具等新产业落地陕西，带动群众脱贫致富，为陕西经济发展和乡村振兴注入持续动力。

陕西推动各级出台土地、税收、金融等优惠政策，支持发展新

苏陕扶贫协作资金支持建设的商洛市丹凤县峦庄镇秦岭天麻小镇建设项目，建设用地220亩，根据地形、道路、功能将项目区分为“天麻研究、展示和种植”与“天麻加工、储藏和物流运输”两大主导区，形成一条天麻种植、研究、展示、加工、储藏、销售产业链

社区工厂，积极引导江苏企业来陕投资兴业，累计吸引 445 家江苏企业来陕投资参与扶贫，投资达 141 亿元。其中延川县 EPS 项目、中冶陕压 PMC 项目等一批项目先后落户陕西。一批稳就业促增收的社区工厂、扶贫车间遍布全省，其中有榆林佳县东庄村社区扶贫工厂、汉中宁强金滨电子等，实现 2.33 万名贫困劳动力省内就地就近就业。渭南富丹产业园、西乡国动产业园等 10 个苏陕共建“区中园”，引进项目 53 个，总投资 84.21 亿元，通过利益联结机制带动 8621 人次贫困人口实现就业增收。与此同时，1.75 万名贫困劳动力赴江苏就业，增加了他们的收入。

苏陕两省拓宽合作领域，以高水平合作促进互利共赢，持续深化能源、农业、医疗、教育、文化旅游等领域合作。2017 年至 2020 年，“陕电送苏”达到 65.8 亿千瓦时，有力保障了江苏经济社会发展能源需求。铜川达美汽车轮毂项目的建成投产打通了铜川航汽铝材料集群化产业链，联通了盐城、铜川两市产业布局。两省积极推进“陕货入苏”，建立东西部扶贫消费联盟，共建贫困地区产品销售线上线下平台，苹果、猕猴桃、安康富硒茶、陕北小杂粮等陕西特色农产品加快走向长三角，仅 2020 年一年，陕西销售到江苏的带贫农畜牧产品逾 3.77 亿元，消费扶贫金额连年提升。

“十三五”期间，陕西 56 个贫困县（区）与江苏对口地区建立教育协作工作机制，陕西 408 所中小学、幼儿园与江苏 394 所学校建立了教育结对帮扶关系，陕西 9 所高职院校和江苏 16 所高职院校开展协作。陕西 56 个贫困县（区）医院与江苏 60 家医院建立结对关系，2018 年至 2020 年，陕西联合江苏举办了三届“医疗卫生对口帮扶擂台赛”，进一步提升了陕西贫困县医院医疗卫生服务与管理水平，为保障人民群众健康、决战决胜脱贫攻坚提供了有力支撑。

3. 帮扶体系对标补短

针对产业脱贫基础薄弱、贫困地区内生动力不足、健康扶贫资源分布不均等问题，陕西充分利用省内国有企业多、科教实力雄厚、医疗资源丰富等优势，通过创新构建国资系统、高校系统、卫生系统三大帮扶体系，持续推进国企合力团、校地结对“双百工程”、优质医疗资源下沉等工作，补齐脱贫攻坚短板，形成了独具陕西特色的社会扶贫模式。

2017 年 5 月，陕西整合省属国有企业和驻陕中央企业力量，成立国企合力团，充分发挥国有企业在项目、资金、技术、管理及信息等方面的优势，按照企业主体、市场主导的思路，主攻产业扶贫，布局项目、组建企业、培育产业，精准发力，助力贫困地区产业脱贫。国企合力团首创全国脱贫攻坚新模式。2017 年至 2020 年，全省共组织 55 家驻陕央企、44 家省属企业组建 9 个国企合力团，对接全省 9 个地级市 55 个国定贫困县（周至县除外），实施项目 133 个，涉及装备制造、能源化工、畜牧养殖、药材加工等一、二、三产业，建成投产项目 57 个，完成投资 154.7 亿元，带动就业 3.1 万人。

陕西国企合力团自成立以来，主动对接贫困地区的优势资源和特色产业，通过加快产业基地、园区建设以及规模以上企业培育等，形成了陕南以发展畜牧业、中草药、养殖业、旅游业为主，陕北以发展能源化工、果业冷链储运及深加工为主，关中以发展装备制造、良种培育和设施农业为主的产业扶贫格局，建设了一批区域性特色产业项目，打造了一批龙头企业。同时，陕西成立了陕西省产业扶贫投资开发有限公司等 6 个产业扶贫开发公司，注册资金合计 9.75 亿元，确保国定贫困县产业扶贫项目全覆盖。

产业扶贫开发公司通过建立长效机制，推动项目扎根当地，增加就业，贡献税收。国企合力团还建成了陕汽装备制造业工业园区、陕果优质苹果冷链储运深加工基地、延长能源化工产业园区，延长了企业的产业链。

表 3—5　陕西 9 个国企合力团助力脱贫攻坚

合力团	带动各地经济社会发展、产业结构调整情况
宝鸡合力团	宝鸡合力团陕汽控股充分发挥汽车产业链的资源优势，成功引进了国内知名的零部件配套企业——山东雷帕得汽车技术股份有限公司及海鹰零部件项目入驻扶风县。雷帕得一期项目已建成投产，完成投资 1.05 亿元。海鹰零部件项目计划投资 3.5 亿元，已投资 2100 万元。长安银行投资 3000 万元，在太白县建立了全省第一个乡镇银行
咸阳合力团	咸阳合力团机场集团投资永寿县的特色农产品物流与采购示范基地“永寿绿产公司”一期项目已投产运营，完成投资 4200 万元，实现了“小杂粮上大飞机”
铜川合力团	铜川合力团高速集团依托当地产业优势，在耀州区关庄投资 3000 万元建设的物流园万吨冷库项目，2019 年 10 月投产运营，解决 60 多户贫困户就业，带动贫困户 849 户。中国电信陕西公司投资 1000 万元推进光网宽带和 4G 网络进贫困村活动，使铜川市成为全省第一个实现贫困村光网宽带和 4G 网络全覆盖的地区
渭南合力团	渭南合力团联合渭南市政府筹资 3 亿元组建成立了渭南产业扶贫开发公司。以产业扶贫开发公司为平台，科学布局、精准施策，探索出了“产业扶贫公司 + 地方政府 + 贫困户”的产业扶贫新路径，在合力团中率先建立了资金投入与退出机制。既保证了国有资产保值增值，又推动了地方产业发展、贫困户脱贫。实施 20 个产业扶贫项目，已投资 7.66 亿元，带动贫困户 5955 户

续表

合力团	带动各地经济社会发展、产业结构调整情况
延安合力团	延安合力团结合企业自身业务，累计投资 61.78 亿元，为 240 名贫困人口提供了就业岗位，带动 1000 多户近 3000 人脱贫。延长石油集团投资 52.97 亿元的延长油田伴生气资源循环利用项目，年均销售收入 23 亿元、利税 5.2 亿元。陕西果业集团与扶贫公司合作投资 1.5 亿元，在延川县建成了 20050 亩高标准、高质量示范果园；在宜川县计划建设千亩苹果示范基地、苹果产销中心和 6000 吨气调库项目，已完成投资 4860 万元。陕果安塞公司经理曹生旗荣获全省助力脱贫攻坚先进个人
榆林合力团	榆林合力团确定了“牵头、协调、服务、兜底”的工作理念，创立了“市级开发平台 + 县区扶贫项目 + 产业发展基金”“三位一体”的产业扶贫模式及合力团内部人才挂职交流的工作机制。共实施产业扶贫项目 15 个，完成投资 8.4 亿元，带动就业 1700 人，带动贫困户 4000 户。陕煤集团在清涧县投资的红枣深加工项目，已完成投资 2.8 亿元；子洲县投资的黄芪深加工项目，计划投资 2.8 亿元，已完成投资 0.8 亿元。项目可带动周边多个县 10 多万人的红枣、黄芪产业发展。陕煤集团扶贫办还荣获了陕西省脱贫攻坚奖组织创新奖
汉中合力团	汉中合力团完成投资 5 亿元，带动贫困户 1694 户 7266 人。中陕核城固中草药项目带动当地药材种植户 2000 余户，直接安置当地农民工 120 余人就业
安康合力团	安康合力团计划投资 86.29 亿元，已完成投资 53.22 亿元，带动就业 18795 人，带动贫困户 12236 户。陕建投资 22.35 亿元在安康市建设的高新区战略新兴厂房 20 栋已全部竣工，7 栋已投入运营，带动就业 3055 人；陕文投集团瀛湖生态旅游区已完成投资 2.05 亿元，带动贫困户 535 户
商洛合力团	商洛合力团累计投入扶贫资金 11.03 亿元，带动贫困户 4000 余户。水务集团投资的商南县莲花台水电站项目，总投资 6.95 亿元，建设一座库容 9537 立方米的中型水库枢纽工程，电站总装机容量 4 万千瓦，已完成投资 6.54 亿元；中铁一局投资 80 万元参与建设柞水木耳特色馆项目，投资 1200 万元在金米村发展大棚栽植吊袋木耳，带动金米村及周边 1000 余户群众增收

注：表中数据截止 2019 年底。

2017 年 6 月，陕西立足全省脱贫攻坚工作大局，在前期高校参加“两联一包”等扶贫工作的基础上，作出了 103 所高校结对帮扶 96 个有扶贫任务区县的“双百工程”部署安排，为全省精准扶贫注入了巨大的智慧和力量。2017 年至 2020 年，参加结对帮扶的高校因地制宜，积极开展智力帮扶、教育帮扶、科技帮扶、人才帮扶、信息帮扶、文化帮扶、民生帮扶、志愿帮扶等八类帮扶活动，实施各类帮扶项目 8664 项；紧盯重点难点，启动结对帮扶产学研一体化示范基地和实体项目建设工作，累计认定产学研一体化示范基地 86 个和实体项目 24 个，并对其中的 51 个重点培育项目给予 255 万元经费支持，为助力全省脱贫攻坚发挥了积极作用。《人民日报》、新华社、《光明日报》、《中国青年报》等中央主流媒体均

陕西组织 103 所高校结对帮扶 96 个有扶贫任务的区县，开展智力帮扶、教育帮扶、科技帮扶等八类帮扶活动。图为陕西师范大学派驻安康市岚皋县四季镇天坪村的扶贫工作人员在查看魔芋生长情况

西北农林科技大学专家在结对帮扶的渭南市合阳县开展农业技术培训

在显著位置对“双百工程”助力陕西脱贫攻坚进行了报道。

全省高校发挥自身科教优势，把重点放在扶志、扶智上，注重教育扶贫、文化扶贫、思想扶贫、情感扶贫相结合，培育内生动力，增强脱贫能力。在教育扶贫过程中，陕西高校涌现出不少全国首创。2017 年 6 月 23 日，西北大学在平利县城关镇药妇沟社区挂牌成立西北大学平利社区学院，开创了全国高校“走出围墙办社会大学”的先例，弥补了县域经济人才短板。2016 年 9 月，杨凌职业技术学院开设了我国首个农民全日制学历教育班，先后录取 275 名杨凌村干部、富平职业农民、眉县种植大户和村干部、洛川村干部来校学习，形成了产教融合、校地联动、农学结合的新型职业农民培养模式。全省各地农村，从种植业到养殖业，从农产品加工到乡村休闲游，到处都能看到新生代职业农民的身影，他们已经成为活跃在田间地头的“土专家”、乡村振兴的主力军。

陕西利用“双百工程”联通校地优势条件，创新消费扶贫新模式，推广“以购代捐”，积极推进消费扶贫专柜、专区、超市建设，精心开展帮扶县（区）扶贫产品“体验购销”、“优质农产品进高校直通车”等消费扶贫活动。截至 2020 年底，各高校累计购买帮扶县（区）扶贫产品 1.38 亿元，为贫困县（区）的优质农副产品打通出路，使贫困群众获得实实在在的收益。

2017 年 6 月 6 日，陕西组织 18 所高校在旬邑县启动“同心 · 追赶超越 助力脱贫攻坚”高校党外人士服务县域经济社会发展活动，开创了高校服务地方经济发展的新模式，为全省县域经济发展和脱贫攻坚活动汇智聚力。2017 年至 2020 年，18 所高校赴旬邑开展各类培训讲座 304 场次，开展结对帮扶活动 37 次，开展义诊活动 24 次，开展宣传科普活动 13 次，设立挂牌站点 47 个，签订协议 29 份，开展各类捐赠活动 14 次。“同心”活动架起了高校助推县域经济社会发展和脱贫攻坚的“连心桥”，成为旬邑社会扶贫的一张亮丽的名片。“同心”活动被中央统战部授予“优秀实践创新奖”。

陕西积极推动优质医疗资源下沉，助力健康扶贫。2017 年以来，陕西印发了《关于加强医疗卫生帮扶体系建设提升健康扶贫工作水平的指导意见》等四个指导性文件，建立起以医院对口帮扶、医联体帮扶、服务保障帮扶、精准结对帮扶四大体系为重点的医疗卫生帮扶体系，全面提升了贫困地区医疗卫生服务能力。陕西组织111家省内省际三级医院对口帮扶112家贫困县县级医院，每家三级医院选派5名专家每年至少服务6个月，共新建临床专科248个，218家二级医院帮扶1634所乡镇卫生院，28家省市公共卫生机构帮扶11个深度贫困县（区）公共卫生计生机构，实现了对口帮扶全覆盖。

陕西在推动优质医疗资源下沉的同时，还在专科建设、推广新技术、人才培养交流等方面持续发力。截至2020年底，陕西累计派驻帮扶专家6804名，帮扶新建临床专科303个，开展医疗新技术新业务3095项，诊疗患者122万人次，培训医务人员37.1万人次，远程会诊4.76万例，组建县域医共体74个，远程协作网67个，贫困地区县域内就诊率达到90%。

2016年以来，宁陕县整合国家项目和社会扶贫力量资金7300余万元，用于城乡医疗机构基础设施建设，在全县形成了以县医院为中心、三个中心卫生院为辐射点的“一心三点”的发展布局，宁陕县县医院、中医院与北京、江苏、西安等地的6家三甲医院组建医共体，并与西电集团医院开创了以分级诊疗为核心的“3+2+1”一体化医疗服务、重点学科主任“双兼制”责任考核和医疗专家工作站进驻等医疗服务模式，通过支援、协作、共建，将技术、设备、管理等优质医疗资源整合投用基层，填补了宁陕县县医院儿科、眼科、血透、核磁共振、重症医学等多个业务发展空白。

4.“万企帮万村”纵深推进

2016年5月4日，陕西启动“万企帮万村”精准扶贫行动，广大民营企业积极响应、迅速行动，充分发挥自身优势特点，突出产业帮扶和就业帮扶，用智慧与爱心书写责任担当，使“万企帮万村”精准扶贫行动遍地开花结果。2016年至2020年，累计进入陕西省“万企帮万村”精准扶贫行动台账管理系统的民营企业达8647家，投入资金66.55亿元左右，实施项目24359个，共计9337个村146.87万贫困人口受益。在“万企帮万村”精准扶贫行动中，陕西省的企业参与数量和帮扶村数量一直位于全国第一方阵，并连续两年在全国精准扶贫现场会上作经验交流，25家民营企业获评全国“万企帮万村”精准扶贫行动先进民营企业。这些企业在田间地头、乡村社区留下的一棵棵“摇钱树”，让一片片“黄土”变成“黄金”，为乡村振兴开新局奠定了良好基础。

陕西深入开展“万企帮万村”消费扶贫行动，以支持“万企帮万村”企业参与扶贫产品认定、搭建线上线下销售平台、设立“万企帮万村”消费扶贫展馆、引导企业对接消费扶贫合作项目、依托苏陕扶贫协作等方式切实解决扶贫农产品销售困难问题。截至2020年9月底，全省共有1528家民营企业参与销售扶贫产品5.94亿元，1632家民营企业参与采购扶贫产品2.38亿元，推动勉县魔芋、略阳乌鸡、米脂小米等特色农产品走进社区。

5. 扶贫干部勇担重任

脱贫攻坚战打响以来，陕西全面贯彻落实中共中央办公厅、国务院办公厅《关于加强贫困村驻村工作队选派管理工作的指导意见》，通过强化顶层设计、强化组织领导、强化干部培训、强化考核考评，推动全省驻村帮扶工作水平不断提升。2013年至2020年，全省累计选派驻村工作队15843支、驻村干部90126人，直接投入帮扶资金 87.08 亿元，引进帮扶资金 117.54 亿元，45.53 万名干部参与结对帮扶，实现了贫困村驻村工作队、第一书记全覆盖，贫困户帮扶责任人全覆盖，有力促进了脱贫攻坚责任落实、政策落实、工作落实。

陕西强化顶层设计，夯实管理责任，2018 年 6 月出台《陕西省贫困村驻村工作队选派管理办法》，明确县级的主体管理责任和乡级的日常管理职责，赋予乡镇党委政府对驻村工作队的日常管理权、平时考核权、请销假审批权、经费管理审批权，解决了省、市、县各级单位选派驻村工作队队员的统一管理问题。各级脱贫攻坚领导小组每年印发的脱贫攻坚工作要点、召开的脱贫攻坚会议，均将驻村帮扶、驻村工作队管理和驻村干部作风作为重要内容予以强调并作出具体部署，进一步促进了驻村帮扶干部能全身心聚焦精准识别、精准帮扶、精准退出，有效破解产业扶贫、就业扶贫、扶志扶智等重点难点问题。

从 2017 年 10 月起，省、市、县三级均由组织、扶贫部门共同组建成立了“四支队伍”整合办公室，强化组织领导，专门负责管理“四支队伍”，推进驻村联户扶贫工作，各县（市、区）成立了驻村工作领导小组，持续推进驻村干部选派工作。截至 2020 年底，全省累计选派 22882 名处、科级干部担任驻村工作队队长，67244 名干部担任工作队队员。

陕西强化干部培训，将扶贫干部培训纳入脱贫攻坚整体规划，印发《全省扶贫干部培训方案》《关于聚焦打赢精准脱贫攻坚战加强干部教育培训实施方案》《陕西省扶贫干部培训大纲》等文件，进一步优化培训课程体系，指导各级针对驻村“四支队伍”的工作特征和任务需要设计培训课程。按照省级示范培训、市县全面轮训

2019 年全国脱贫攻坚奖贡献奖获得者、国家电网陕西榆林供电公司扶贫工作人员张雷威

的方式方法，分级分类组织开展驻村干部培训，确保每名驻村干部一年轮训一次，培训时间累计不少于 5 天。2016 年至 2020 年，全省共组织培训班 7193 期，培训扶贫干部 135 万人次，有效解决了部分驻村干部不善帮、不会帮的问题。

陕西强化考核考评，坚持奖惩并重，出台《关于激励关爱脱贫攻坚一线干部实施办法》，明确在保护身心健康、创造工作条件、落实正常福利等方面强化保障，在评先评优、晋职晋级等方面予以倾斜。每年开展驻村联户扶贫考核，对考核结果进行通报，表彰先进、鞭策后进。脱贫攻坚战打响以来，12840 名工作优异的驻村干部受到县级及以上表彰奖励，10794 名驻村干部被提拔重用。同时，陕西对工作推动不力的人员进行召回，对帮扶责任未落实、帮扶成效不明显的，约谈参扶单位主要领导，责令限期整改，确保工作实效。

（五）筑牢底线　不让一个人掉队

民之所呼，政之所向。习近平总书记强调："消除贫困、改善民生、逐步实现共同富裕，是社会主义的本质要求，是我们党的重要使命。""新中国成立前，我们党领导广大农民'打土豪、分田地'，就是要让广大农民翻身得解放。现在，我们党领导广大农民'脱贫困、奔小康'，就是要让广大农民过上好日子。"陕西始终坚持发展成果由人民共享，把脱贫攻坚作为第一民生工程来抓，扎实做好保障和改善民生工作，大力实施农村危房改造、农村饮水安全巩固提升等工程，全面落实教育扶贫、健康扶贫、社会保障兜底等各项惠民政策，着力在水、电、路、房、网络和环境改善等方面急百姓之急、帮百姓之需，打通服务群众"最后一公里"，不断增强人民群众获得感、幸福感、安全感。

1. 农村危房改造确保居有所安

脱贫攻坚战打响以来，陕西把农村危房改造作为精准脱贫的重要抓手，统筹推进脱贫攻坚住房安全有保障工作，科学规划、精准施策。"十三五"期间，陕西多次召开专题会议研究部署农村危房改造工作，先后召开陕南、关中、陕北片区会推进落实，并组织相关单位多次深入镇村农户展开专项调研，对全省146.04余万户建档立卡户住房安全情况逐户排查鉴定，开展住房安全"回头看"，建立台账；对排查鉴定为危房的立行立改，鉴定和验收结果由农户签字确认；对建档立卡户房屋存在线路老化、周边排水不畅等情况的，及时进行修缮；将住房安全排查鉴定表、危房改造对象认定表和危房改造竣工验收表作为住房安全标识，逐村逐户进行发放。

2016年至2020年，陕西累计投入补助资金47.276亿元，累计改造建档立卡户危房14.69万户，全省146.04余万户建档立卡户全面实现住房安全有保障。陕西连续三年在全国农村危房改造绩效评价中排名位居全国前三，受到国务院办公厅通报表彰，被国务院列为“落实重大政策措施、真抓实干成效明显”的省份，工作成果被中宣部选为全国农村危房改造典范，在庆祝改革开放40周年大型展览和庆祝中华人民共和国成立70周年大型成就展上展示。陕西建立的农村危房改造农户档案信息检索系统，得到了住房和城乡建设部的充分肯定，并在全国推广。

陕西科学统筹谋划，扎实有序推进农村危房改造。2017年是陕西农村危房改造与脱贫攻坚相结合的起步之年。围绕2020年如期实现贫困户住房安全有保障，陕西制定了《陕西省农村危房改造脱贫工作方案》《陕西省农村危房改造脱贫攻坚三年行动方案》《陕西省农村危房改造春季攻势行动方案》，明确了政策依据、工作任务、工作计划和保障措施。陕西严格落实“省包市、市包县、县包镇村户”三级领导包抓机制，层层夯实责任。同时，成立了10个督导组，定期赴包抓市县调研督导，对全省涉及脱贫攻坚的96个县（区）所辖乡镇实施全覆盖，对鉴定安全、改造安全、保障安全三种类型的农户实施全覆盖。陕西以住房安全保障信息、危房改造质量安全、农村危房改造补助资金使用、群众问题投诉“回头看”等方面为重点进行入户核查，及时反馈发现问题，督促抓好落实。

陕西建立建档立卡户“四清一责任”工作机制，围绕“帮扶谁”“谁来扶”“怎么扶”“如何退”四个关键环节，完善帮扶对象、住房鉴定、危房改造、质量验收四个清单，精准掌握所有建档立卡户住房安全情况，做到底子清、情况明、数字准。建立层层负责、各负其责、责任分明的“责任闭环”工作体系，明确各级各部门的责任人，落实“签字背书”，确保农村危房改造环节闭合、全程可控、安全有保障、责任明确。

延安市宝塔区万花山乡佛道坪村危房改造后的新貌

陕西规范农村危房改造标准和程序，因地制宜分类科学实施。2017年陕西制定了《陕西省农村危房（窑）鉴定技术指南》《陕西省农村危房（窑）加固技术指南》和农村危房改造脱贫政策汇编、应知应会手册，进一步规范了住房质量安全排查、验收标准。同时，陕西简化农村住房安全鉴定程序，按照陕西省不同农户类型，制定五种相应排查鉴定表，便于操作使用，提升危房改造工作效能，为危房改造质量安全夯实了基础。结合关中、陕北、陕南农村房屋结构形式各异的特点多措并举，陕西推广渭南市大荔县经验，分类型、分工艺开展危房加固改造；针对山大沟深、交通不便的地区，推广安康市汉滨区经验，利用轻钢结构装配式建筑方式安装、运输、装修“三个简便”和质量、环保、建设“三个安全”的特点实施危房改造，有效破解了生态环保、施工安全、材料运输、成本控制等多方面难题。同时，陕西引导深度贫困地区通过统建农村集体公租房、修缮加固现有闲置公房、置换或长期租赁村内闲置农房等方式，兜底解决自筹资金和投工投料能力弱的特殊困难群体住房安全问题。

陕西凝聚行业合力，为农村危房改造提供强大支撑。在推进脱贫攻坚住房安全有保障工作中，陕西充分发挥陕西高校、科研院所和建设企业优势，建立省、市两级危房改造质量安全技术专家组，培训市、县住建系统干部6888人次；发动建筑勘察设计施工企业组建技术帮扶团，抽调3150名建筑企业技术人员，全面参与住房安全排查鉴定和危房改造工作，通过政策宣传贯彻、技术培训和现场指导，切实提高基层危房改造技术能力。陕西广泛开展农村工匠培训，要求培训合格的技术人员、农村工匠才能参与住房安全排查鉴定和危房改造。陕西研发了农村危房改造农户档案信息检索系统，该系统纵向与住建部信息系统对接，横向与省扶贫办、残联、民政部门互联互通，实现了对农村危房改造对象的精准认定、精准帮扶、精准管理。

2. 志智双扶阻断贫困代际传递

扶贫必扶智，让贫困地区的孩子们接受良好教育，是扶贫开发的重要任务，也是阻断贫困代际传递的重要途径。陕西始终坚持把教育扶贫作为重要的政治任务来抓，把教育扶贫作为教育发展的基础工程来抓，聚焦“义务教育有保障”，统筹资源、整合力量，全面扎实推进教育脱贫见实效。

2017 年，陕西探索建立“七长责任制”，压实县长、教育局局

陕西贫困家庭义务教育阶段学生持续实现动态“零辍学”。图为汉中市镇巴县乡村适龄儿童接受义务教育

长、乡镇长、村主任、校长、师长和家长责任，并建立辍学报告、台账销号和月报等十项制度，实施“一县一案”和督导检查等措施，确保34.12万名建档立卡贫困家庭义务教育阶段学生无一人因贫失学辍学，不让一个孩子掉队。陕西在全国率先建立学生精准资助系统，利用大数据平台实现重点关注、动态监测，并构建助学、奖学、发展等3类32项资助项目，实现资助“对象全精准、资助最优先、标准最高档、过程可查询、结果可确认”，让“数据多跑路、群众少跑腿”，全省各级各类学校59.15万名建档立卡贫困家庭学生精准资助全覆盖。2016年至2020年，全省累计资助建档立卡贫困家庭学生336.13万人次，资助金额达45.86亿元，兑现了党和政府“不让一个学生因家庭经济困难而失学”的庄严承诺。

陕西积极推动义务教育均衡发展，提升教育脱贫质量。陕西大力推进“全面改薄工程”及“改提工作”，2016年至2020年累计投入283亿元，改善7900余所薄弱学校办学条件，支持各地消除城镇学校大班额、加强两类学校建设、提升农村学校信息化应用水平，支持贫困地区中小学校旱厕改造及易地扶贫搬迁安置点配建学校，为2116个安置点按需求规划配建153所学校。为实现共享优质教学资源目标，陕西实施“中小学校联网攻坚行动”，贫困地区学校（含教学点）百分之百实现互联网接入，接入100M以上宽带，打造陕西教育扶智平台和陕西人人通综合服务平台，精准服务贫困地区30余万名中小学师生。为加强农村教师队伍建设，“十三五”期间，陕西累计补充教师5.5万名，交流轮岗校长、教师10.9万名；累计投入培训经费近6亿元，培训29个贫困县（区）教师7.12万人次；向贫困地区、革命老区等地的薄弱学校选派骨干教师与退休优秀教师1.2万余人次；建立特岗教师工资全部按月足额发放的长效机制，落实兑现资金 7.26 亿元；乡村教师生活补助政策共覆盖 70 个县（区）9.18 万名乡村教师，人均补助 318 元。2019 年 11 月，陕西成为西部地区第三个通过国家义务教育基本均衡发展评估认定的省份。

陕西积极落实国家、地方和高校贫困专项计划，拓宽贫困家庭子女就读知名高校的通道，2016 年至 2020 年，全省累计有 3.1 万余名贫困地区学生考入国内知名高校。同时，陕西坚持把加快职业院校办学能力建设作为职业教育脱贫攻坚的基础性工作，推动职业教育服务脱贫攻坚与助力乡村振兴战略的有效衔接。2016 年至 2020 年，陕西累计投入中等职业学校基础能力建设专项经费 6 亿元，切实推动解决中等职业学校特别是贫困地区中等职业学校办学规模小、条件差、质量不高等问题。陕西把建档立卡贫困家庭毕业生就业摆在工作首位，推进就业指导全覆盖，针对建档立卡贫困家庭毕业生专门举办精准就业大型双选会，贫困家庭毕业生平均就业率达到 96% 以上。为充分发挥农民培训基地作用，大力开展学历继续教育和非学历教育培训，陕西累计投入资金 8923 万余元，组织 56 所高校开展特色产业培训，累计培训近 200 万人次，让广大贫困家庭子女享有更多人生出彩机会。

陕西实施大学生乡村“筑梦工程”，让青年学生助力脱贫攻坚和乡村振兴。2017 年，陕西利用承办全国大学生“互联网 +”大赛之机开展“青年红色筑梦之旅”专项活动，得到习近平总书记回信肯定，在全国产生强烈反响。2019 年，陕西组织全省高校“互联网 +”大赛负责人、“青年红色筑梦之旅”活动项目代表、学生思政工作负责人等 700 余人参加在铜川市照金镇陕甘边革命根据地纪念馆举办的全省“青年红色筑梦之旅”活动启动仪式，开展扶贫对接，追寻党的革命足迹和创业历程。随后，陕西持续加大工作力度，设立大学生创新创业训练计划“青年红色筑梦之旅”专项活动，组织各高校共申报项目 2309 项，推荐国家立项 773 项，立项金额超过 1834 万元，资助大学生走进革命老区、贫困地区、城乡社区调研，学习革命精神，开展创新创业训练。陕西在各高校组建“青年红色筑梦之旅”团队，组织青年学生走进基层、乡村、西部和革命老区，将高校的智力、技术和项目资源辐射到广大农村地区，助力精准扶贫和乡村振兴，全力打造覆盖全省范围、具有全局影响的“国情思政课”。

3. 健康扶贫解除群众后顾之忧

脱贫攻坚战打响以来，陕西紧紧围绕基本医疗有保障目标，坚持“两手抓”工作思路，不断强化健康扶贫政策措施，健康扶贫各项任务全面完成。陕西健康扶贫得到原国务院扶贫办和国家卫生健康委充分肯定，2017 年被国家卫生健康委通报表扬为“健康扶贫工作表现突出地区”。2018 年 3 月，全国首个“互联网 + 健康扶贫”试点项目在汉中市启动。2018 年 10 月，全国贫困人口慢性病签约服务现场推进会在镇巴县召开。健康扶贫“镇巴经验”荣获 2018 年全国脱贫攻坚奖组织创新奖，以及第二届“全球减贫案例征集活动”最佳减贫案例。陕西健康扶贫为全省脱贫攻坚作出了积极贡献，全省因病致贫户从 2016 年的 20.2 万户减少到 2020 年的 2.01 万户。

聚焦有地方看病，陕西基层医疗卫生服务体系更加完善。陕西印发《陕西省解决贫困人口基本医疗有保障突出问题实施方案》，明确了全省基本医疗有保障的内涵和标准。陕西以县级医院能力建设、“县乡一体、乡村一体”机制建设和乡村医疗卫生机构标准化建设为三大主攻方向，补短板、强弱项，持续改善贫困地区医疗卫生机构设施条件。2016 年至 2020 年，陕西争取中央预算内投资支持全省 56 个贫困县（区）卫生健康项目 139 个，中央、省累计投资共 38.25 亿元。截至 2020 年 9 月底，陕西已全部消除县乡村医疗机构和人员“空白点”，96 家县级公立综合医院全部达到二级医院标准（56 个贫困县［区］有 58 家），1540 个乡镇卫生院（56 个贫困县［区］有 908 个）、23747 个村卫生室（56 个贫困县［区］有 13260 个）全部达到基本标准。全省危重孕产妇和新生儿救治中心、乡镇卫生院中医馆建设实现全覆盖。2116 个易地扶贫搬迁安置点中，28 个安置点由新建村卫生室提供服务，1715 个安置点由迁入地医疗卫生机构提供服务，373 个安置点由乡镇卫生院派驻医生或巡诊提供服务。

聚焦有医生看病，陕西基层医疗卫生人才队伍建设和服务能力显著提升。针对贫困地区基层医疗卫生人才总量不足、服务能力较

巡诊医疗暖人心。图为宝鸡市凤县健康扶贫巡诊现场

弱的实际，陕西通过加强人才综合培养，深化医疗卫生对口帮扶等措施，推动优质资源下沉，极大缓解了贫困地区医疗卫生人才短缺问题，有效提升了基层服务能力。在人才招聘方面，“十三五”期间陕西持续实施为县及县以下医疗卫生机构招聘医学类本科生计划，将贫困县乡镇卫生院招聘学历放宽到大专，给予每人一次性补助安家费 3 万元，累计招聘 9125 人，20% 安置到乡镇卫生院。2017 年至 2019 年，陕西为贫困县乡镇卫生院招聘特岗全科医生 233 人，为贫困县培养农村订单定向免费医学生 2549 人，补充村医 2600 余人。

在人员培训方面，“十三五”期间陕西累计培训县级医疗技术骨干 4466 人，开展住院医师规范化培训 6595 人，全科医生转岗培训 10700 人，培训乡镇卫生院和社区卫生服务中心及村卫生室人员 12000 余人。全省全科医生注册数增加到 8251 人。采用 5G 新技术建成陕西省远程医疗云平台，全省所有村医及以上人员全部接受政策业务培训，累计培训基层业务骨干 11 万余人次，切实提升了基层医疗服务能力，增强百姓就医获得感，加速推动了全省健康扶贫工作开展。

聚焦看病有制度保障，陕西贫困人口就医负担明显减轻。陕西各地准确把握基本医疗有保障目标，配合医保部门建立完善贫困人口医疗保障倾斜政策，城乡居民医保、大病保险、医疗救助“三重”保障实现全覆盖。陕西落实财政资助贫困人口参加新农合和大病保险政策，省财政按照每人 45 元定额补贴。截至 2020 年 9 月底，全省累计救治贫困患者 109.5 万人，住院合规医疗费用报销比例均达到 80% 以上。全面落实县域内定点医疗机构先诊疗后付费、免交住院押金和“一站式”即时结算等政策，有效减轻贫困人口医疗费用负担，群众获得感和满意度不断提升。

聚焦精准分类施策，陕西贫困人口健康水平不断提高。陕西完善贫困人口制度化的分类救治机制，推动健康扶贫精准落实到人到病。在大病专项救治方面，救治病种从2017年的7种扩大到2020年的30种，并按照“四定两加强”（定临床路径、定定点医院、定单病种费用、定报销比例，加强责任落实、加强质量管理）原则，实施专项救治。全省累计救治30种大病贫困患者15.35万例，救治率达到99.87%，实现了“应治尽治”。在慢性病签约服务方面，陕西规定以镇村基层医务人员为主组成签约医师团队，重点对患有原发性高血压等4类疾病的贫困人口进行签约服务，每年随访不少于4次；对患有心脑血管疾病等6类慢性病的贫困人口发放健康教育处方，每年安排一次随访。结合实际，陕西将大骨节病等地方病重症患者纳入签约服务范围。截至2020年底，全省已累计签约贫困慢性病患者81.5万人，做到了签约一人、履约一人、做实一人。

在健康危险因素防控方面，陕西积极推进健康陕西建设，全面推进健康机关、健康社区、健康村庄、健康学校、健康医院、健康企业、健康军营、健康家庭等8类“健康细胞”示范建设，推进贫困地区健康促进三年攻坚行动各项措施落地。坚持预防为主的方针，陕西实施重点传染病专病专防行动，每个病种都成立专家组，做到提前研判、关口前移，10种专病专防的传染病突发数量下降50%以上。同时，陕西扎实开展地方病防治三年专项行动，落实改水、补碘等综合防治措施，2018年至2020年，全省累计救治各类地方病患者10.6万例。在产检和新生儿疾病筛查方面，陕西在全国率先免费开展产前筛查和新生儿疾病筛查，孕产妇死亡人数逐年下降，有效阻断贫困代际传递。

4. 饮水安全工程全覆盖润民心

陕西在脱贫攻坚中把水利扶贫作为一项政治任务，通过采取精准对接抓落实、多方争取筹资金、强化措施赶进度等超常规措施，以前所未有的力度和规模大力推进。“十三五”期间，陕西实施了宝鸡峡等 5 个大型灌区续建配套节水改造项目，新增和改善农田灌溉面积 420 万亩，实施引调提水工程 46 处，建设了 11 座抗旱小型水库，提升了 9 市 24 个贫困县（区）抗旱用水保障能力；实现水土保持项目贫困县全覆盖，综合治理水土流失面积 9731 平方公里，并投资 12.93 亿元改善了移民村基础设施。全省农村饮水安全工程累计完成投资 118.68 亿元，建成工程 2.06 万处，解决了所有建档立卡贫困人口饮水安全问题，基本建成了与全面小康社会相适应的

安康市岚皋县南宫山镇安全饮水工程入户

农村饮水安全保障体系。

为破解农村饮水安全民生难题，陕西建立起“层级负责、协同推进、横向到边、纵向到底”的农村饮水安全工作机制，组织开展饮水安全摸底核查，逐村逐户建立台账，并通过编制《陕西省农村饮水安全脱贫攻坚三年滚动计划（2018—2020）》，将建设任务落实到村到项目；下发《陕西省脱贫攻坚饮水安全达标核查认定工作指导意见》，明确陕西脱贫攻坚饮水安全达标核查认定工作权限、程序和要求；建立了工程维修养护经费补助机制，并重点向贫困县倾斜；完善农村饮水应急预案，建立农村饮水安全“四级回访”机制。同时，陕西还落实农村饮水安全工程建设、水源保护、水质监测评价“三同时”制度，着力推进饮水型氟改水、苦咸水改水工作，累计解决了36.6万人饮用高氟水和22.8万人饮用苦咸水的问题。“十三五”期间，陕西农村饮水安全保障水平和用水方便程度大幅提升。全省农村集中供水率达到97.12%，自来水普及率达到95.95%，水质合格率达到70%。

陕西印发《关于进一步加强和规范农村供水运行管护工作的指导意见》，全面落实政府、行业和供水单位“三个责任”，建立了机构、办法、维护“三项制度”。同时，实行管护有机结合，全省105个有农村饮水安全建设任务的县（市、区）全部设立了工程专管机构，出台了运行管理办法，落实了维修养护经费。中央、省、市、县四级共同出资补贴维修养护局面初步形成，农村饮水工程有机构和人员管理、有制度和政策支持、有经费和资金保障的良性运行管护机制基本建立，饮水安全脱贫攻坚成果得到巩固。

5. 兜底保障织密“最后一道防线”

民政兜底保障作为脱贫攻坚“五个一批”的重要举措，是解决贫中之贫、困中之困、坚中之坚的最后防线，是建立健全长效减贫机制的重大制度安排，事关脱贫攻坚任务目标如期完成，事关全面建成小康社会整体水平。陕西按照“兜底线、织密网、建机制”的要求，不断优化政策供给，健全完善工作机制，织密织牢困难群众兜底保障网，实现了建档立卡贫困人口应保尽保、应兜尽兜。“十三五”期间，陕西累计投入民政事业经费579亿元，其中367亿元用于保障困难群众基本生活，38亿元用于1.3万多个民政公共服务设施项目建设。农村特困人员供养服务机构覆盖所有贫困县，“爱心超市”覆盖所有贫困村，482个深度贫困村全部建有农村互助幸福院，对全省决战决胜脱贫攻坚发挥了重要作用。

陕西制定完善各类兜底保障政策性、指导性文件50多个，兜底保障政策体系更趋完善，兜牢基本民生底线。为了更好发挥政策协同效应，陕西制定《陕西省民政系统打赢脱贫攻坚战三年行动实施方案》《“6＋4”（六张保障网、四项助力脱贫攻坚行动）工作方案》《关于构建综合性兜底保障体系筑牢脱贫攻坚“最后一道防线”的实施方案》《社会救助兜底脱贫行动实施方案》等一系列综合性工作方案，将兜底保障各项政策进行整合，形成政策合力，确保“不落一户、不少一人”。为增强政策精准性，针对脱贫攻坚兜底保障工作中的重点、难点问题，陕西连续两年研究制定十项攻坚措施，精准施策，集中突破。加快补齐政策保障短板，印发专门针对农村“三留守”人员、残疾人、事实无人抚养儿童等特殊群体的政策措施，托牢困难群众基本生活底线。

咸阳市淳化县十里塬镇福缘社区贫困户在“爱心超市”用“爱心积分卡”兑换生活用品

陕西实施精准方略，提高了兜底保障工作质量。建立了“一纵四横”大数据核对管理系统，实现了部、省、市、县四级核对系统互联互通以及省级核对平台与15个部门37项数据信息共享。2019年11月，陕西与31家银行签署救助对象资产核查协议，与中国工商银行陕西省分行、陕西省农村信用社联合社建立查询专线，实现了存款数据联网查询，救助对象认定更加精准有效。陕西坚持定期与省扶贫大数据进行数据比对，实时监测，集中排查，确保及时将符合条件的困难群众纳入兜底保障范围。陕西积极推进社会救助“掌上办理”，2020年及时开通“e救助”微信公众号，全省1312个乡镇（街道）、17017个村、2957个社区实现全覆盖，确保了困难群众及时受助。通过加强与扶贫、残联等部门的数据比对，陕西对未脱贫户、脱贫监测户、边缘户、城乡低收入家庭和因其他原因收入骤减或支出骤增的困难群众进行动态监测，及时预警致贫返贫风险，提前采取有效救助措施，防止致贫返贫，巩固脱贫攻坚成果。

陕西大力实施低保覆盖率提升专项行动，认真落实“分类施保”“渐退帮扶”“单人保”等政策，将低保覆盖范围从收入型贫困家庭向因病、因残、因学等刚性支出负担过重，影响基本生活的支出型贫困家庭扩展，确保及时将符合条件的农村困难群众纳入保障范围，兜住兜牢农村贫困群众基本生活底线。截至2020年9月底，全省共保障城乡低保对象59.9万户134.9万人，有效防止了“脱保”“漏保”问题。陕西以开展社会救助兜底脱贫行动、“三排查三清零”、对标补短等工作为抓手，先后开展4轮全覆盖排查比对，着力消除兜底保障政策措施落实漏点、返贫致贫风险点、数据信息差错点，做到账账相符、账实相符，兜底保障扎实有力。

陕西全力保障困难群众基本生活。持续加强农村特困人员供养服务机构建设，全省建有农村特困人员供养服务机构436所，形成布局合理、设施齐全、功能完善、服务规范的农村特困人员供养服务体系。截至2020年9月底，全省共保障农村特困人员12.53万人，其中分散供养8.59万人，全面落实分散供养特困人员照料护理及监管责任，做到日常有人照料、生病有人看护。同时，陕西全面加强社会救助规范化、精细化管理，打通服务群众“最后一公里”，落实“10个百分之百”和“20个关键环节”目标任务，实现社会救助兜底保障无缝隙全覆盖。

陕西加大对特殊困难群体的关爱帮扶力度。建立残疾人“两项补贴”动态调整机制，下拨“两项补贴”省级补助资金4.28亿元，惠及100.8万困难残疾人和重度残疾人。全面建立县有儿童审管员、乡有儿童督导员、村有儿童主任的未成年人“三级保护网络”。截至2020年9月底，全省共保障了10.07万农村留守儿童、11.64万困境儿童。同时，陕西建立事实无人抚养儿童补贴发放标准与孤儿保障标准衔接机制，下拨资金2.1亿元，有力保障了1.2万名孤儿和事实无人抚养儿童的基本生活。对于留守老人，陕西不断加强对农村留守老人的关爱服务。截至2020年底，全省累计建成农村互助幸福院13825个，覆盖81.65%的行政村，持续满足了农村空巢、独居、留守老人的养老需求，托起陕西农村最美“夕阳红”。

四、富民强省　小康样本

2020年2月27日，陕西省人民政府发布了《关于铜川市印台区等29个县（区）脱贫退出的公告》，根据《中共中央办公厅国务院办公厅印发〈关于建立贫困退出机制的意见〉的通知》《陕西省贫困县退出专项评估检查实施办法》规定，按照贫困县退出程序，铜川市印台区、铜川市耀州区、白水县、清涧县、子洲县、城固县、镇巴县、平利县、岚皋县、丹凤县、商南县、柞水县等29个县（区）已通过县级自查自评、市级核查以及省级专项评估检查，符合国家规定的贫困县退出标准，经研究，同意这29个县（区）退出贫困县序列。至此，陕西56个贫困县（区）全部实现脱贫摘帽。"全部实现脱贫摘帽"，短短八个字，却高度浓缩了小康梦圆时的欣慰与释然，因为它标志着摆脱贫困的千年梦想在三秦大地终得实现，意味着绝对贫困和区域性整体贫困问题得到了历史性解决。56到0的跨越与蜕变，是多年来不懈坚持与努力奋进的结果。陕西的全面小康，是居住在20.58万平方公里三秦大地上的人民不懈努力的结果，更是全省上下勠力同心、艰苦奋斗的结果。陕西在决战脱贫攻坚、决胜全面小康过程中，有太多可圈可点的亮点，涌现出了太多可学可鉴的先进典型和示范样本。总结这些经验与做法，既可承前启后又能明智增信。

（一）精准施策 因地制宜奔小康

俗话说“贫有千种，困有百样”，扶贫脱贫自然也要扶千种贫、解百样困。为了推动区域扶贫开发取得显著成效，陕西为56个贫困县（区）制定了优势特色产业菜单，而各县（区）也都坚持问题导向，聚焦目标任务，注重因地施策和精准施策，从区域实际出发，找准符合本地实际的脱贫道路。无论是坚持绿色发展释放生态红利，筑牢健康扶贫“网底”使广大群众共享健康扶贫实惠，还是从电子商务、“互联网+”等新业态中找寻发展机遇，都是从突出精准、注重实效的视角出发，探索出的具有区域特色的脱贫之路。

1. 凤县：绿色发展 生态红利

地处秦岭腹地、嘉陵江源头的凤县，东邻太白山，南接汉中市，西邻甘肃省，北连渭滨区、陈仓区，素有“秦蜀咽喉，汉北锁钥”之称，宝成铁路、212省道以及316国道穿境而过。这里生态环境优美宜人，县域面积3187平方公里，林业用地有400万亩，森林覆盖率达79.8%，有野生动物410多种，有绵延百公里“春赏绿、夏看花、秋品果、冬戏雪”的秦岭花谷以及紫柏山、通天河、凤凰湖等重要景区，是国家生态文明建设示范县，是中国最佳羌族风情文化旅游名县、中国康养休闲旅游名县，是中国花椒之乡，是全国最大的林麝养殖基地、中国林麝之乡，陕西省七个旅游示范县之一，还是陕西省山地苹果基地县。凤县全县总人口11万人，农业人口7.4万人，辖9镇66个行政村，有建档立卡贫困户3383户9347人。

为了让秦岭深处的40个贫困村、3383户9347名贫困人口真正摘掉“穷帽子”，凤县坚持因地制宜、精准施策，实施“1221”工作机制推进各项扶贫任务顺利落实。第一个“1”即开展一项行动，这项行动便是“三联两包”（联村、联户、联企，包抓贫困村、包抓贫困户）共同行动，动员全县各级单位各级干部投身脱贫攻坚战，全县98个单位联系66个村,2420名干部联系一般户18807户，联系企业115家、个体户324户，包抓全县所有的贫困村和贫困户；第一个“2”是坚持两条线推进、互助组发力，即坚持县镇村党政组织主抓脱贫攻坚工作以及各级包联干部全覆盖包抓贫困对象两条主线；第二个“2”为突出两个责任并重，即突出镇村、专项工作组和扶贫工作队的主体责任，突出各级帮扶单位及包联干部的包抓责任；最后一个“1”是实行一体化考核，即按照“目标一致、责任捆绑、考核一体”思路，以《凤县脱贫攻坚和三联两包共同行动管理考核办法（试行)》为依据，对承担脱贫攻坚任务的所有单位和工作人员进行单项考核，确保各项政策及指标真正落到实处。

秦岭深处的凤县，各个村镇主导产业不同，因而因地制宜，走不同的脱贫致富之路便成为鲜明特色。2017年以来，凤县以“村有扶贫产业基地、户有脱贫主业”为目标，以九大产业脱贫扶持政策为引领，以“一镇一品牌、一村一特色、一户一产业”为抓手，大力实施“一户一产业行动计划”，形成了股份制产业扶贫模式、“蒜瓣式”扶贫模式、党建领航产业脱贫模式、“微心愿”扶贫模式、电商扶贫模式、光伏发电扶贫模式、“互助组+”扶贫模式、“党支部+企业+贫困户”扶贫模式、“党支部+产业基地+贫困户”扶贫模式、“新型职业农民+贫困户”扶贫模式等十种产业扶贫模式，推动基层党建与脱贫攻坚相互融合、相互促进。其中，股份制产业扶贫模式以平木镇西山村为代表，即成立畅收种植专业合作社，探索“村支部＋合作社＋基地＋贫困户”的股份制产业扶贫模式；“蒜瓣式”扶贫模式以黄牛铺镇为代表，即推广“党支部＋合作社＋贫困户”扶贫模式，由合作社出资建立“蒜室”，贫困户入社为“蒜瓣”，党支部介入定“蒜量”；“微心愿”扶贫模式以留凤关镇为代表，即广泛征集贫困户“微心愿”，由镇村统一制定实施方案，通过“微帮助”解决贫困户生产生活小难题的“党支部＋微心愿＋微帮助”扶贫模式；光伏发电扶贫模式以河口镇黄牛嘴村为代表，即成立光伏产业专业合作社，建立“党支部＋龙头企业（合作社）＋贫困户”的扶贫模式；“党支部＋产业基地＋贫困户”扶贫模式同样以留凤关镇为代表，即把5个村的近200亩复垦土地转为集体土地，再按照“大集体大农庄”管理思路，建立起贫困户产业发展基地，并将基地产出盈利全额返还给贫困户的扶贫模式。

地广人稀又资源富集的凤县，以绿色发展经济强县、文明和谐活力之区、生态宜居幸福高地为方向，大力实施“生态立县、旅游兴县、工业强县、特色富民、民生优先”五大战略，加快经济转型，推动绿色发展，不仅成功创建为国家级休闲农业与乡村旅游示范县，还成为西北地区首个国家级生态县，于2017年9月入选第一批国家生态文明建设示范市县。凤县将生态文明建设与脱贫攻坚紧密结合，守护绿水青山，共享生态红利，交出了扶贫奔小康的优异答卷，也成为扶贫脱贫典型范本。

凤县积极调整产业结构，大力发展红色旅游。凤县是“两当兵变”策源地，加上拥有得天独厚的生态优势，形成了“两当兵变”策源地、工合运动纪念地、宝成铁路文化体验地等旅游板块。

“十三五”期间，凤县着眼于绿色转型发展，绝不以牺牲生态环境为代价换取短期经济效益，秦岭重点保护区内 38 家企业矿业权全部退出，曾经“一矿独大”的产业格局得到了根本扭转。三次产业结构从 2015 年的 4.5∶81.5∶14 调整至 2020 年的 11∶57∶32，第三产业比例显著升高，产业结构渐趋合理。

凤县红花铺镇永生村的美丽蜕变就是践行“人不负青山、青山定不负人”的理念，以文旅产业带动群众脱贫致富的生动缩影。永生村，原名长桥村，1967 年，为纪念因救村民而牺牲的解放军战士孙永生而更名，并沿用至今。永生村是凤县美丽乡村建设重点村。近年来，永生村以“岭南风情、乡村味道、规划先行、产业带动”为发展思路，大力推进“吃农家饭、摘农家果、享农家生活”的休闲农庄建设工程，争取让游客慕名而来并能留得住且住得下。在村党支部的鼓励下，党员同志带头开办农家乐或农家宾馆，进而组建农家乐脱贫互助组，带动全村人从旅游产业中获益。整洁雅静的村容村貌、欣欣向荣的生活气象以及日益鼓起的钱包钱袋等，让人们看到了新时代新农村的风貌。据统计，仅永生村二组，开办农家乐的家庭就有 11 户，不少家庭因此过上了好日子，实现了不外出打工在家门口就能赚钱增收。

凤县坚持产业发展与生态保护两手抓，而“137”林麝扶贫产业机制的建立，正是凤县推动生态保护与产业融合发展的重要探索。林麝，又名香獐，产自雄麝的麝香既是名贵的天然高级香料又具有极高的药用价值，能够配制高级香水，还能配制多种苏醒及强心等急救药物，所以又有“软黄金”之称。植被丰富、气候适宜的凤县是全国最大的林麝人工养殖县，于 2017 年 9 月被中国野生动物协会授予“中国林麝之乡”的殊荣。从 1986 年宝鸡市医药公司出资投放种源开始，至2019年底，全县有规范化林麝养殖公司23家，养麝户668户，林麝养殖规模达到1.8万只，年产麝香70多千克，养殖数量占到了全国的2/3，麝香产量占到了全国的70%。

林麝产业是凤县脱贫致富的“金钥匙”，是绿色环保的朝阳产业，很好地破解了生态保护与农民增收兼顾的发展难题，因此被国家林业和草原局、中国农林水利气象工会全国委员会授予第四届中国林业产业创新奖。养殖林麝能够创收脱贫，已经是凤县群众的共识。为了将林麝产业培育为富民强县的主导产业，凤县推行了一系列政策措施，采用了“137”林麝扶贫产业机制。

“1”即围绕一个目标。围绕“做大做强林麝产业”发展目标，坚持龙头带动和科技引领，积极引进逢春制药、片仔癀、同仁堂等龙头企业，按照“公司+基地+农户+科研”模式，扩大林麝养殖规模。引进宝鸡麝草堂麝业有限公司投资兴建林麝良种繁育基地，建立宝鸡市首家林麝颗粒饲料加工厂，建成平木镇刘家庄村、黄牛铺镇石窑铺村以及河口镇下坝村等林麝产业扶贫示范基地，还建成河口镇陈家岔村、留凤关镇榆林铺村等林麝饲草种植基地等，建立健全林麝全产业链，千方百计增加群众收入。

“3”即强化三个保障。首先是强化组织保障，成立工作领导小组，负责制定产业发展规划、安排部署相关工作和定期督促检查各项工作。构建起林业局—镇林业站（林场）—联合管理站—护林员四级森林资源保护网络体系，进一步完善林业局—养殖协会—养殖公司—养殖户（贫困户）四级管理体系。其次是强化政策保障，以《凤县林麝养殖产业助力脱贫攻坚实施方案》为依据，为贫困户提供全方位的扶持与资助：贫困户种植林麝饲草，每亩能够得到500元补助；企业、农户购置饲草加工机械，能够按照农机购置补贴政策享受国家扶持；建立林麝养殖保险机制，县境内每只林麝保额 12000 元，林麝保费每年 600 元；为解决贫困户的资金短缺问题，创新推出“林麝养殖贷”，全县林麝产业贷款累计达 3280 万元，给予 76 户建档立卡贫困户的贷款就有 316 万元。再次是强化技术保障。发展任何产业，人才是核心。凤县在聘请西北农林科技大学、陕西省野生动物研究所等高校科研院所专家学者做技术顾问的同时，重视本地专家的培养与选拔，培养出了李吉友、李存选、陈树民等“土”专家。凤县还为林麝养殖基地管理人员、林麝饲草供给人员以及有养殖意愿的贫困群众开展为期三个月的养殖培训，提升其理论储备和实践操作水平。

“7”即形成七种模式。林麝养殖会带来非常可观的收益，但高昂的养殖投入肯定会让不少贫困户望而却步。凤县七种养麝模式的推出无疑为群众吃了“定心丸”，这七种模式就是：“自养”模式——有养殖意愿且有能力负担的贫困户，鼓励自行养殖；“代养”模式——有养殖意愿有资金但无养殖场地的贫困户，可以在专业合作社或村集体经济组织投资入股，以“专业合作社 + 农户”“村集体经济组织 + 农户”方式，建立起利益分配机制；“寄养”模式——有养殖意愿但缺少劳力的贫困户，可以把购买的林麝挂靠在养殖公司或者能人大户那里，以“公司 + 农户”“能人 + 农户”的方式，建立起利益风险共担机制；“合养”模式——尽管有养殖意愿但还款及技术能力都比较弱的贫困户，可以采取与亲朋好友合贷合养的办法；“饲草”模式——没有养殖意愿的贫困户，鼓励其种植饲草或采摘野生饲草，林麝养殖公司会优先收购贫困户的饲草；“务工”模式——无养殖意愿但有劳动力的贫困户，采取“人力加盟”方式参与务工；“入股”模式——在全县 9 个镇建设林麝产业养殖扶贫基地 12 个，每年年底，群众可根据入股协议分红。

林麝产业让人口只有十几万的凤县拥有了年产值超过 2 亿元的产业，同时还很好地改善了生态环境，让人与自然和谐共生的绿色梦想得到了实现，为生态产业扶贫树立了标杆。

2. 合阳县：健康合阳　守护健康

人们常说：健康是 1，其他的都是 0，没有了前面的 1，后面再多的 0 都没有了意义。这折射的正是人们对健康的渴盼与重视，而一场大病可能就会让一个家庭陷入贫困的泥淖，因病致贫、因病返贫，成了很多家庭无力承受的生活之重。没有全民健康，就没有全面小康。要把人民健康放在优先发展的战略地位，以普及健康生活、优化健康服务、完善健康保障、建设健康环境、发展健康产业为重点，加快推进健康中国建设，努力全方位、全周期保障人民健康，为实现“两个一百年”奋斗目标、实现中华民族伟大复兴的中国梦打下坚实健康基础。换言之，人民健康水平的提高也是全面小康的重要内容，是促进人的全面发展的根本前提，是国家富强、民族昌盛以及经济社会繁荣进步的重要标志。全民健康、人民安康，社会主义现代化国家建设之路才会愈加平坦顺畅。

地处渭南市东北部、黄河西岸的合阳县，古称“有莘国”，这里文化底蕴深厚，有“伊尹故里 · 诗经合阳”之美誉。合阳县是国家生态示范县、国家卫生县城、国家园林县城、省级文明县城、省级环保模范县等，同时又是国家扶贫开发工作重点县。2019 年 5 月，合阳方才退出贫困县序列。合阳县辖 11 个镇 1 个街道办事处和 215 个行政村（社区），有建档立卡贫困户 27056 户 97081 人，其中因病致贫家庭有 5476 户，占全县贫困户的 20.2%，健康扶贫脱贫势在必行。健康扶贫“363”行动的实施，就是合阳县聚焦“因病致贫、因病返贫”问题，为全县人民提供健康保障所作出的努力与探索，健康合阳建设成为合阳脱贫攻坚路上一道亮丽的风景线。

合阳县将健康扶贫融入大卫生、大健康工作当中，与日常工作同安排、同部署，专门成立健康脱贫领导小组，及时制定下发《合阳县实施健康扶贫行动工作方案》，确定三大目标以及十项工作任务。合阳县卫健局将健康扶贫作为打好脱贫攻坚战役的“一号工程”，开辟出专门的办公场所，成立“健康扶贫作战室”，画出“作战图”，实行挂图作战，组建起6个脱贫攻坚工作队，分片包联全县21个乡镇卫生院，实现县镇村健康扶贫作战网络全覆盖，并号召全体医务人员积极投身健康扶贫工作中。

贫困人口疾病救治工作是健康扶贫的重要方向，精准建档立卡、落实各项政策以及提高政策知晓率则是打赢健康扶贫攻坚战的关键。首先，精准建档立卡，提高健康扶贫动态管理质量。各医院、卫生院对辖区内因病致贫、返贫人口进行精准调查、精准摸底和精准核实，为每个因病致贫家庭以及患者建立健康档案，开通健康扶贫动态管理信息服务平台，健全因病致贫家庭数据库。同时，各医院、卫生院积极配合县扶贫办、各镇政府、各村委会等，及时对数据进行核实和比对，适时调整维护健康扶贫动态管理系统，进而实现健康扶贫动态管理系统、民政社会救助系统以及基本公共卫生和医保结算系统的有效对接，做到县有综合档、镇有区域档、村有基础档，健康档案到户和建档立卡到人，做到“一户一档、一人一策”，确保健康扶贫的有效性与精准性。其次，落实各项政策，建立完善高效的健康扶贫保障机制。合阳县卫健局印制了《健康扶贫手册》，建立起了“新农合、大病保险、医疗救助、补充医疗保障”四重医疗保障制度，实行贫困人口“门诊五免、住院两免”，并设立绿色通道、健康病房及病床等。最后，加大宣传力度，提升群众政策知晓率。合阳将健康扶贫政策宣传贯穿整个脱贫攻坚工作当中，让广大群众充分了解知晓相关政策；持续开展成立十个小分队、开展百场义诊、放映千场数字电影、印制万张健康扶贫政策明白卡等“十百千万”活动；组织全县700多名村医一对一、面对面，望闻问切、把脉健康，让健康扶贫真真切切走近广大群众。

合阳县从本县实际出发，各级部门通力合作，落实六项重点工作，切实提升健康扶贫质量与成效。

合阳县建立贫困人口新农合基本医保、大病保险、民政医疗救助、补充医疗保障（健康扶贫基金）四重医疗保障机制，切实减轻贫困人口医疗负担，贫困人口住院合规费用报销比例已达到90%以上。

合阳县切实提高家庭医生签约服务质量，建立起“贫困户+乡村医生+医疗团队+定点医院”的组合签约服务模式，对全县27056户贫困户97081人开展家庭医生签约服务，对四类慢性病、六类处方病以及地方病重症患者全部进行个性化健康管理和“八个一”健康服务，对一般贫困户坚持两月一随访，对有慢性病患者贫困户一月一随访，对有大病重病患者家庭半月一随访。结合“万名医生包联因病致贫家庭”活动，合阳县组织86个医师团队、1214名医务人员（公卫计生专干）与患者签订管理服务协议。家庭医生签约团队定期主动上门提供相关服务，摸清签约对象健康状况并了解其就医需求。合阳县以“四联单”随访工作记录卡方式推进随访管理规范化，形成随访留痕迹、跟进有记载、个性有建议、服务方便群众的包联工作机制。

为更好地解决基层医院和卫生室医疗资源短缺问题，合阳县加快村级卫生室标准化建设，把村级卫生室标准化建设作为健康脱贫的重要任务和指标，合阳县委、县政府联合出台了《关于加快村级卫生室标准化建设的意见》。全县累计投资1530万元，新建（改扩建）标准化村级卫生室217个，确保215个村（社区）全部拥有标准化卫生室，并为每个卫生室至少配备一名有资质的乡村医生，为卫生室配齐基本医疗设备，进一步规范卫生室和村医管理。

合阳县大力推进“三个一批”分类救治行动，按照“四定两加强”原则，合阳县确定县医院、县中医医院和县妇幼保健院为定点医院，对所患病在30种大病之列的贫困患者进行分类集中救治。合阳县通过联系陕西省人民医院、西京医院等对口定点医院，经由绿色通道，定点医院先后救治大病患者708人次，并为每位患者制定个性化诊疗方案。为排查出的需救治大病贫困患者建立大病患者救治档案，设立救治花名册、救治明白卡和台账等，确保大病救治率达到100%。为做好重病兜底保障，合阳县政府专门设立健康扶贫基金，若贫困患者在经过前三项医疗保障后住院合规费用报销比例仍不能达到80%，就由补充医疗保障兜底报销至80%。

合阳县加强对口医疗帮扶体系建设，既重视医院之间的对口帮扶，又推动医生之间的结对帮扶；衔接省、市三级医院，组织县级三大医院，下沉医疗资源，确保帮扶任务、协议、人员以及措施“四到位”。合阳县人民医院、中医医院分别与江苏省镇江市第一人民医院和西安交通大学第一附属医院建立对口帮扶关系，合阳县妇幼保健院则与蓝海之略医疗股份有限公司形成医疗联合体。落实苏陕协作给予的帮扶医疗资金170万元、医疗设备28台

(套),省、市医院与县级医疗机构建立了医联体6个、专科联盟3个,开展学术交流33次,培训专科医生45人,帮扶建设医疗专科5个,开展新技术新业务26个。合阳县人民医院、中医医院以及妇幼保健院等又分别与各卫生院建立了医疗共同体20个,分别同兴隆、文王及河源3个深度贫困村(社区)建立帮扶关系,逐级建立起了省市医院联县、县级医院联镇、乡镇医院联村的相对完善的对口医疗帮扶体系。

合阳县坚持精准施治减存量和疾病预防控增量"两手抓"原则,实施健康知识普及行动、健康促进行动、基本公共卫生服务补短板行动、重点传染病专病专防行动、慢性病地方病综合防治行动、妇幼保健行动、农村环境卫生整洁行动、全民健身普及行动等疾病防控"八大行动",加大疾病防控力度;开展健康知识进机关、进学校、进社区、进企业、进工地、进村入户宣传等"六进"行动,弘扬大卫生、大健康主题;不断健全完善疾病防控、重大疫情防控以及卫生应急管理体系,坚持每年为贫困群众进行免费体检,妇女"两癌"筛查、新生儿筛查和计划生育特殊家庭扶助政策等得到全面推进与落实。

筑牢脱贫攻坚的健康堡垒,织密健康扶贫的紧实网底,推动健康扶贫常态化,合阳县又通过落实各项就医便民措施、强化基本公共卫生服务、加强健康促进工作等三项服务,让常态化健康扶贫机制深入人心。

各项就医便民措施的不断落实,极大地提升了群众的就医体验,也为群众解决了实实在在的问题。合阳县全县各医院、卫生院都设立了导医台和"一站式即时结算"服务窗口,设置了明晰的就医流程导向标识,各医院均设立健康扶贫病房、绿色通道等,方便群众就医看病。全县医院、卫生院实行“门诊五免、住院两免”以及“一降两提三免”政策，新农合大病保险报销起付线降至3000元，县级以上定点医院住院报销比例提高10%，门诊慢性病年度报销封顶线提高20%，群众就医满意率达到85%以上。

合阳县强化基本公共卫生服务，认真落实国家14项基本公共卫生服务项目，进一步加强信息化条件下的基本公共卫生服务项目绩效考核，扎实做好妇女儿童、老年人、慢性病患者等重点人群以及普通人群的健康服务与管理。

合阳县不断改善医疗服务，将健康救治、健康理疗和健康帮扶有机结合，重视中医馆建设，加强中医特色专科建设，推广中医养生保健技术，推进“健康细胞”示范建设和农村“厕所革命”，开展全民健身、健康促进、爱国卫生运动，强化农村饮水安全检测以及卫生厕所改造，提升群众的卫生意识、健康素养及自我保健能力，让健康生活理念深入人心。

3. 平利县：电商助农　战贫脱贫

平利县位于陕西东南部，陕、鄂、渝三省市交界处，是国家主体功能示范区、南水北调中线工程重要水源涵养区，是中国名茶之乡、中国绞股蓝之乡。平利县境内山清水秀、景致优美，物种多样、物产丰富，森林覆盖率达76%。2012年，平利县入选“中国最美乡村”。2017年，平利县被评为“全国美丽乡村建设示范县”“中国优秀生态旅游县”。2019年，平利县被授予“新时代·中国最美乡村旅游目的地”荣誉称号。与此同时，拥有众多名片的平利县地处秦巴腹地，属秦巴连片特困地区，全县辖11个镇137个行政村和6个城市社区，总人口23万。“十二五”末，平利县有贫困村79个，其中深度贫困村就有8个，有贫困户18507户44811人，贫困发生率为22.4%。

为战胜深度贫困，平利县曾探索过多种产业扶贫模式，但都因对信息或市场变化感知滞后而效果不佳。“电商+”正是平利县历经多次尝试后所选择的最适合本地实际的产业脱贫模式，电子商务成为平利县精准扶贫的重要抓手。培育电商企业，线上线下互动发展，让小产业对接大市场，创新农产品流通方式，使农产品变成农商品，贫困群众因此致富。

2016年，平利县被评定为国家电子商务进农村综合示范县，借此契机，搭建电商资源聚合平台，并及时跟进配套措施。平利县加快已有信息基础设施互联互通建设工作，物流、宽带等基础设施建设首先被提上了日程。在政府主导下，加快推进宽带下乡、提速降费，100%的集镇实现了光网覆盖，90%的行政村实现了网络覆盖。为加快电商物流配送体系建设，平利县引进物流快递企业25家，其中14家快递企业覆盖全县11个镇，初步解决了“山货进城、网货下乡”双向流通“最后一公里”问题。2016年10月10日，平利县电子商务服务中心——农村淘宝运营中心暨33个村级服务站正式启动运营，标志着平利县电子商务发展迈上了新的台阶。为更好地推进电商人才培训工作，平利县电商中心内设电商体验、产品展示、众创空间、洽谈服务、技术指导、培训会务、物流统筹、综合协调等功能区，招募了30名电商专业人才，常年开展知识普及、基础技能、电商沙龙、创业讲坛等不同形式的培训，每年培训电商3000余人，推动各类网商抱团发展。

平利县出台土地、财税、金融等各类激励配套措施，极大地提升了人们投身电子商务的积极性。平利县设立电商发展专项资金500万元，整合相关部门扶持资金500万元，并将这些资金全部用于奖补电商体系建设、基础配套、主体培育、品牌打造、电商扶贫、人才培养等“六项工程”。平利县制定出台鼓励电商发展的“两免一补”政策，为孵化基地电商创业者免3年房租，免宽带费用；对在网上销售贫困户农产品的电商还会根据销售额给予一定奖励。在一系列政策措施的扶持激励下，平利县电子商务逐渐补齐物流成本高、人才缺乏等短板，成为推动县域经济发展的新动力。

以电商带动脱贫，平利县大力推进“电商+X+贫困户”模式，推动电商与精准扶贫深度融合，通过电商发展专业合作社，合作社与种植基地及贫困户建立订单收购关系，通过网络将产品销往全国，然后根据市场信息变化及市场需求及时指导农户，实现电商、合作社、种植基地和贫困户的互利共赢。以2017年为例，全县农产品网络销售额突破3亿元，带动1375户4122人实现了脱贫增收。平利县兴强富硒茶叶有限公司实行的“电商+专业合作社+绞股蓝基地+贫困户”模式就是电商带动脱贫的生动案例。该公司在县内有淘宝店10家，在浙江、广东、安徽等地有32家代理网店。为带动贫困户脱贫致富，公司负责人余兴强成立了兴强电商绞股蓝专业合作社，每年投资30多万元，免费为合作社的贫困户们提供绞股蓝种子、有机肥以及种植技术，带动4镇9村460户贫困户发展绞股蓝基地2281亩，极大地改善了贫困户的经济状况和生活条件。

随着电商的强势兴起，“手机成为新农具，直播成为新农活”，已经是不少年轻人生活的新样态，电商也为年轻人创业梦想的实现提供了无限可能。平利县组建起了电子商务协会、农产品生产流通协会以及淘宝微商协会等，实施“电商+创业”计划，引导贫困户、搬迁户、社会青年乃至大学生等积极投身电商创业。残疾人廖伟参加平利电商创业孵化中心的开店技能培训以后，开了一家名为“陕南山里人”的特产淘宝店，经营绞股蓝、干洋芋片、干竹笋等特产，每月 2000 元左右的利润让他实现了靠自己养活自己的梦想。被大学同学冠以“腊肉王子”美称的高凡，从政府推出的政策中发现了商机，决定通过电商的形式销售家乡特产，平利腊肉、酸萝卜等都被他推广销售到了全国各地。高凡于 2015 年成立了公司，2017 年建起基地后便开始回收乡亲们的特产，也为家乡父老提供就业岗位，带动大家一起致富。

安康市在平利县举办“安康大集”活动助力消费扶贫

“多多农园”从产业扶贫视角出发，形成“特色农产品＋新农人＋合作社＋电商平台”模式，是将贫困户作为全产业链利益主体的助农模式。大学生创业代表王秀梅是拼多多农业扶贫项目“多多农园”众多受益主体之一，她于2019年9月带领51户种植绞股蓝的贫困户组成了寻梦农园绞股蓝合作社，得到“多多农园”资助的52万元启动金后，建成了绞股蓝加工厂。2020年2月，以合作社名义开设的拼多多店铺等完成了前期建设，王秀梅开始尝试直播带货，她所带的货物销量逐渐增多，成为细分类目好评榜第一名。王秀梅的成功是平利县众多涉足电商创业者的缩影，网络和电商为他们提供了无限的可能与机会。

平利县大力推行“电商＋特色产业”模式，助推特色农产品走俏。没有工业基础，交通又极不便利，平利过去的发展之路异常艰难。平利特产也因量小分散、交通阻隔以及销售渠道不畅等原因无法走出去。如今，平利绞股蓝、八仙腊肉、富硒杂粮天仙米、富硒坚果核桃仁、富硒野菜天蒜、木耳、苞谷花、土蜂蜜、女娲茶等富硒、绿色、无公害、无污染、生态环保的特色产品，都成了受人欢迎的网购商品，平利绞股蓝更是网络爆款产品。

电商可以为任何有心人提供挣钱门路，带来商机。茶叶加工厂可以通过直播将山坡采茶、工厂炒茶、打包发货等所有流程展示给消费者，从而获得更高的关注度与更好的收益。外贸型丝袜工厂同样也可以摆起直播架，受全球新冠肺炎疫情影响的外贸工厂借助直播加快了聚焦国内市场的转型脚步，这样的工厂正是为社区群众致富提供机会的经济实体，让人们的生活更加有盼头。

电子商务赋能下的平利县，于2020年2月27日经陕西省人民政府同意正式退出贫困县序列，又在2021年2月25日的全国脱贫攻坚总结表彰大会上被授予“全国脱贫攻坚先进集体”荣誉称号。退出贫困县序列并不意味着完全打赢了脱贫攻坚战，巩固脱贫成果、防止脱贫群众返贫，推动乡村振兴，平利县电商依然大有可为。

（二）志智双扶 革命老区换新颜

革命老区和老区人民曾经为中国革命胜利付出了巨大牺牲，作出了重大贡献，到了新时代，革命老区又是脱贫攻坚战中“最硬的那根骨头”。打好革命老区脱贫攻坚战，保证不让革命老区和老区人民掉队，确保老区人民共享改革发展成果，是实现全面小康的必然要求，也是党对老区人民的庄严承诺。党的十八大以来，党中央把革命老区脱贫建设摆在了更加突出显要的位置，习近平总书记牵挂革命老区人民的生活，关心老区的建设与发展，多次赴革命老区考察调研，也多次讲到要让老区人民过上更加幸福美好的生活。中共中央办公厅、国务院办公厅于2015年12月印发《关于加大脱贫攻坚力度支持革命老区开发建设的指导意见》，之后，一系列支持革命老区振兴发展的方针政策和扶持措施相继出台，1个总体指导意见、2个区域性政策意见、5个重点老区振兴发展规划以及8个涉及老区的片区区域发展与扶贫攻坚规划，形成了支持扶持革命老区振兴发展的“1258”政策体系。在国家战略的叠加赋能与统筹推进下，加快相关要素资源向革命老区优先聚集、民生政策向革命老区优先覆盖、重大项目向革命老区优先布局步伐，从而如期实现了革命老区的整体脱贫。

陕西省有革命老区县63个，其中贫困县就有42个，占比为66.7%。2014年底，革命老区县的贫困人口为300.86万人，贫困发生率20.59%。老区脱贫攻坚胜，则全省胜。陕西为实现老区如期脱贫，除出台《陕西省革命老区脱贫攻坚实施意见》《支持革命老区开发建设与脱贫攻坚工作推进方案》《陕甘宁革命老区综合交通运输发展规划》等政策措施外，还投入了大量人力、物力、财力支持革命老区发展，累计向63个革命老区县投入中央和省级财政专项扶贫资金212.65亿元，争取中央专项彩票公益金7.1亿元，投入政府债券429.3亿元，投放扶贫小额信贷资金122.2亿元。同时，各革命老区县也在脱贫攻坚实践中摸索出了一些各具特色、行之有效的扶贫扶志做法，也正是这些扶思想、扶观念、扶信心的好做法从根本上改变了老区人民的精神面貌。至2019年底，革命老区县贫困人口减少至11.73万人，贫困发生率降至0.8%，革命老区实现了整体脱贫。

1. 耀州区：八星励志　扶贫扶心

20世纪30年代初，刘志丹、谢子长、习仲勋等老一辈革命家在这里开展艰苦卓绝的革命活动，创建了以照金为中心的西北地区第一个山区革命根据地——陕甘边革命根据地。陕甘边革命根据地是波澜壮阔的中国革命历史画卷上至关重要的华章之一，但三面环山、山大沟深的地貌特点也决定了生活在这里的老百姓需要与贫困进行长时间的角逐与较量，战贫脱贫任务异常艰巨。扶贫先扶志，扶贫必扶志。为此，耀州区探索出了“八星励志”促脱贫的做法，以全区58个贫困村特别是7个深度贫困村作为重点，广泛深入开展扶贫扶志活动。

所谓“八星励志”，是指诚实守信品行好、热爱集体觉悟高、精神面貌变化大、摆脱现状愿望强、不等不靠动力足、勤劳致富步子快、致富点子提得多、示范带动成效佳八个星目。同时，耀州区又将八个星目分为三个层级：诚实守信品行好和热爱集体觉悟高两个星目为觉悟层，也是底线层；精神面貌变化大、摆脱现状愿望强及不等不靠动力足三个星目为觉醒层，也是激励层；勤劳致富步子快、致富点子提得多与示范带动成效佳三个星目为崛起层，也是脱贫层。再以“3+3”结合模式建立起长效激励机制，确保扶贫扶志活动持续深入开展。即在觉悟层、觉醒层、崛起层三个相互承接、逐步递进的层级基础上，将其与“爱心超市”“八星励志”扶贫扶志奖励资金以及“446”扶贫微宣传相结合，引导广大群众自信自强，激励他们真正从精神上站立起来。

陕甘边革命根据地照金纪念馆

照金曾是我国北方第一个山区革命根据地，也是铜川市脱贫攻坚的主战场，全市 7 个深度贫困村中有 6 个在照金镇。照金镇深入发掘红色资源，大力发展旅游业，入选全国第一批特色小镇。如今的照金，正在绘就一幅城乡统筹融合发展、文化旅游与民生改善协同推进的高质量发展新图景

“3+3”结合模式首先是与“爱心超市”相结合，建立区、镇、村三级“爱心超市”。耀州区制定“八星励志”扶贫扶志评星与“爱心超市”积分评分相结合的操作办法，通过积分兑换的方式，让群众得到实实在在的物质激励。其次是与“八星励志”扶贫扶志奖励资金相结合。耀州区设立了 200 万元的区级扶贫扶志奖励资金和 476 万元的村级扶贫扶志奖励资金，制定了《铜川市耀州区“八星励志”扶贫扶志奖励资金管理办法》，设立资金专户，确保专款专用。最后是与“446”扶贫微宣传相结合。脱贫攻坚战打响以来，耀州区坚持宣传先行，积极利用微信公众号、微信交流群等新媒体

平台，搭建起了被原国务院扶贫办《扶贫信息》刊登并向全国推广的四级贯通、四点发力、六项保障的“446”微宣传网络，将脱贫攻坚微宣传有机融入群众的生产与生活当中。耀州区推出的一系列脱贫攻坚成果证实了占领信息制高点的重要性。区、镇、村各级微信平台持续推出图文版、视频版脱贫故事300多期，汇集成《耀州脱贫故事》一书；推出《青石》《第一书记》等百余篇脱贫攻坚文艺作品，汇集成《阳光洒进心坎里》一书；还策划拍摄了《千年邻居万年亲》《身残志坚崔振安》《崔普选——脱贫路上追梦人》等7部脱贫攻坚纪实微电影等。

“八星励志”扶贫扶志做法实施以来，耀州区先后评选出了四星级明星户1646户、五星级明星户904户、六星级明星户372户、七星级明星户87户、八星级明星户24户，一个个励志典型的涌现更是让贫困群众从身边熟悉的人身上看到了自立奋进的力量，“人人争星，我要脱贫”的良好风尚蔚然成风。

铜川市耀州区关庄镇“八星励志”表彰大会

“八星励志”做法实施以后，“脱贫明星”“致富能手”对群众的示范带动作用是显而易见的，想脱贫点子、找产业路子，贫困群众过上好生活的愿望与信心愈加清晰坚定。

2. 绥德县：三级联动　以德化人

绥德县位于陕北腹地、榆林市东南部，素有“上郡古邑”“秦汉名邦”“天下名州”“四省通衢”“西北旱码头”之美誉，是陕北革命老区，是榆林地区红色资源最为丰富集中的地方，是中央红军在陕北的落脚点之一，是陕甘宁边区的改革试验示范区，是转战陕北的中转地。绥德是历史名城、红色圣地、文旅之乡，但同时也是国家级贫困县，是国家扶贫开发工作重点县、革命老区县和吕梁山特困片区县。

为引导贫困群众生发自力更生和主动脱贫的强烈意识，绥德县把扶贫扶志与精神文明建设工作相结合，形成了县、镇、村三级联动评树、两方面宣介先进事迹和落实一系列厚爱措施的“三二一”工作机制。

以“美丽乡村 · 文明家园”建设、社会主义核心价值观进农村以及“新三风”建设为抓手，绥德县形成了县、镇、村三级联动的各类精神文明先进典型评选表彰工作机制。

县一级设立公民道德建设基金，连续开展“绥德好人”的评选表彰。自 2017 年开始，榆林市长运汽车运输集团有限公司董事长李润芳女士每年出资 30 万元，十年共计出资 300 万元，设立“李润芳公民道德建设基金”，用于表彰奖励在绥德精神文明建设中涌现出来的美德教师、美德家长、美德少年、最美医生、最美村官等道德模范和“绥德好人”。“绥德好人”评选表彰每年举办一届，奖项类别实行“3+X+N”模式，“3”即爱心类、美德类和最美类三个大的类别，“X”即根据每年工作实际加设一个大的类别，“N”即大的类别下分设N个小类别。道德模范评选表彰每三年进行一次，每一届的表彰人数不超过60人（户）。无论是道德模范还是“绥德好人”评选表彰，都坚持向脱贫攻坚战中涌现出来的先进典型倾斜，从而营造出勤劳致富、自强自立的良好氛围。

镇、村级“好人”评选表彰常态化，为群众树立起可感可见的身边榜样。全县15个镇参照县级道德模范和“绥德好人”评选表彰的相关类别与标准开展镇级“好人”评选表彰活动，三分之一的行政村开展“模范脱贫户”“脱贫致富带头人”“好公婆”“好儿媳”“好儿女”等评选表彰活动。

绥德县坚持分级评选、梯度选拔，健全激励机制。村级“好人”可优先推举为镇级“好人”，镇级“好人”可优先推举为县级“好人”，县级“好人”可继续向上推举，有梯度有层级的推选模式可以激励好人身体力行弘扬正能量，持续发挥其示范带动作用。

“好人”的事迹需要让更多人知道，宣传推介力度自然要加大。绥德县统筹线上线下、城区乡村，深入广泛开展“绥德好人”宣传推介活动，讲好“绥德好人”故事，传播正能量。每届“绥德好人”评选表彰后，绥德县县属媒体都会开设专题专栏，及时采写“好人”事迹稿件，还会通过深度报道、视频短片等进行广泛宣传，在镇村则通过“乡风文明一条街”“好人榜”等让“好人”及其事迹以图文并茂的方式走近群众。同时，绥德县通过开展“扶贫扶志宣讲村村行”“农村道德讲堂”等活动，让“好人”担当宣讲员，讲述先进事迹、传授先进经验，用真实可感的故事激发群众脱贫致

榆林市绥德县张家砭镇郝家桥村荣获“全国脱贫攻坚楷模”称号。郝家桥村传承红色基因、弘扬革命精神，因地制宜谋发展，盘活资源促增收，走出一条“林果粮上山、设施农业到滩、规模养殖进沟”的产业发展之路，多渠道带动贫困群众脱贫致富。图为郝家桥村蔬菜大棚基地

富原动力。

定期关爱慰问、实施道德信贷工程等是绥德县关心厚爱“好人”的重要举措。绥德县每年都会组织县、镇、村各类社会志愿服务队伍与新时代文明实践志愿者一起开展帮扶道德模范、身边“好人”以及空巢老人等志愿服务活动，春节、重阳节等重要节庆日来临前，还会组织志愿者开展“送温暖”“拉家常”“解难题”“办实事”等关爱活动。2017 年 11 月，绥德县在全省率先启动道德信贷，以文明做担保，以诚信做抵押，对符合条件的道德模范和身边“好人”按照荣誉层级实施分档授信，以县级不低于 5 万元、市级不低于10万元、省级及以上不低于20万元的授信额优先安排信贷计划，

为道德充值，也为“好人”增值。

3. 延川县：七项行动　提振信心

延川县，地处陕西省北部、延安市东北部以及黄河西岸，是原国家林业局命名的“中国红枣之乡”、陕西省“优质苹果生产基地县”，是原文化部命名的“中国现代民间绘画之乡”“中国民间文化艺术之乡”，是陕北第一支红军游击队的诞生地，是革命老区县，但同时也是国家扶贫开发工作重点县。

为了全面激发贫困群众脱贫战贫内生动力，延川县以扶贫扶志“七项行动”为抓手，确保物质扶贫与精神扶贫同频共振、共同推进。“七项行动”的实施坚定了贫困群众“我要脱贫”的信念，形成了积极向上的社会风气。

延川县积极开展“文明创建”行动，倡树文明新风。为了营造团结奋斗、积极向上的良好社会氛围，同时为了进一步深化群众性精神文明创建活动，延川县以建设社会主义核心价值观为根本，以实施乡村振兴战略为抓手，以扶贫扶志为载体，进一步深化文明村镇、文明校园、文明单位、文明社区、文明家庭以及文明旅游创建行动，成功创建国家级文明村镇 1 个、省级文明单位 4 个、市级文明单位 12 个、市级文明村镇 32 个，还有一大批文明校园等，显著提升了社会文明程度和公民文明素质。

为进一步端正和净化村风民风，延川县在全县范围内开展了形式多样的“评优树模”评选行动。2018 年，延川县通过开展“评优树模”评选活动，涌现出了高凤兰、白永鹏、冯云山等“中国好人”“陕西好人”“陕西省道德模范”“全国文明家庭”等一大批先进典型；通过开展“延川模范”“文明家庭”“脱贫之星”及“致富先锋”等评选活动，评选出了延川模范 12 名、文明家庭 11 户、脱贫之星 62 名、致富先锋 29 名，还向 6457 户脱贫户发放了脱贫光荣证和荣誉证；在全县的农村、社区开展“星级文明户”“致富带头人”“诚信村民”“乡贤”“好媳妇”“孝子”等评选活动，共评选出“星级文明户”4800 余户、“致富带头人”297 名、“诚信村民”166

延川县实施扶贫扶志“七项行动”，坚定了贫困群众“我要脱贫”的信念，梁家河村秉承担当实干的精神，把群众嵌入产业链条，走产业脱贫致富之路。图为航拍梁家河村山地苹果示范园区（李旭佳　摄）

名、“乡贤”152名、“好媳妇”305名、“孝子”172名。

延川县通过开展形式多样的“爱心公益”行动，动员全民救助，激发人们向社会奉献更多爱心。2017年起，全县各帮扶单位、帮扶工作队深入村户进行“大走访”活动，对优秀党员、退休干部、困难群众等进行走访慰问，发放物资累计150余万元，还组织志愿者开展帮助群众洗衣服、送棉衣、帮理发等暖心行动300多次；共向2785名贫困生兑现资助金350.78万元，向96名贫困大学生提供资助39万元，向1398名大学生办理生源地助学贷款994.3万元；全县173个“爱心超市”累计自筹资金200余万元，2.3万余人参与“爱心超市”公益积分活动，累计发放物资折合人民币90多万元；动员组织各方力量募捐扶贫慈善资金1000万元，用于为贫困群众提供相关服务。

文化是植根于内心的修养，用文化涵养文明新风尚，推动崇德向善的精神财富代代传承下去。延川县通过开展“文化涵养”行动，坚定脱贫自信。延川县按照文化教育引导群众树立文明新风尚的工作思路，组织扶贫扶志文化“大篷车”巡回演出80余场次，重点宣讲脱贫致富先进故事，创排的《浪子回头》《请财神》等扶贫扶志小品以及《枣乡扶贫记》等扶贫电影，在群众中引起了热烈的反响。另外，延川县从县文联组织开展的“剪刀下的核心价值观”“图说扶贫扶志”等活动的获奖作品中精挑细选，印发2000多套并下发至镇村，让广大群众从中受到启迪与鼓舞，进而帮助大家树立脱贫致富的强烈信念。把党的十九大精神、社会主义核心价值观、乡风文明、村规民约等及时上墙展示，也是延川县“文化涵养”行动的重要内容。同时，延川县积极组织推进“镇有特色”“村有主题”文化工程，组建村级文化小组，开展剪纸、布堆画等培训，以丰富多样的形式助力“文化涵养”行动深入人心。

延川县开展“家风家训”征集行动，推动创建文明家庭。家庭是每个人人生的第一课堂，家庭对每个人的影响不言而喻。家风是社会风气的重要组成部分。家庭不只是人们身体的住处，更是人们心灵的归宿。家风好，就能家道兴盛、和顺美满；家风差，难免殃及子孙、贻害社会。正所谓“积善之家，必有余庆；积不善之家，必有余殃”。延川县文明办与县妇联联合开展传承家风家训、助力扶贫扶志行动，在全县征集家风家训13600余条。延川县建成了冯云山、高家大院两个家风馆，打造了大禹广场、路遥广场两个家风广场；组建了道德讲堂家风故事宣讲队，用身边熟悉的人与事感化引导群众，进而助力优秀的家风、家范广泛传扬。

摒弃陈规陋习，倡导移风易俗，是推进乡风文明建设和乡村振兴战略的重要内容，大操大办红白喜事不仅造成了铺张浪费，也极大地增加了群众的经济负担。为了扭转红白喜事大操大办和其他不良风气，延川县开展了一系列促进移风易俗内化于心、外践于行的活动。县文明办与民政局联合开展“深化移风易俗助推扶贫扶志”工作，由延川县民政局成立“延川县红白理事协会”，动员经常参与红白喜事的总管、办事人等加入协会，定期召开座谈会，为移风易俗工作出谋划策；组建起“红白喜事志愿服务队”，承担起红白喜事帮办服务与劝诫工作，通过各种形式进行移风易俗宣传，倡导喜事新办、丧事简办。县文明办收集整理各村修订完善的村规民约，摘录出优秀部分并在全县范围内发放。为提高群众的环卫意识，延川县开展“流动红旗”评比活动，通过村内“红榜”发布，并结合“爱心超市”积分制给予相应的物质奖励。

在开展失德失信教育方面，延川县针对村里不孝敬老人、不讲卫生、欠账不还、搞封建迷信、贫困老赖、吸毒、赌博等不良行为，运用村内道德说事会、夜评会等进行说服教育，屡教不改者还会在村内“黑榜”公布。

良好的民风不仅是乡村振兴的重要内容，也是巩固脱贫攻坚成果的动力源泉。延川县开展“扫黑除恶、助力扶贫扶志”相关工作，集中力量对村霸流氓、欺行霸市等涉黑组织进行专项打击，广泛利用横幅、标语、村喇叭、微信群等形式或平台加大宣传力度。倡导文明科学生活理念，重拳打击信奉邪教、封建迷信、打牌赌博等影响社会安宁稳定的行为。

延川县通过深入开展“文明创建”“评优树模”“爱心公益”“文化涵养”“家风家训”“移风易俗”和“扫黑除恶”等七项扶贫扶志扶智行动，让贫困群体有志想做、有事可做、有技会做、有钱能做、有人帮做，靠自己勤劳的双手和聪明才智走上脱贫致富之路，其中涌现出了郝世斌、张智发等自己脱贫还不忘带动乡邻共同富裕的“致富先锋”。

（三）特色产业　迸发活力稳增长

决胜脱贫攻坚、全面小康宏伟目标的顺利实现，离不开乡村特色产业的发展。乡村特色产业以地方特色资源为依托，以农民群众为主体，以农村三产融合发展、协同发展为基本模式，具有地域特色鲜明、利益联结紧密、业态类型丰富的特点，是繁荣农村、富裕农民、实现全面协调可持续发展的产业。

1. 柞水县：小木耳　大产业

金米村位于秦岭深处，曾是极度贫困村，近年来通过大力发展木耳、中药材、旅游等产业，经济得到了快速发展，实现了整村脱贫。2020 年 4 月，习近平总书记到柞水县金米村考察当地脱贫攻坚情况，走进村培训中心、智能联栋木耳大棚，了解木耳品种与种植流程，询问木耳价格、销路与农民收入等，夸奖他们把小木耳办成了大产业。

金米村是柞水县以发展木耳产业为主导，推动县域脱贫攻坚事业的一个缩影。柞水县位于秦岭腹地，有着“天然氧吧”“西安的后花园”之称，森林资源丰富，其负氧离子含量高达近邻西安的 4

金米村通过发展木耳产业实现了整村脱贫，把小木耳办成大产业。图为金米村智能联栋木耳大棚（母家亮　摄）

倍以上，拥有得天独厚的自然环境与资源优势。然而，由于底子差，缺乏支柱产业带动，青壮年劳动力大量外流，柞水县贫困发生率曾达到44%以上，是国家扶贫开发工作重点县、陕西省深度贫困县。短短几年，在以木耳产业为主导的一系列脱贫攻坚方略的贯彻实施中，柞水全县13406户42088人实现了稳定脱贫，贫困发生率降至0.91%，在2019年度陕西省脱贫攻坚工作成效考核中名列前茅。柞水县取得的骄人业绩，与木耳产业的大发展密切相关。

食用菌类食品是国人餐桌上的常见食物。随着我国经济发展和人民生活水平的不断提高，味道鲜美、营养丰富、利于健康的木耳成为需求量旺盛、经济潜力巨大的农作物，木耳种植产业逐渐成为万亿级的大产业，也是我国许多贫困地区顺利实现脱贫攻坚的一大利器。柞水县气候温润，生态良好，温差、光照、海拔等自然条件较为优越，适宜木耳生长，自古就有木耳种植业。传统的木耳种植业依靠柞树作为木耳种植载体。这种树非常适宜生长木耳，因此自明清以来，柞水县以其出产的黑木耳闻名省内外。柞水木耳个头大、成色好、味道鲜美，具有很高的食用与药用价值。然而，传统的木耳生产较为分散，产量低，销路窄，呈现出“小、弱、散”的产业格局，亟待政府政策引领下的产业化、集群化、科技化发展，以实现木耳产业带动群众脱贫致富。为此，2017年起，柞水县出台了《柞水县脱贫产业发展规划（2017—2020年）》《柞水县木耳产业发展指导意见》《柞水县木耳产业发展奖励扶持办法》等一系列振兴木耳产业的政策方针。

在“绿水青山就是金山银山”理念的指引下，柞水县委、县政府以党建引领，立足县情，面向市场，成立了木耳产业发展领导小组和工作专班，建立了具有独立编制的木耳产业中心，从决策到落实的全部生产环节，建立了一套闭环的各级领导干部、工作人员负责制度。

柞水县格外重视基层党组织的先锋带头作用，坚持把基层组织作为力推脱贫攻坚的决定性因素，紧扣堡垒强基、头雁培育、先锋引领、聚力攻坚“四大行动”，厚植党建优势，助力脱贫攻坚。为了推进木耳产业的发展，全县在基层脱贫攻坚领导小组的带领下，组建9个镇办脱贫攻坚工作组和79个驻村工作队，健全县、镇、村三级指挥体系，夯实了三级书记抓脱贫的政治责任和第一责任人责任；压实县委常委包镇办、分管副县长管行业的领导责任，构建了“常委管块、县长管条”的责任网；压实了107个部门包村、3266名干部帮扶责任，成立由县人大常委会主任、县政协主席任组长的督查专班，开展常态化督查暗访。

柞水县全力推行村（社区）“一肩挑”全覆盖，按照“党员中心户+党员+贫困户”模式，先锋党员干部冲锋在前，带动数千余贫困户发展木耳产业；制定并贯彻落实“1153”计划（即发展1万亩、1亿袋、产量5000吨、产值3亿元），通过推进“八大行动”（规模扩张行动、质量提升行动、创新研发行动、产业融合行动、产品营销行动、文化塑造行动、宣传推介行动、品牌创建行动），构建集研发、生产、加工、仓储、销售为一体的木耳全产业链条，推动木耳产业发展。

在党组织的坚强领导下，在各级党员干部、带头人的示范带动下，柞水人民成功通过发展特色木耳产业，探索出了稳固长效的脱贫致富路，取得了脱贫摘帽的历史性成就。

乡村特色产业的可持续发展，以及脱贫攻坚、乡村振兴的顺利实现，离不开农业科技的支撑。唯有先进科技才能为特色产业持续赋能，不断推动产品创新和技术创新，确保产业拥有持久旺盛的生命力。自 2012 年起，柞水县便开始由科技部定点帮扶，科技部选派的专家扶贫团已经来了四批。由科技部牵头实施的科技扶贫项目 20 余个，总投资逾 7050 万元。柞水县在发展木耳产业过程中，针对木耳菌种培育落后、生产管理粗放、产业链条延伸度不足等问题，重视运用现代科技力量，革新产业生产面貌，并积极与科技部协调搭建产业研发创新平台，建立了木耳技术研发中心、菌种繁育以及深加工产品研发示范基地等机构。

柞水县着力推动农、校、企三方合作，与吉林农业大学展开深度合作，在吉林农业大学的协助下，柞水县成功培育出了玉木耳等多种珍稀食用菌，并委托吉林农业大学制定了木耳生产、包装标准等 4 项技术编程；与阿里云计算公司开展业务合作，成功建立了全国第一家“木耳大数据平台”，实现生产、质量追溯等全程“云”管理；同时，柞水县积极引进研发与管理人才、黑木耳栽培土专家，建成一支专业的技术队伍，推动黑木耳产业科技化发展。柞水县通过优选出适合柞水县栽培的黑山 2 号、青皮等黑木耳代料栽培品种，探索形成了以苹果废弃枝条为原料的“果树枝条→黑木耳生产→菌肥还田”循环产业链，摸索出吊袋、塔式、地摆三种栽培方式，走出了一条“借袋还耳”“借棚还耳”的产业发展新路，提高了木耳生产效率，探索出了“三点一线”（即科技与产业的契合点、着力点和落脚点，以及科技驱动脱贫产业发展主线）科技驱动产业发展的创新机制。

柞水县以集体为根本，充分发动群众，调动起群众的生产积极性，并且在做大做强木耳产业的同时，实现了全体群众对产业发展红利的共享。柞水县政府在国家与陕西省经济技术扶持下，以各级领导干部带头示范、贫困户优先、鼓励外出人员返乡投身木耳产业的一系列政策，在最大限度动员群众的基础上发展木耳产业。为了打消农户顾虑、扶持木耳生产，柞水县在全县各行政单位创办了木耳学习专班，教导农户科学种植技术，并搭建了面向种植户的从生产到销售的全套扶持机制。

推出“借袋还耳、借棚还耳”，即为农户提供事先准备好的木耳种植袋、木耳种植棚等生产材料与设备，等木耳收获后统一交由集体销售。这一举措解决了农户在资金、技术方面的起步困难，也大大调动了群众参与木耳产业发展的积极性，发挥了集体经济集中力量办大事的优势。同时，柞水县不仅做大了木耳产业的“蛋糕”，培养了龙头企业，促进了产业链条的延伸，还通过健全利益联结机制、健全集体经济分配制度，在发展惠及全体人民思想的指导下，使全县群众实实在在地尝到了“蛋糕”，充分共享了产业发展的红利，显著提高了群众的生活水平。

柞水县依靠柞树种植木耳的传统方法以简单的小农生产形式为主，其产品主要以原材料和初级产品为主，包装简单，难以进入超市等卖场，产品附加值低，缺乏足够的产业延伸度。围绕木耳种植短板，柞水县不仅积极以科技革新木耳产业面貌，还着力培养柞水特色的高端木耳品牌，推动产业链条的完善与伸展，提升产业附加值。柞水县在严格木耳生产质量要求的基础上，鼓励柞水企业开展品牌认证，积极注册商标，创建名牌产品，合力打造“柞水黑木耳”区域公共品牌，通过挖掘柞水木耳的文化底蕴和历史积淀，向外推出了以“柞水木耳”“秦岭天下”“秋雷”“新田地”“野森林”等为代表的公用或企业品牌。与此同时，柞水县积极开展“三品一标”的认证工作，对以柞水木耳为主的农产品进行研发包装，强化品牌推广，持续放大“柞水木耳”网销爆款产品的网红效益，发挥电商平台的主推作用，在全国打响了柞水木耳的品牌。柞水木耳先后被原农业部、工商总局认定为农产品地理标志保护产品和地理标志证明商标。

另外，为了增加柞水木耳的附加值与产业效益，柞水县积极出台措施，促进柞水木耳由食品向养生用品、休闲保健品、美容护肤品等深加工领域和高附加值的产品转向，建设了集研发生产、加工包装、储备销售、观光旅游、周边产品为一体的全套木耳产业链条。

柞水县木耳产业的大发展，在于积极拓宽营销渠道，促进木耳产品的销售。柞水县充分发挥市场在资源配置中的决定性作用，建立“五方（农民、电商、网红、合作社、政府）联动营销机制”，充分利用现代多媒体传播渠道所提供的品牌推广优势，结合电视、广播、互联网、广告及农博会、丝博会、广交会、苏陕协作会等线下实体节会活动，以及“双十一”“双十二”“年货节”等网络营销重大节庆活动，积极活用团购、秒杀、打折、发放购物券等营销形式，全方位、多角度地宣传柞水木耳品牌，扩大柞水木耳的影响力与市场占有率。

同时，柞水县推动木耳产业与特色旅游业、农家乐产业的结合。柞水成功举办了“黑木耳文化节”，并邀请文化艺人创作了《木耳小镇之歌》，发明了“黑木耳宴”，提升了柞水木耳的品牌形象；柞水县大力发展基于物联网的物流仓储与配送网络，通过与阿里巴巴、京东、拼多多等电商合作，打造线上线下系统的营销渠道和网络，实现了生产、销售的协调与共同兴旺；积极引导木耳生产企业的相关资质完善工作，指导企业、合作社、农户的标准化生产，建立从木耳种植、采摘、分拣、加工、包装到销售的全产业链条质量追溯体系，全环节、全过程检测，杜绝农特产品“入网上市”质量和安全隐患；此外，柞水县还着力建设木耳交易所，为省内外木耳商户、企业、消费者提供销售、质量追溯和线上线下交易服务，吸引全国木耳产业从业人员和企业向柞水集聚，形成聚集效应。

柞水县还利用国家东西部对口扶贫协作政策助推木耳产业发展。陕西与江苏是长期的扶贫协作伙伴，江苏省南京市高淳区是支援柞水县脱贫致富工作的主要伙伴。柞水县充分利用高淳在木耳种植技术上的优势，引进菌包生产设备和菌包制作技术，在菌种选育、栽培，木耳种植棚建设、病虫害防治等方面与高淳帮扶工作组进行了密切交流。同时，柞水县运用江苏网络平台的营销优势，大力推动以木耳产品为主的柞水农产品网络销售平台的建设。

在一系列政策措施的贯彻实施下，到 2020 年，柞水县栽培黑木耳 7500 万袋，产鲜耳 3.5 万吨，产值 2.25 亿元，增幅分别达 114.4%、105.9% 和 104.5%，黑木耳产业持续健康发展。小木耳撬动大产业，作为柞水县核心产业的黑木耳产业的发展，带动了全县 6944 户贫困户稳定脱贫，户均增收 5000 元以上，全县贫困发生率从 2014 年的 44.04% 下降至 2020 年的 0.91%。同年，柞水全县居民人均可支配收入达到 17008 元，比上年增长 6.0%，其中农村居民人均可支配收入达 10304 元，比上年增长 7.6%。柞水县以其发展黑木耳产业实现脱贫的重大成就，入选“全国十大产业扶贫经典案例”。

产业兴旺是实现脱贫攻坚、乡村振兴的基础，是全面建成小康社会的必由之路。发展扶贫产业，难在持续稳定，难在产品质量的保障，难在产业链条的延伸，难在生产规模的扩大和招商引资的推动间的矛盾，难在抗风险能力的增强。然而，面对未来，柞水人民有决心、有信心在总结以往成功经验的基础上，接续奋斗，加强柞水木耳科技研发，拓展精深加工，健全木耳产业畅销发展机制。柞水人民将始终牢记脱贫摘帽不是终点，而是新生活、新奋斗的起点。

2. 西乡县：美丽茶乡　圆梦小康

西乡县，这个位于陕西汉中东部、为崇山峻岭所环抱的小县，拥有得天独厚的自然美景与宜人的生态环境，尤其适宜茶树生长，素有“中国美丽茶乡”之称。这里出产有西乡大脚板、大河坝大柳叶、柳叶种、圆叶种、小叶种、午子仙毫等特色茶种，尤其是午子仙毫，更是跻身全国名茶之列。然而，与优越的自然环境不相称的是，西乡县长期为贫困所苦，属于国务院确定的秦巴山区集中连片特困地区，脱贫攻坚任务重大。近年来，西乡县立足县情，稳步推动以产业扶贫为核心的脱贫攻坚工程，通过振兴特色茶产业，在短短几年时间里有效发展了县域经济，提升了人民群众的收入和生活水平，铺就了通向全面小康的幸福路。

西乡茶叶种植历史悠久，茶叶种植条件优越，因此自 1998 年以来，西乡历届县委、县政府都将发展茶产业看作是振兴经济，带动农民增收的支柱产业。尤其是自“十一五”开始的十年来，在党中央、国务院全面深化农村改革、加快推进农业现代化的政策鼓舞下，西乡县颁布了《关于加快茶叶产业突破发展的决定》等纲领性文件，明确了建设茶叶经济强县的奋斗目标，抓住茶叶发展不放松，将其视作推动美丽西乡建设、生态旅游发展、脱贫攻坚战略的关键工作，举全县之力，全力打造中国最美茶乡，建设全国茶叶经济强县。

茶产业具有综合性的经济效益和社会效益优势，因此从国家层面，到省、市、县一级党委、政府，一直重视发展茶产业。2013年，陕西出台《陕西省茶产业发展规划（2013—2020）》，汉中在2014年下发了《关于进一步做大做强茶产业的决定》《促进现代茶叶产业化发展的决定》《茶产业发展奖补考核办法》等相关政策性文件，将茶产业发展专项资金由500万元提升到1000万元，加强了对茶产业的扶持力度，鼓励相关发展项目的申报工作。西乡县委、县政府把握政策、资金扶持带来的发展机遇，不断加大财政专项资金投入力度，每年都会保证用至少1000万元资金扶持茶产业发展，并出台一系列普惠政策，为茶产业大开绿灯，捆绑使用各项涉农资金，形成拼盘资金，扶持茶企业做大做强，对其完善基础设施、设备更新、市场拓展、科研开发等给予必要资金扶助。同时，西乡县加强招商引资力度，积极吸纳外资，为茶产业的发展注入新鲜血液。这些政策的实施和专项资金的投入，为西乡县茶产业的发展提供了源源不断的驱动力，为茶产业扩大生产、升级换代奠定了基础。

在出台系列举措推进茶园生产扩张的同时，西乡县还重视茶园建设，重视提升茶园生产效率。在20世纪末，西乡县已因其茶园经济获全省最大名优绿茶生产基地县的美誉。进入21世纪以来，西乡县调整产业结构，正式明确将茶产业作为驱动县域经济的主导产业进行发展。在政府主导下，通过一系列扶持政策的出台，以及政府、企业、农户的密切合作，西乡举全县之力建成速生密植茶园1万公顷，在2005年末，西乡县的茶园总面积已逾1.4万公顷，到

2014年底，这个数字已突破2万公顷大关，年产量达1.01万吨，产值12.13亿余元。

在茶园经济快速发展的同时，西乡县也在重视茶园生产效率的提升。这一点体现在依据特殊地理、气候条件，采用相应建园方式，对新茶园进行合理的规划；引进先进技术，提升建园、成园质量；引进清洁化生产流水线，制定加工厂建设标准，推广高效清洁能源的利用，以此推动茶园生产效率的提升。

西乡县坚持以科研创新与技术服务推动茶产业的发展，重视科技创新的重要性，持续进行科技投入，以科技助力产业振兴，先后建成专业学校1所、茶叶研究所3所、茶叶技术服务中心站5个，不断充实扩大茶叶科技队伍，先后组织实施、推广实用技术与科研开发项目40余项。在新产品研发基础方面，西乡县采用新技术提取夏秋季剪枝茶种茶多酚，综合利用茶原料，提高了有效利用率，促进了茶场、茶企、茶农增收。同时，西乡县加强与农业院校（院系）合作，与西北农林科技大学、浙江大学建立联络沟通机制，打造科技交流平台，利用高科技优势，开展新技术、新品种、新工艺、新设备、新管理模式的引入与推广。通过基层农技推广体系，西乡广泛实施科技特派员制度、农技“110”建设，开展“科技之春暨四下乡”等活动，指导茶农生产，帮助茶产业顺利实现了快速发展和更新换代。

过去，西乡茶叶缺乏知名品牌，在销售领域体现出典型的卖原料而不是卖成熟产品的初级发展阶段的特点。西乡茶叶以一流的品质，在市场只能收获三流的价值回报，长期以来也挫伤了茶农与茶企的生产积极性。近些年来，西乡县通过一系列综合措施，重视茶叶品牌建设，着力提升茶叶品牌价值。西乡县加大资金、技术投入，为茶企做强自身品牌、维护自身品牌奠定基础；通过地区协调，农企合作，依靠政府的支持与中介，调解茶叶生产的零散与市场的统一性之间的矛盾，引导茶叶产业走向标准化、专业化，凝聚人气，培养忠诚客户，稳定细分市场；加强政府对市场的监管，通过一体化的产业发展战略，着力培育拳头产品和具有市场竞争力的大品牌；对已有品牌实施商标保护，坚持诚信经营和生产创新。

在一系列综合举措的实施下，西乡县通过对“汉中仙毫”“午子仙毫”等一系列特色产业品牌的建设和宣传，显著提升了茶产业的社会声誉与经济效益。西乡县在近年来先后获得“中国著名茶乡”“全国名优绿茶生产基地县”“国家现代农业产业技术体系茶叶示范县”等称号，这与西乡茶品牌所取得的广泛赞誉关系密切。

西乡县茶叶种植历史悠久，且与巴蜀茶文化紧密相连，孕育出富有地方特色的茶文化，是西乡县深入推进茶产业升级换代的重要资源。然而，西乡县在茶文化建设和发展上还存在短板和缺憾。例如，西乡县缺少专门的茶文化研究机构，也没有形成像苏州碧螺春、西湖龙井、滇红茶那样的成熟文化品牌，缺少对茶文化的深度挖掘。为此，西乡县在近年来采取了一系列新对策，着力提高对茶文化资源的有效利用。创建专门的茶艺培训学校，为西乡茶文化的弘扬奠定人才基础。2002 年，西乡茶叶职业中等专业学校在县职教中心与中国社会科学院茶产业发展研究中心的合作下创办，其特色专业“秦巴茶艺”不仅为西乡持续提供茶艺人才，而且成为陕西省五大劳务输出品牌之一，在全国享有赞誉。同时，西乡县根据茶事季节特点，在县内外组织各类茶叶培训班，专门聘请国内知名茶叶专家、教授，分批次对茶农、茶场和茶企进行专业培训，促进西

西乡县东裕枣园湖生态茶园

乡县茶产业从业人员职业素质的提升。

此外，西乡县通过乡村特色旅游业与茶产业的有机融合，根据各镇茶园具体情况、特色茶文化主题开发新的旅游项目，吸引八方来客；建设专门的茶文化博物馆，并创作富有地方特色的茶主题文艺作品，如《请君来陕南》《西乡茶歌》《西乡人与西乡茶》《赛茶节趣话》《茶山踏歌》等文艺作品，通过丰富多样的文艺形式向外推介西乡茶品牌以及茶文化。

截至2020年，西乡县全县15个镇2个街道办事处已全部产茶，种茶农户 7 万余户，从业者 26 万余人，茶园总面积达 35 万亩，实现茶叶产量 1.7 万吨，实现总产值 24.7 亿元，已经发展成为西北地区规模最大的名优茶生产基地。同时，通过扶持茶产业，2020 年西乡县已有茶叶企业 307 家，其中省级茶叶龙头企业 5 家、市级茶叶龙头企业 12 家，获得国家级驰名商标 1 个、陕西省著名商标 15 个、汉中市著名商标 7 个，省级茶叶“一村一品”示范村 30 个。西乡茶叶，已成为驱动县域经济快速发展的优势产业，拉动二、三产业增收近 2 亿元，茶户户均年增收 8500 元。此外，通过结合土地流转建茶园，发展与茶叶相关的农家乐、家庭农场等综合增收措施，西乡县实现了茶产业健康发展，促进茶农增收致富，为实现全面小康奠定了坚实基础。

3. 岚皋县：魔芋致富　产业振兴

岚皋县位于陕西安康南部，因有国家 AAAA 级风景名胜区——南宫山风景区而闻名遐迩。它地处巴山北麓、岚河之滨，具有得天独厚的温润气候与自然资源，全县植被覆盖率高达 90% 以上，森林覆盖率达 80.03%，位于富硒资源带，有着国家园林县城、全国森林康养基地、省级森林城市的美名。然而，岚皋县是国家级贫困县，全县 12 镇 136 村，总人口 17.6 万人，其中农业人口 14.1 万人，有 72 个贫困村，其中 17 个为省定深度贫困村，贫困发生率曾高达 29.8%。

为了脱贫摘帽奔小康，岚皋人民很早便确立了依靠产业振兴乡村经济的总方针。岚皋处于亚热带向温带过渡地带，光热条件富足，雨量充沛，土壤肥沃疏松，富含硒元素，非常适合古老的药食两用作物魔芋的生长。因此自 20 世纪 80 年代起，岚皋人民便已发展起了魔芋种植业。

多年来，岚皋人民一直积极采取综合措施革新生产方式，激发魔芋产业的潜在活力，2011年，岚皋魔芋产业因突破性的发展成就被誉为“岚皋模式”。十多年间，通过推行“一套班子抓落实，一支队伍送技术，一个组织搞服务，一份订单促生产，一项考核保绩效”的“五个一”工作机制，岚皋魔芋产业进一步发展壮大，带动全县超过四分之一的贫困人口稳定脱贫。岚皋人民用辛勤汗水与聪明才智，依靠特色产业脱贫摘帽，迈入小康社会。

进入21世纪以来，岚皋县高度重视推进魔芋产业发展工作，把魔芋产业列为县域主导产业。为此，岚皋县专门成立了由县委书记任组长、县长任责任组长，县级相关部门主要负责人为成员的魔芋产业发展领导小组，并成立了全国第一个魔芋产业发展局，加强顶层设计与全局统筹，先后颁布《岚皋魔芋产业发展中长期规划》《魔芋产业建设考核办法》《年度魔芋产业建设实施意见》等纲领性文件，建立“县级领导挂镇、县镇干部包村、村组干部抓点”工作责任制，切实把工作任务、考核目标、推进措施具体到项目、落实到岗位、量化到人，充分发挥党员领导干部的示范带头作用。同时，岚皋县采取项目捆绑、财政预算扶持、部门帮扶等办法推动岚皋魔芋产业快速发展。

岚皋县重视生产中的技术创新，改进魔芋的生产效率。岚皋县始终坚持以突破病害防治为主线进行艰苦探索，并与中国科学院、中国农业科学院等科研院所开展合作，长期进行各类实验、研究工作，并引进推广外地魔芋病害科研成果。通过长期的研究实践，科研人员发现，当大田魔芋病害严重时，树林下的魔芋却病害较轻，生长旺盛。研究人员通过开展不同树种林、不同隐蔽度、不同海拔区域林下魔芋生长情况的对比研究，发现刺槐树林下魔芋生长情况最好，因此创造性地发明了“林下魔芋、四边堆栽”等九项魔芋种植创新形式，有效改善了长期困扰岚皋魔芋产业的病害瓶颈，壮大了魔芋产业，为岚皋魔芋产业的持续健康发展奠定了基础。因这一科研发明的实效性，2011 年 7 月，中国园艺学会魔芋协会在全国魔芋种植基地建设经验交流会上，充分肯定了岚皋魔芋林下种植模式。近年来，通过生产经验的积累，岚皋人又创造了林—芋—蜂—菌立体循环种植模式，大幅提高了生产空间的利用率，为魔芋产业铺就了美好的未来图景。

岚皋县以魔芋产业为脱贫攻坚的支柱产业，高度重视相关的生产动员工作，领导干部积极推动，并充分发挥党员模范带头作用。有魔芋种植的村组干部多是种植魔芋带头人，有了党员干部的示范和鼓励，群众的积极性很高。同时，相关惠农政策也是发动群众的重要一环。对于无人耕种的土地，岚皋县以土地流转方式转给魔芋种植户开展生产，租期 10 年，管理费归承包户，并通过大力发展魔芋专业合作社，为“芋户”给予一定资金、物资补偿和技术、信息服务，着力为“芋户”扫清参与魔芋生产的物质条件和技术条件上的阻碍。此外，岚皋县政府还与中华联合财产保险股份有限公司展开合作，为魔芋种植户进行集中统一投保，为广大“芋农”撑起保护伞，系上安全带。通过这一系列综合措施的推动，岚皋县进一步强化了政策性农业保险的支农惠农作用，极大地鼓舞了农户的生产积极性和参与热情。

近年来，岚皋县大力推进招商引资，着力培育有影响力、规模较大、经济效益较好的龙头企业，建强产业园区，做大农村生产合作组织。而在发展大型龙头企业的同时，岚皋县亦重视对乡镇小微

安康市岚皋县贫困户通过发展魔芋产业脱贫致富

魔芋企业的扶持。经过多年的政策倾斜和资金扶持，岚皋县已形成了大型龙头企业与小型乡镇企业并立的产业格局。大型企业重在魔芋终端产品研发，以高附加值产品获得丰厚利润，为县财政带来稳定税收；小微企业则以魔芋生产、原材料加工为主，贴近农户，带动基地，提高人民群众参与魔芋产业的积极性。经过多年的布局，岚皋县已培育明富、烛山、天宇等数家产值超过千万元的大型龙头企业，建成省级魔芋园区 1 个、市级魔芋园区 5 个、县级魔芋园区 12 个，发展魔芋电商企业 9 家，组建魔芋专业合作社 72 家。特别值得一提的是，明富魔芋生物科技开发有限公司已成为陕西省产业化重点龙头企业和安康市 20 家航母型现代龙头企业之一，为带动岚皋县魔芋产业的整体发展提供了强大动力。

近年来，岚皋县按照“主攻林下扩规模”的工作思路，结合国家退耕还林地管护、特色林果园建设和“山林经济”发展，突出大镇大村示范典型建设，着力改变传统魔芋生产零星种植、效益低下的局面，推动规模生产，狠抓基地建设，做强做大“林下魔芋”种植基地。为此，岚皋县以“瞅准目标不动摇，一抓到底见成效，艰苦奋斗三五年，建成种源基地县”为目标，艰苦奋斗，力主将“林下魔芋”这一经济效益好、病害轻、成本低的生产基地模式向全县推广开。此外，基于种芋数量短缺的现实情况，岚皋县大力推动大田魔芋种植基地的发展，着力在大田种植和堆坑栽培的规范、质量、高产上下功夫、出经验。经过多年的奋斗，岚皋全县林下魔芋种植面积已达到 7.3 万亩，基地覆盖重点镇 10 个、重点村 42 个、10 亩以上的产业大户 1510 户，为此，被原国家林业局授予“全国林下经济示范县”的称号。

岚皋县明确将打造全国知名品牌看作是魔芋产业发展的关键，为此全力推进魔芋产品品牌建设。近年来，岚皋县委、县政府在打造国家地理标志保护产品、国家注册商标和国家农业标准化示范区等公用品牌的同时，出台《岚皋县创建知名品牌发展奖励扶持办法》，投资 300 余万元支持企业完成魔芋食品质量认证和出口认证。如今，“明珠魔芋精粉”和“南宫山牌”魔芋系列食品相继通过 SC 和 ISO9000 认证，分别获评省级名优产品和市级特色产品。同时，岚皋县积极鼓励企业开展有机食品认证，对相关企业给予重奖，有力推动了全国知名魔芋品牌的打造工作。文旅产业是岚皋县经济发展的另一个关键产业，岚皋县力主魔芋产业与文旅产业融合发展，共同促进。目前，岚皋县在建设由魔芋文化展示区、魔芋加工体验区、魔芋林下观光区、魔芋休闲娱乐区组成的魔芋主题公园，吸引了不少游客慕名前来游玩。此外，通过与中科院、农科院的广泛合作，岚皋县开发出了魔芋精粉、魔芋面条、魔芋方便食品、魔芋保健品等产品，极大地延伸了魔芋产业链，增加了魔芋产品的经济附加值。

通过一系列创新性举措，岚皋县的魔芋产业获得了快速发展，成为县域经济的主导产业。到 2020 年，全县魔芋种植面积已超 10 万亩，年产量预计达到 11 万吨，培育加工企业 5 家，县级以上魔芋园 19 个，实现综合产值逾 13.72 亿元，芋农人均年增收 3020 元，带动就业 2600 人，带动全县农民人均年增收 2600 元，带动全县贫困户 8559 人依靠魔芋产业实现了脱贫致富奔小康。同年，在陕

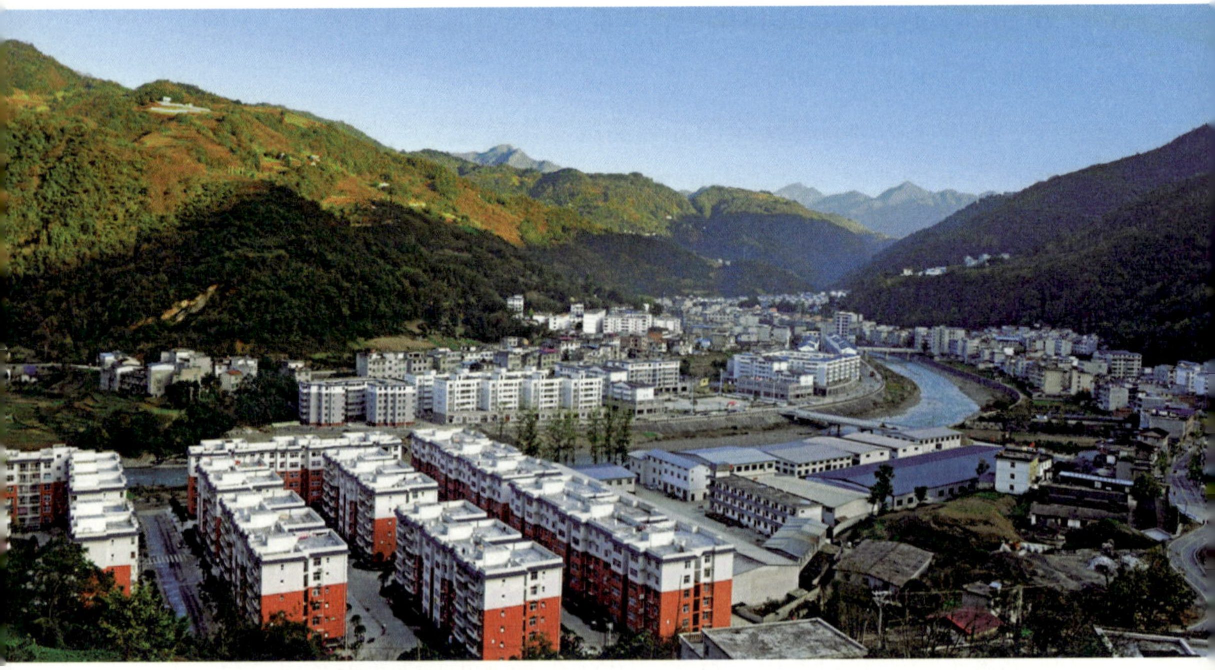

通过发展魔芋产业等地方特色产业，岚皋县近年来的经济社会快速发展。图为旧貌换新颜的岚皋县民主镇

西省委宣传部组织的“壮丽70年 奋斗新时代”媒体采访活动中，《人民日报》、《陕西日报》、新华网等多家媒体先后对岚皋县魔芋助推产业脱贫进行了专题报道。魔芋，已成为岚皋县乡村产业发展和农民增收的一张亮丽名片，为岚皋县脱贫攻坚、乡村振兴铺平了康庄大道。

（四）城乡融合　创造幸福新生活

城乡融合，或称城乡经济社会发展一体化，是党的十七大对全面建成小康社会的伟大事业所提出的新要求。党的十七届三中全会公报认为，中国总体上已进入以工促农、以城带乡的发展阶段，进入加快改造传统农业、走中国特色农业现代化道路的关键时刻，进入着力破除城乡二元结构、形成城乡经济社会发展一体化新格局的重要时期。这种一体化，就是在社会发展战略上把城市、农村视为一个整体，使城乡协调发展、共同繁荣，城乡差别逐渐消失，最终融为一体的历史性过程。实现城乡融合发展是实施乡村振兴战略，推进城镇化，实现全面建成小康社会的一项重大任务。

全面小康是城乡区域共同发展的小康。城乡统筹更加协调，城乡联系显著加强，城乡差距不断缩小。在小康社会建设中，农村与城镇双轮驱动、相辅相成、齐头并进。新时代城乡融合发展，农村和城市两端发力，形成工农互促、城乡互补、全面融合、共同繁荣的新型工农城乡关系。近年来，陕西作为西部大开发的桥头堡和“一带一路”核心区，推动城乡融合发展的步伐日益加快，借助乡村振兴、新型城镇化等战略带来的机遇和推动力，共同推进城乡经济社会一体化的发展。

1. 农村的发展繁荣

党的十八大以来，陕西立足发展特色现代农业定位，加快构建现代农业产业体系、生产体系和经营体系，坚持高效生态农业发展方向，深化农业供给侧结构性改革，实施重要农产品增产提质，持续推动农业高质量发展，多措并举有力推动全省农业和农村经济持续健康向好发展，全面推进新时代美丽乡村建设，筑牢脱贫攻坚和乡村振兴基石。全省农业总产值从 2013 年的 1697.14 亿元增长到 2020 年的 2807.07 亿元，农村居民人均可支配收入从 2013 年的 9430 元增长到 2021 年的 14745 元，城乡居民收入差距从 2013 年的 3.15：1 下降到 2021 年的 2.76：1。截至 2020 年底，全省累计建设国家级特色产业集群 2 个、农业产业强镇 24 个、现代农业产业园 5 个，省级现代农业产业园 43 个，创建农村一、二、三产业融合发展先导区 13 个。

陕西大力发展现代农业产业，2018 年开始实施农业特色产业“3+X”工程，即大力发展以苹果为代表的果业、以奶山羊为代表的畜牧业、以棚室栽培为代表的设施农业三个千亿级产业，因地制宜做优做强茶叶、魔芋、核桃、红枣和有机、富硒、林特系列农产品等区域特色产业。

苹果产业是陕西农业经济的重要发展中枢，旬邑、洛川、宝塔、米脂、白水、印台、淳化、千阳等县（区）的苹果产业快速发展，形成了规模效应，成为驱动经济发展、城乡融合的强大动力。其中，咸阳市下辖的旬邑县颇有代表性。自 20 世纪 80 年代起，苹果产业就成为位于咸阳北部山塬地区的旬邑县的主打产业，也是当地农民脱贫致富的秘诀。2016年以来，旬邑县在乡村振兴、全面建成小康社会的战略方针指导下，通过成立苹果产业协会、打造“旬邑马栏红苹果”特色品牌，在推进标准化种植、精细化管理，为果农提供产前、产中、产后一体化服务的基础上，初步实现了苹果产业由散户种植、品牌效应不明显的粗放产业模式向新型集约化产供销模式的转型。2021年，旬邑县苹果种植面积达3.4万公顷，先后荣获“中国苹果之乡”“中国优质苹果基地”“全国农业（苹果）标准化示范县”“全国现代苹果产业20强县”等称号，还成为中国苹果外销的重要基地，为县域经济的发展、乡村振兴和农民脱贫增收提供了强大的经济产业支撑。

苹果“北扩西进”产业集聚效应凸显，以洛川、宝塔、米脂、白水、印台、淳化、千阳等县（区）为主的苹果产业集群有力推动果业高质量发展。至2020年底，全省苹果种植面积620152公顷，产量1185.21万吨，其中，2020年“洛川苹果”品牌价值高达687.27亿元，位居全国农产品类第二、水果类第一。猕猴桃“东扩南移”加快，形成了秦岭南北两大基地齐头并进的新格局，成为世界上最大的集中连片产区。截至2020年底，全省猕猴桃种植面积61213公顷，产量115.83万吨，成为陕西果业继苹果之后的第二大金字招牌。奶山羊产业规模化集约化发展态势持续增强，2020年全省奶山羊存栏达到280万只，成为世界上最大的奶山羊群体，羊乳制品占国内市场份额的85%，产销量稳居全国第一。设施农业蓬勃发展，规模居全国第六、西北首位，2020年总面积达到362万亩，总产量1260多万吨，全产业链产值实现千亿元目标。

“X”产业持续做精做强，全省茶园面积达到287.9万亩，中药材种植面积达到330万亩，魔芋种植面积达到90万亩，核桃、板栗

农村基础设施建设持续加强，硬化路基本实现行政村全覆盖。图为榆林市定边县白于山区贺圈镇五兴庄村乡村道路

等林特产业快速发展，柞水木耳、平利茶叶等优质农产品产销两旺。

陕西特色现代农业产业的兴旺带动了县域经济发展、农民增收致富，激活了经营主体、资源要素和市场，激发了乡村振兴的动力活力，在三秦大地这片沃土上，农业成为有奔头的产业，农民成为有吸引力的职业，农村成为安居乐业的美丽家园。

近年来，陕西大力推进美丽乡村建设，农村的各项制度改革扎实稳妥地推进：扩大承包地30年整县延包试点范围、稳健推进宅基地制度改革和闲置宅基地盘活利用试点、深化“三变”改革、推动农村集体经济“清零削薄”等。

陕西近年来着眼于农村人居环境的综合提升，以“净美三秦”为主题，突出“八清一改”，因地制宜地推进“厕所革命”，积极在全省各行政村推动村庄清洁行动，发展乡村特色旅游业。截至2020年，陕西有美丽宜居示范村640个，农村人居环境不断改善。陕西新建农村卫生厕所达63.1万座。88.29%的行政村垃圾得到了清理，5950个行政村的生活污水也得到了有效处理。2020年，在全省村庄清洁行动中，累计清理生活垃圾163万吨，清理村沟村塘淤泥49.9万吨。村美起来了，人富起来了，旅游业也迎来了发展。全省众多的乡村特色旅游点，成为乡村经济发展的重要动力。

陕西还大力开展“厚德陕西”道德实践活动，已建成“美丽乡村·文明家园”省级和市级重点示范县60个，建成省级移风易俗示范县23个。

这些综合措施为把陕西乡村建设成“村美、民富、产业旺”的社会主义现代化农村奠定了坚实基础。

2. 城镇化进入高质量发展新阶段

城镇化是现代化的必由之路，是实现全面小康的幸福之路。随着陕西省经济社会建设的深入开展，城镇化也在全域得到了快速发展。尤其是近年来，随着西部大开发的深入贯彻，以及“一带一路”倡议的提出，陕西全省经济综合实力得到了大幅提升，工业化进程明显加快，人民生活水平显著改善，生态文明建设成效显著，这些都有力促进了城镇化的快速发展。

陕西城镇化的快速发展直接体现在城镇人口的增加，2005年，陕西省城镇常住人口1384万人，到2020年，增加至2303.63万人，将近翻了一番。与此同时，城镇化率大幅提升，全省城镇化率由

2005 年的 37.24%，提高到 2021 年的 64.72%，年平均增加 1.75 个百分点，高于全国平均增速 0.41 个百分点。

城镇数量和规模不断扩大，与 2005 年相比，陕西省中等城市和小城市分别增加了 2 个和 6 个；城镇建成区面积不断扩大，由 2005 年的 1646.91 平方公里，增加到 2021 年的 2646.55 平方公里，增加了 60.7%。

城镇综合服务能力显著增强，至 2021 年，城市市政公用设施实现了县城以上城镇全覆盖，城市道路、供水、供气、供热等基础设施水平逐步提高，垃圾、污水得到有效处理，公园绿地逐渐增多，生态环境得到很大改善，城乡住房水平稳步提高，教育、医疗、文化、体育、养老、社会保障等领域建成了一批基本公共服务设施，城乡公共服务一体化进程不断加快。

与此同时，陕西省积极贯彻党的十八大所提出的加强新型城镇化建设的方针，针对目前城镇化过程中存在的城镇规划体系和各种专项规划不健全、缺乏顶层设计、土地城镇化与人口城镇化不匹配、城市建设和管理水平亟待提升、缺乏稳定的企业带动发展模式、工业基础薄弱造成城市化动力不足、城乡发展二元分立情况凸显等问题，锐意进取，勇于革新，通过一系列综合措施革除旧弊，推动以人为核心的新型城镇化加快发展。

陕西根据各地区土地、水资源、大气环流特征等特点，采取了串联式、组团式、卫星城式布局，优化城市空间布局和城镇规模结构，加快构建“一核两轴两带三走廊四极”为主体的城镇化格局。在这一历史性布局中，西安作为陕西省会、国家中心城市、国际化大都市，有着举足轻重的作用。陕西省委、省政府极为重视西安的城市发展。近年来，陕西省政府携手西安市政府，充分发挥西安市

“五区一港两基地”等重点板块示范作用，全面完善市政、轨道交通等设施，强化了国际社区、学校、医院的建设，提升了城市综合服务功能，进一步强化了西安核心城市地位。此外，旨在做大做强国际化大都市西安、振兴咸阳、培育国内领先研发创新基地的西咸一体化也在如火如荼地推进。通过支持咸阳高新区、现代纺织工业园和彬长能源化工基地建设，西咸新区在产业高端化、科技化、集群化、国际化发展上取得了长足的进步，产业经济效益得到了显著提高。通过多年的发展，在陕西省的支持下，以西咸新区、曲江新区、高新区、经济技术开发区等重点区域为龙头，西安市的国际化水平得到显著提升，西安的优势产业如汽车、航空、航天、电子信息、旅游等获得了快速发展，积极探索资源集约、产业集聚、人才集中、生态文明的发展道路，西安国家中心城市、国际化大都市建设进入了快车道。此外，以西安市为轴心，关中平原城市群在近年来开始加速崛起，宝鸡、榆林、汉中 3 个大城市和铜川、延安、咸阳等 6 个中等城市具有相对完善的城市功能，35 个重点示范县成为陕西县域经济发展的样板。

在明确了西安城市未来发展的分区功能与产业规划的基础上，陕西省完善了阎良、临潼、鄠邑、兴平、泾阳的基础设施建设，承接了中心城区功能和产业转移，促使人口增长集聚，培育大西安都市圈。到 2021 年，西安市总面积已达 10108 平方公里，主城区建成面积达 700.69 平方公里，都市区人口已达 1280 万人。

此外，陕西通过发展特色产业，振兴中小城市发展。近年来，宝鸡、渭南等城市规模扩张，聚集辐射功能显著提升。2021 年，宝鸡常住人口超过 300 万，渭南常住人口近百万，初具大型城市的规模。此外，富有地方特色、产业特色的中心城市也发展了起来。

西安经济技术开发区

榆林以 362 万常住人口成为鄂尔多斯盆地的中心城市。汉中常住人口超 230 万，初步发展为以蜀汉文化为特色的汉中盆地核心城市。铜川以资源型城市为基础锐意推进产业转型，近年来发展迅猛。这里尤其值得一提的便是肩负着引领干旱半干旱地区现代农业发展国家使命的杨凌农业高新技术产业示范区。近年来，杨凌示范区贯彻《国务院关于进一步支持杨凌农业高新技术产业示范区发展的若干政策的批复》等文件精神，紧盯特色农业产业发展引领示范区目标，以杨凌自由贸易试验片区、上合组织农业技术交流培训示范基地建设为契机，大力发展现代农业产业集群，通过农业产业的提质升级带动整个区域的大发展。

杨凌示范区立足自身定位，在五个方面发挥出了独特优势。一是充分利用农科教优势，杨凌示范区农业科技资源雄厚，区内有西北农林科技大学、杨凌职业技术学院、陕西省杂交油菜研究中心等科研院所，省部级以上研究平台 39 个，科技成果和专利申报累计逾 4500 多项，拥有极强的科技变现能力。近年来，杨凌示范区面向北方旱区培训各类农村实用人才，大力推进农校合作，强化企业创新主体地位，投资建成杨凌智慧农业示范园，引进借鉴国内外先进的设施农业新品种、新技术、新装备、新模式，在农产品扩产、果蔬生产技术革新等领域取得突破性进展。二是发挥国家“农高区”省部共建领导管理体系优势，在杨凌国家现代农业产业园管理委员会的带动下，各部门各司其职，农业投资公司、多种经营主体相互合作，完善的机制推动了重点项目的顺利实施。三是实施现代农业创新驱动发展战略，发挥“双创”平台优势，培育新型产业经营主体，为大学生、农科教专家、返乡创业人员等在杨凌示范区创新创业提供了便利条件，为农业产业孵化提供了适宜的平台，杨凌示范区因在推动双创政策落地、扶持双创平台等方面勇于探索、成效卓越而入选国家创新创业示范基地。四是依托特色现代农庄的繁荣，推动农业产业垂直融合，实现农业产供销的深度融合。五是充分发挥杨凌示范区主导产业发展水平高的优势，加强设施果蔬高标准基地建设，提升果蔬种植标准化生态化水平，改造提升传统设施结构，建设杨凌智慧农业示范园、现代农业精准扶贫示范基地、职

曲江新区（王旭东 摄）

业农民创新创业园等设施果蔬标准化生产示范基地。2018 年，产业园总产值 38.65 亿元，主导产业总产值 27.44 亿元，主导产业占比 70.9%。主导产业覆盖率 68%，面积达到 3471.73 公顷；适度规模经营覆盖率 81%，面积达到 2812 公顷。2018 年设施果蔬总产量为 187656 吨，冷库实际存贮 85820 吨，分选加工 68300 吨，初加工率 82.1%。产业园主导产业农业总产值 5.74 亿元，农产品加工业产值 18.5 亿元，为农业总产值的 3.22 倍。“杨凌农科”品牌价值实现 818.58 亿元，杨凌示范区已经成为特色鲜明、效益显著、生态良好的优势主导产业发展示范区。

截至 2021 年，杨凌示范区国内生产总值已达 157.78 亿元，斩获“国家产融合作试点城市”“国家农产品质量安全县”“省级文明城市”等荣誉称号。

在加速推动西安国际化大都市建设和省内大中城市发展崛起的同时，陕西省按照现代城市规划建设标准，着力于县域新型城镇化的发展，推动神府、定靖、彬长、韩城等地进一步合理配置城镇资源，使产业、人口等各要素得以合理集聚，新的区域中心城市得到了发展机遇。在大力发展中心城市的同时，周边区县也在加快发展，成为与中心城区城市功能优势互补的关键环节。经过近年的发展，陕西已形成高陵、鄠邑、三原、兴平、彬州、凤翔、岐山、蒲城、大荔、横山、靖边、城固、勉县等 43 个县域经济发展较快、区位优势明显、基础条件较好、人口规模较大的区县，呈现出产业兴旺、工业集聚的城市化发展特征。

“一带一路”倡议带来了新的机遇与政策契机，为陕西新型城镇化建设事业注入强心剂。陕西作为陆上丝绸之路的起点和“一带一路”核心区，地理位置优越，文化底蕴深厚，以独特的文化吸引了大量游客慕名前来。近年来，借助西部大开发、“一带一路”的春风，陕西省独特的历史文化资源依托特色产业，加快了助推产业发展和增收变现的步伐，最终驱动新型城镇化进一步发展。其中，汉中市近年来充分利用域内丰富的三国文化遗存，以“三国文化旅游”概念为核心，加大旅游投入，推动相关旅游景点的建设与升级，开拓包括日本、韩国等国在内的国外客源市场。2021 年，汉中市共接待境内外游客 6170 万人次，实现旅游收入 356 亿元，为汉中经济发展作出重要贡献。

借助“一带一路”的历史性机遇，陕西已走上改革与深化新型城镇化发展的快车道，城镇化进入高质量发展新阶段。

3. 城乡协调共发展

近年来，在乡村振兴、城镇化发展的基础上，陕西致力于探索新型城镇化与乡村振兴协同推进的道路，在促进城乡协调共进、一体化发展上迈出了坚实的步伐。

陕西省以宏观统筹为基点，促进城乡融合发展。近年来，陕西着意于实现发展规划一体化，对生态空间、城乡规模、产业布局进行优化统筹，落实国家主体功能区新型城镇化规划，编制了旨在构建以特大城市和大城市为依托，中小城市、新型农村社区为基础的新型城乡体系的蓝图。目前，陕西省城镇总规划率已达到95%，行政村村庄规划编制占总数的59.6%。

陕西省重视把农村社区建设作为新型城乡体系的重要组成部分，以“建好西安、做美城市、做强县城、做大集镇、做好社区”为目标，在全省培育了1000余个新型农村社区，大大改变了曾经散乱的小村居、空心村现象，通过发展特色产业，改善了农村居民收入与农村人居环境。此外，陕西重视在推进乡村振兴过程中引入新型城镇化元素，以特色小镇建设为基点，将乡村振兴与新型城镇化建设进行有机对接。从2006年的“千村百镇”整治，到2008年“关中百镇”和陕南、陕北50镇建设，再到2013年建设传统特色浓郁的31城镇项目，陕西省着力于将基础设施、公共服务功能从大中城市延伸到乡镇，促进城乡基础设施互通，公共服务共享，农村居民享受城镇品质的服务和设施，城镇文明最大限度地在乡镇地区播扬，极大地驱动了乡镇地区与城镇化的对接。

陕西省以新型城镇化为支点，引导带动乡村的发展和城乡一体化事业。从经济上看，城镇对特色农产品的需求引导，推动了农村

沿黄公路全长 828.5 公里，沿线经过榆林市、延安市、渭南市等地 12 区县 72 个乡镇 1220 个村，是陕西省打造的一条脱贫致富路、产业开发路、旅游观光路和生态示范路，直接受益人口 200 多万

产业结构的优化升级，促进了特色产业飞速发展。渭南市华州区对接城镇市场，就形成了以蔬菜为主导、时令水果和干杂果味补充的特色农业格局，跻身“国家级无公害蔬菜基地县”之列。此外，陕西省以城镇市场需求为导向，引导农村服务业与非农产业的勃兴壮大。榆林市榆阳区高新区的特色餐饮小镇、商洛市柞水县的秦岭农家乐产业等，均在适应市场需求的基础上，走出了自己的发展致富路，走出了自己的新型城镇化康庄大道。同时，陕西省重视以城镇

标准和理念提升农村，实现宜居宜业。岚皋县近年兴起的集旅游观光、餐饮服务、民俗展示、特色民宿于一体的“巴山样子 · 杨家院子”就是在城镇观念和标准指导下发展起来的特色小镇样板。最后，陕西各县县城作为县域经济文化中心，具有辐射乡镇经济文化的重要功能。陕西以县城为轴心，实现联城带乡，促使乡村基础设施快速升级，农村人口市民化加速发展。

陕西省着力于壮大城乡耦合点，大力推进乡村新型城镇化步伐，引导农村农业人口进城镇就业居住，壮大城镇规模，繁荣城市经济。近年来，陕西省大力推动城中村、城郊村融入主城区事业。韩城市晨钟村，在相关政策的推动下，实施基础设施全面对接城区的工作，并且着意于产业升级，壮大非农产业，提升城镇治理模式，促进治理结构现代化。到 2020 年，晨钟村生产总值已达到 8.45 亿元，占韩城市生产总值的 2%，人均收入达到 31500 元，是韩城市农村居民收入的 2.2 倍。

陕西省着眼于依托乡村特色资源打造特色小镇，推动非农产业的发展，培育壮大有地方特色的小型村镇。石泉县中坝村通过深入挖掘地方文化、乡村田园风光资源，打造了具有陕南自然文化魅力的旅游景点——七十二行作坊，使传统村落摇身一变为具有经济活力的特色小镇，跻身全国一流乡村旅游示范村之列。2018 年以来，中坝村已带动周边 8 村 600 余户农民发展特色产业，人均年收入达到 2 万元以上，实现了产业兴、农民富。

陕西省以县域作为城乡融合发展突破口，实现了全省新型城镇化与乡村振兴的协同发展，奠定了全省城乡经济社会一体化的坚实基础。县域作为我国经济社会发展的重要单元，是连接城乡、推进新型城镇化和乡村振兴的重要载体和关键枢纽。近年来，陕西省进一步将推进城乡融合的重点转向县域，着力于做大县城、做好镇区、做美乡村，支持中心城区打造宜居宜业新城，加快推进中小城市错位发展，培育壮大特色产业，实现县域三产的有机融合和协调发展。

近年来，西安市下辖的高陵区在发展县域经济、实现乡村振兴和城乡融合大业上做足了功夫。高陵区原为高陵县，2015 年撤县设区，位于关中平原中部，是西安市和陕西省发展较好的县域经济体，承担着多项国家和省市级改革试点任务。2008 年，高陵被圈定为西安市统筹城乡发展综合配套改革试点县。2014 年以来，又

西安高陵区

先后获批国家级新型城镇化综合试点、产权流转交易市场建设、农村宅基地制度改革等六项国家级试点。在推动改革试点的过程中，高陵区结合自身实际，勇于创新，在建立健全农村产权交易中心、不动产登记中心和集体“三资”监管体系的基础上，释放农业农村的发展活力，积极盘活农村各类资源；推动三产深度融合，促使全区农业生产经营由单打独斗向组团发展。秉持“做大城市、做优城镇、提升农村”的思路，确立了“以城区和园区为中心、以特色小镇为核心、以新型社区为支撑”的三级新型城镇化体系，为高

幸福生活，“柿柿”如意。富平重视发展柿子产业，带动群众脱贫致富（杨富安　摄）

陵区城乡深度融合铺平了道路。2021 年，高陵区国内生产总值达到 384.72 亿元，全体居民人均可支配收入达 34740 元，比上年增长 8.5%，农村常住居民人均可支配收入达 19448 元，比上年增长 9.9%，全区经济社会实现了快速、稳健的发展。

同样，富平县在发展县域经济促动城乡融合上做足了功夫，被列为国家城乡融合发展试验区。富平以特色项目支撑引领，不断优化经济结构，促进新型工业与转型升级并重，打造了富阎经济合作区，壮大了特色产业园。同时，富平重视打造全国柿子发

展强县，以及全省千亿级奶山羊全产业链示范县。通过城乡融合发展，富平县在2020年生产总值达到193.08亿元，比上年增长3.6%，城乡居民收入分别为34049元和14155元，县域经济实力迈入全省第一方阵。

2019年4月，中共中央、国务院发布了《关于建立健全城乡融合发展体制机制和政策体系的意见》，对城乡融合发展的目标、重点任务进行了全面部署。2021年中央1号文件又提出：“把县域作为城乡融合发展的重要切入点，强化统筹谋划和顶层设计，破除城乡分割的体制弊端，加快打通城乡要素平等交换、双向流动的制度性通道。”国家层面的大政方针为陕西省进一步推进城乡融合指明了现实道路。新形势下深化城乡融合，推进乡村振兴，既是推进中国特色社会主义现代化建设的需要，是实现全体人民共同富裕的必由之路，也是实现陕西省经济社会后发超越、全面发展的重要步骤。在新时代新发展阶段，回望曾经取得的成就，是为了进一步贯彻新发展理念、构建新发展格局，实现现代化事业高质量发展。面对未来，陕西人民有着饱满的精神干劲与自信，要在进一步联通新型城镇化与乡村振兴的基础上，培育城乡发展融合面，促进陕西城乡经济社会一体化事业的大发展。等待陕西的，是城市发达、乡村振兴、产业兴旺、人民富裕、环境美好、文化繁荣的美好明天！

（五）上下同心　谱写小康新篇章

我们党始终恪守全心全意为人民服务的宗旨，把人民群众对美好生活的向往作为奋斗目标。进入新时代，人民对美好生活的向往更加强烈，党团结带领全国各族人民决胜全面小康，而让贫困人口和贫困地区同全国一道进入全面小康社会更是我们党的庄严承诺。在与绝对贫困的历史较量中，陕西按照党中央部署，贯彻落实习近平总书记来陕考察重要讲话重要指示，坚决扛起“国之大者”的政治责任，如期高质量打赢脱贫攻坚战，脱贫地区面貌变化前所未有，展现了生机勃勃、欣欣向荣的良好态势，全面小康的阳光照耀到了三秦大地的每一个角落、每一个贫困家庭。回首陕西全面建成小康社会的历程，是深入践行以“七个坚持”为主要内容的中国特色反贫困理论的历程，在夺取脱贫攻坚战全面胜利、全面建成小康社会的过程中，陕西积累了重要经验，收获了深刻启示。

1. 党的坚强领导

坚持党的领导是党和国家的根本所在、命脉所在，是全国各族人民的利益所系、幸福所系，是全面小康社会建设的主心骨，也是决战决胜脱贫攻坚、实现全面小康的根本保证。在脱贫攻坚实践中，陕西各级党委不断提升政治站位，自觉在思想上、政治上、行动上同党中央保持高度一致，切实增强打赢脱贫攻坚战的使命感、责任感、紧迫感。按照党中央部署，陕西第一时间建立了“省负总责、市县抓落实”的领导机制，出台了脱贫攻坚责任实施细则，充分发挥各级党委总揽全局、协调各方的作用，健全完善了横向到边、纵向到底的责任体系，为脱贫攻坚提供有力制度保障。坚持五级书记抓脱贫，推动县委书记顶上去，当好脱贫攻坚一线总指挥。坚持抓党建促脱贫攻坚，配硬第一书记和驻村工作队，充分发挥农村基层党组织战斗堡垒作用，打通了脱贫攻坚"最后一公里"，农村基层治理能力明显提升，为打赢脱贫攻坚战、全面建成小康社会提供了坚强组织保证。在抗击新冠肺炎疫情过程中，基层党支部和一线扶贫队伍组成抗击疫情的战斗队，为实现抗疫战贫"双胜利"奠定了坚实基础。全面建成小康社会的实践证明，中国共产党的领导和社会主义制度是抵御风险挑战、聚力攻坚克难的根本保证。越是面对艰巨任务、复杂局面，越要坚持和加强党的领导，增强"四个意识"，坚定"四个自信"，做到"两个维护"，越要加强各级党组织的领导力、组织力和执行力，确保各项事业在党的坚强领导下砥砺奋进。

2. 坚持以人民为中心

陕西始终坚持人民至上、以人为本，把让老百姓过上好日子作为一切工作的出发点和落脚点，推进全面小康社会建设取得实质性进展，更把脱贫攻坚作为头等大事和第一民生工程，集中优势力量，落实攻击点位，歼灭坚中之坚。陕西注重发挥人民主体地位，加大"输血"，更注重"造血"，先后推广"扶志六法"、安康新民风建设、耀州"八星励志"等扶志扶智有益做法，贫困人口内生动力显著增强；着力补齐短板，把政策和宝贵的人力、物力、财力用在贫困群众最急处、最需处、最难处，用情、用心、用力让贫困群众甩掉穷帽子；持续推动发展成果人民共享，以扎实的工作和发展成果，不断提升人民群众获得感、幸福感和安全感。

陕西贫困人口的"两不愁三保障"问题随着脱贫攻坚战的胜利、全面小康社会的建成得到了很好的解决，7900 多所薄弱学校完成了改造提升，336 万人次建档立卡贫困学生得到了精准资助，贫困人口基本医疗保险、大病保险以及医疗救助"三重保障"实现

安康市平利县老县镇易地扶贫搬迁安置社区锦屏社区

全覆盖，24.9 万户贫困群众从石板屋、土坯房搬进了现代社区和安全新居，还有不少群众实现了“楼上居住、楼下就业”，广大群众的生活质量和幸福指数如芝麻开花般节节升高。

实践充分证明，陕西的全面小康是陕西人民依靠自己的辛劳和智慧拼搏奋斗出来的。而在全面建设社会主义现代化国家新征程中要推动陕西高质量发展，必须从人民利益出发，使改革发展成果更多更公平惠及人民群众。只要坚持人民主体地位，始终做到发展为了人民、发展依靠人民、发展成果由人民共享，紧盯群众反映突出的“急难愁盼”问题，一件事接着一件事办，一年接着一年干，就

榆林市绥德县搬迁群众就近在和泰隆社区毛绒玩具加工厂就业。图为车间里200多名女工在赶制出口外销毛绒玩具，这里的女工大多是搬迁出来的贫困户

一定能激发全体人民积极性、主动性、创造性，战胜前进道路上的艰难险阻，让三秦百姓的日子越过越好。

3. 贯彻精准扶贫方略

陕西牢牢把握住精准扶贫这个新时代脱贫攻坚最鲜明的特征，把贯彻精准方略作为提升工作成效的有力举措，尊重客观规律，坚持实事求是，做到精准精细，创新探索出精准识别“七步工作法”、精准帮扶“户分三类”、“菜单式”扶贫、“项目超市”等有效做法，切实做到“六个精准”“五个一批”。同时突出扶贫措施的治本性，因地因人施策，通过做好教育扶贫斩断贫困的代际传递，通过易地扶贫搬迁使贫困群众实现跨越式发展，通过健康扶贫守护群众生命安全，通过技能培训从根本上提升贫困群众发展能力，真正让扶贫扶到点上、扶到根上。实践充分证明，精准施策是攻坚克难的科学方法，只要坚持问题导向，贯彻精准方略，不断提升推进工作的针对性、科学性，就一定能够推动高质量发展迈出更大步伐。

4. 锻造求真务实、较真碰硬作风

陕西把作风建设贯穿脱贫攻坚始终，大力弘扬延安精神，充分发挥“三项机制”作用，引导广大党员干部在脱贫攻坚主战场勇挑重担，以钉钉子精神常抓不懈，以绣花功夫落细落实。实行最严格的考核评估，大幅度提高脱贫攻坚在责任考核中的比重，开展脱贫攻坚专项巡视，建立全方位监督体系，常态化进行督导暗访。同时坚持把问题整改贯穿脱贫攻坚全过程，以紧抓问题整改促进作风转变，真正让脱贫成效经得起检验。对扶贫领域腐败和作风问题时刻保持警醒，开展专项治理，坚决抵制政绩工程、面子工程和民生领域奢侈浪费，确保扶贫工作务实、脱贫过程扎实、脱贫结果真实。实践充分证明，打赢脱贫攻坚战既是工作的比拼，更是作风的检验，真抓才能抓到底抓到位，实干才能干得好干得成。为打赢脱贫攻坚这一场硬仗，大批党员干部冲锋在前、扎根基层，陕西省累计选派 15843 支工作队、90126 名驻村干部开展驻村帮扶工作，其中

包括“豁出了命在干”的第一书记余剑、淋巴癌晚期仍坚守一线的党支部书记杨佩侃、把“我村的山”“我村的项目”“我村的核桃”挂在嘴边的驻村工作队队长郭杰、“把人和心留在村子”的扶贫干部付聪等将生命永远定格在脱贫攻坚征程上的99位同志。从陕北高原到秦巴山区，从黄河沿岸到汉水之滨，这些扶贫干部同数百万基层干部并肩奋战，做人民的好公仆、百姓的贴心人、基层的全面手和发展的领潮儿，不负重托、埋头苦干，兢兢业业、尽心尽责，用担当有为诠释初心和使命。

新的起点　新的征程

党的十八大报告提出，确保到2020年实现全面建成小康社会宏伟目标。这是执政的中国共产党向全体人民、向历史作出的庄严承诺。2021年7月1日，习近平总书记在北京庄严宣告，经过全党全国各族人民持续奋斗，我们实现了第一个百年奋斗目标，在中华大地上全面建成了小康社会，历史性地解决了绝对贫困问题。这是对中华民族的伟大贡献，具有前无古人的历史意义。

党的十八大以来，党中央把脱贫攻坚摆在治国理政的突出位置，作为全面建成小康社会的底线任务。习近平总书记亲自挂帅、亲自出征、亲自督战。作为扶贫开发任务比较重的省份，陕西按照党中央部署，充分发挥各级党委总揽全局、协调各方的作用，始终把人民放在心中最高位置，以决胜全面建成小康社会的决心，调动一切资源，扎实开展“两不愁三保障”突出问题排查整改、“三排查三清零”“对标补短”等专项行动；把贯彻精准方略作为提升脱贫成效的有力举措，扎实落实“六个精准”“五个一批”，创新探索出精准识别“七步工作法”、精准帮扶“户分三类”、“菜单式”扶贫、健康扶贫减存量控增量“两手抓”、“项目超市”等有效做法；聚焦老弱病残贫困人口的突出问题、深度贫困地区的脱贫攻坚，集中优势兵力，打歼灭战，跑赢“最后一公里”。脱贫攻坚的一系列重大举措，万众一心众志成城的创造力、组织力和领导力，确保了全面建成小康社会的质量。

中国共产党带领勤劳、勇敢、智慧的中国人民将中华民族五千多年对小康社会的美好期盼变成现实。

党的十八大以来，陕西经济社会发展取得了新的历史性成就，国内生产总值从 2012 年的不到 1.41 万亿元增加到 2021 年的超过 2.98 万亿元。经济总量实现追赶超越，经济综合实力跃升新量级，以基本养老、基本医疗和最低生活保障制度为支柱的覆盖全民的多层次社会保障体系基本建成，人民群众的获得感、幸福感和安全感增强。脱贫攻坚取得决定性成就，现行标准下陕西实现了 465 万农村贫困人口全部脱贫，56 个贫困县（区）全部摘帽，6462 个贫困村全部出列，区域性整体贫困得到解决，完成了消除绝对贫困的艰巨任务。改革开放 40 多年来，陕西累计使 1200 万农村贫困人口成功脱贫，最低收入群体的收入水平整体提高，极大地缩小了城乡差距、区域差距和贫富差距，幼有所育、学有所教、劳有所得、病有所医、老有所养、住有所居、弱有所扶，统筹城乡的民生保障制度不断完善，在实现共同富裕的道路上迈出了坚实的一大步。

陕西脱贫攻坚取得全面胜利，根本在于习近平总书记作为党中央的核心、全党的核心掌舵领航，在于习近平新时代中国特色社会主义思想的科学指引。党中央将脱贫攻坚纳入“五位一体”总体布局、“四个全面”战略布局统筹谋划、强力推进。我们坚持党对脱贫攻坚的集中统一领导，不断增强“四个意识”，坚定“四个自信”，做到“两个维护”，始终牢记“国之大者”。我们坚持以人民为中心的发展思想，坚定不移走共同富裕道路，把实现好、维护好、发展好最广大人民根本利益作为一切工作的出发点和落脚点，更加自觉地使改革发展成果更多更公平惠及全体人民。我们坚持发挥我国社会主义制度集中力量办大事的政治优势，形成脱贫攻坚的共同意志、共同行动。我们坚持精准扶贫方略，结合国情省情突出扶贫措施的治本性，有效落实精准扶贫的科学方法和工作要求，因地因人精准施策。我们坚持调动广大贫困群众积极性、主动性、创造性，激发脱贫内生动力。我们坚持弘扬和衷共济、团结互助美德，营造全社会扶贫济困的浓厚氛围，推动积极践行社会主义核心价值观、弘扬中华优秀传统文化，不断激发全社会向上向善的正能量。我们坚持求真务实、较真碰硬，做到真扶贫、扶真贫、脱真贫，充分发挥“三项机制”作用，引导广大党员干部在脱贫攻坚主战场勇挑重担。脱贫攻坚是一场史无前例的战役，在与绝对贫困的历史较量中，我们坚决贯彻落实党中央决策部署，大力弘扬延安精神，上下同心，艰苦奋斗，使摆脱贫困的千年梦想在三秦大地成为现实。

习近平总书记指出：“脱贫摘帽不是终点，而是新生活、新奋斗的起点。”“我们的人民热爱生活，期盼有更好的教育、更稳定的工作、更满意的收入、更可靠的社会保障、更高水平的医疗卫生服务、更舒适的居住条件、更优美的环境，期盼孩子们能成长得更好、工作得更好、生活得更好。人民对美好生活的向往，就是我们的奋斗目标。”全面建成小康社会的第一个百年奋斗目标已经实现，开启了全面建设社会主义现代化国家新征程，向第二个百年奋斗目标——全面建成社会主义现代化强国进军。

进入新时代新的发展阶段，首要任务是以更大的力度巩固拓展脱贫攻坚的成果。要保持现有帮扶政策的总体稳定性，推动扶贫战略和工作体系平稳转型，接续推进脱贫攻坚与乡村振兴战略的有效衔接，确保脱贫群众能持续过上更加美好的幸福生活。陕西贫困面比较大、贫困程度比较深，现行标准下农村贫困人口虽然全部实现脱贫，但还有脱贫不稳定户 1.44 万户 4.46 万人，边缘易致贫户 1.5 万户 4.43 万人，基础设施保障程度还不高，贫困地区自我发展能力还不强，巩固脱贫攻坚成果仍然是今后一段时期农村工作最重要的任务。其次，要积极实施乡村振兴战略，以更务实的举措推进乡村振兴开好局、起好步。要坚持农村优先发展，按照实现产业兴旺、生态宜居、乡风文明、治理有效、生活富裕的总要求，推动城乡一体、融合发展，推进农业农村现代化。以兴旺发达的产业为支撑，从根本上解决目前陕西省农业不发达、农村不兴旺、农民不富裕的“三农”问题。最后，就是要以更强的担当促进全体人民实现共同富裕。让人民生活幸福是“国之大者”，回应群众需求，实现好、维护好、发展好最广大人民的根本利益，就是要把促进全体人民共同富裕摆在更加重要的位置。要从旗帜鲜明讲政治的高度，完整准确贯彻新发展理念，要把新发展理念作为破解发展难题、厚植发展优势的理论指南，坚持把新发展理念贯彻到发展的各领域和全过程，坚定不移推动高质量发展，不断夯实高品质生活的物质基础。要认真践行以人民为中心的发展思想，从收入、就业、教育、健康、养老、社会保障等方面多点发力、协同推进，不断增强人民群众的获得感、幸福感、安全感。

站在新生活、新奋斗的起点，我们要更加紧密地团结在以习近平同志为核心的党中央周围，高举习近平新时代中国特色社会主义思想伟大旗帜，深入学习习近平总书记来陕考察重要讲话重要指示，埋头苦干，奋勇争先，奋力谱写陕西高质量发展新篇章。

主要参考文献

1.《毛泽东文集》第6卷，人民出版社1999年版。

2. 中共中央党史和文献研究院编：《全面建成小康社会大事记》，人民出版社2021年版。

3. 中华人民共和国国务院新闻办公室：《中国的全面小康》，人民出版社2021年版。

4. 中共陕西省委宣传部、中共陕西省委文明办、陕西省扶贫开发办公室编：《扶贫扶志在基层：陕西省扶贫扶志工作实例选编》，陕西人民出版社2019年版。

5. 曲青山、黄书元主编：《中国改革开放全景录（陕西卷）》，陕西人民出版社2019年版。

6.《中国共产党陕西历史》第二卷（1949—1978），中共党史出版社2020年版。

7. 中共陕西省委党史研究室编：《陕西改革开放实录》第三辑，陕西人民出版社2020年版。

8. 陕西省扶贫开发办公室、西北农林科技大学编：《陕西脱贫攻坚纪实》，陕西人民出版社2021年版。

9. 陕西省社会科学院编：《陕西精准脱贫研究报告（2021）》，

社会科学文献出版社 2021 年版。

10. 陕西省社会科学院编:《陕西文化发展报告(2021)》，社会科学文献出版社 2021 年版。

后 记

陕西是中华民族和华夏文化的重要发祥地之一，有着悠久的历史文化、灿烂的革命文化和丰富多彩的现代文化。陕西又曾是贫困面广、贫困人口数量多、脱贫任务艰巨的省份之一。经过各级党委政府接续奋斗，特别是党的十八大以来，陕西认真贯彻习近平总书记关于全面建成小康社会的重要论述和党中央决策部署，深入贯彻习近平总书记来陕考察重要讲话重要指示，大力弘扬伟大建党精神和延安精神，坚决打赢脱贫攻坚战，千年梦想的小康生活在三秦大地成为现实。

为纪录全面建成小康社会的伟大历程，介绍全面建成小康社会的探索和实践，总结陕西经验做法，为实现第二个百年奋斗目标提供借鉴，陕西省委宣传部委托陕西省社会科学院、陕西省地方志办公室、陕西日报社、陕西省作家协会、陕西省文学艺术界联合会，编写了“纪录小康工程”丛书。丛书共五册，分别为《全面建成小康社会陕西全景录》《全面建成小康社会陕西大事记》《全面建成小康社会陕西变迁志》《全面建成小康社会陕西奋斗者》《全面建成小康社会陕西影像记》，从不同方面、不同角度展现了陕西全面建成小康社会过程中的重大节点、重要实践、感人事迹和突出成就。

与此同时，省上成立工作专班，加强统筹协调，组织精干力量，全力以赴做好丛书编辑出版工作。各参编单位积极落实，编写人员不辞辛劳，夜以继日，如期完稿。陕西人民出版社提前介入，从体例设计、稿件创作到排版设计、编辑校对，对书稿精心打磨。陕西省委党史研究室、陕西省发展和改革委员会、陕西省文化和旅游厅、陕西省广播电视局、陕西省统计局、陕西省乡村振兴局、陕西新华出版传媒集团、陕西画报社等成员单位积极提供图片资料，组织专家审读稿件，提出了宝贵的意见建议。

陕西省社会科学院负责《全面建成小康社会陕西全景录》的编撰工作。院党组高度重视，党组书记程宁博，院长、党组副书记王飞，院党组成员、副院长白宽犁、杨辽、毛斌、王建康全员上阵。文化与历史研究所承担全书编撰任务，全院从事党史、文学、历史、经济等多领域的专家学者参与。主编王长寿拟定编写提纲，并与副主编杨艳伶，樊为之、赵东、颜鹏、张敏、田语、乔欣等执笔完成书稿。其中部分照片因多种原因，无法联系到对应摄影者，故未署名。在此一并致谢。

因时间仓促，书中难免有不足之处，敬请指正，以便再版时修改完善。